中國古代循吏傳

上卷

校注　陈清林　杜晓宇

華夏出版社
HUAXIA PUBLISHING HOUSE

图书在版编目(CIP)数据

中国古代循吏传 / 陈清林，杜晓宇校注. —北京：华夏出版社，2014.2
ISBN 978-7-5080-7894-6

Ⅰ. ①中… Ⅱ. ①陈… ②杜… Ⅲ. ①历史人物-列传-中国-古代
Ⅳ. ①K820.2

中国版本图书馆 CIP 数据核字(2013)第 277473 号

中国古代循吏传

校　　注　陈清林　杜晓宇
责任编辑　杜晓宇
封面题字　李纯博
封面设计　郭　艳
出版发行　华夏出版社
经　　销　新华书店
印　　刷　北京建筑工业印刷厂南厂
装　　订　三河市李旗庄少明印装厂
版　　次　2014年2月北京第1版
印　　次　2014年5月北京第1次印刷
开　　本　787×1092　1/16开本
印　　张　36.5
字　　数　500千字
定　　价　129.00元(上、下卷)

华夏出版社　社址：北京市东直门外香河园北里4号　邮编：100028
网址：www.hxph.com.cn　电话：010-64663331(转)
投稿互动：hxkwyd@aliyun.com，010-64672903
若发现本版图书有印装质量问题，请与我社营销中心联系调换。

继承弘扬我国历史上的优秀廉政文化

中国社会科学院
历史研究所所长　卜宪群

中国是一个历史悠久的大国，有着深厚的历史积淀与文化传承，政治文化是中华文明的重要组成部分。历代廉政建设的思想、制度、实践所形成的廉政文化，是我国传统政治文化中的珍贵遗产。在反腐倡廉形势严峻和迫切的今天，为推进反腐倡廉建设，实现中华民族伟大复兴的「中国梦」，借鉴我国历史上的优秀廉政文化仍然不失为一条重要途径。

一　腐败与历代王朝的衰亡

自夏商周时期开始，我国历史上王朝的周期性兴衰便成为一种常见现象。有的骤兴骤亡，有的盛极而衰，有的名存实亡，但最后都逃脱不了人亡政息的命运。面对这种客观存在的历史现象，春秋时期的鲁国大夫臧文仲从「汤、禹罪己」而兴盛，「桀、纣罪人」而速亡的观察中，总结出「其兴也勃焉」，「其亡也忽焉」的经验。此后，无论是唯心还是唯物的解释，王朝兴衰论在我国历史上的各个时期均不罕见。这些理论是总结历史经验以巩固新政权的需要，也是对王朝合法性解释的需要。虽然王朝的交替性兴衰，以至每一个王朝灭亡的具体原因至今仍是复杂的历史问题，但这并不妨碍我们看到其中的普遍规律，即腐败而导致灭亡。

腐败是以权谋私的行为，腐败是历代王朝的痼疾。普遍而严重的腐败导致吏治混乱、制度瓦解、纲纪不肃、人心涣散、精神颓废是不争的事实。这些腐败上自皇帝、公卿等最高统治集团，下至一般小吏。表现形式虽然五花八门，但最终将汇聚成引发王朝灭亡的各种矛盾的焦点。人们在回顾王朝灭亡的历史时，也往往将其与腐败相联系。

1 **用人不公。**用人不公是最大的腐败。我国历史上用人不公**一是表现为用人重亲属、重门生、重朋党、重同乡，选拔出于个人爱憎、私利而非公心。**汉代吏治废弛时，选举不实，被选举者多出自权势之家； 地方长官选人，或选自己的亲戚，或选贿赂者，或选一些年纪轻，将来能报答自己的人为官；　真正的贤才被遗忘在乡间。即使在科举时代，官吏的铨选仍然摆脱不了这些因素的干扰和影响。**二是表现为制度上的不公。**魏晋南北朝九品中正荐人制推行后期，中正荐人根本不考虑才能，只看家世门第，德才抛在一边，造成「世胄蹑高位，英俊沉下僚」，「公门有公，卿门有卿」的典型的制度层面用人不公。不学无术、崇尚空谈、跑官要官、巧言令色、欺上瞒下等用人恶习，更是历代的普遍现象。严重时，导致国家与社会、甚至统治阶级阶层之间矛盾的激化，危及政权的稳固。人们说东汉亡于议论就是例证，而议论的内容正是用人。

2　**权钱交易。**私有制下商品经济发展所导致的金钱崇拜和价值观扭曲，始终是历史上统治集团的腐蚀剂。权力可以换来金钱，金钱可以换来权力、地位乃至生命。权钱交易随处可见。齐国社会上流传着「千金之子不死于市」的谚语。吕不韦用金钱为自己获得了相位，为子楚获得了王位。还有公开卖官鬻爵的，东汉桓帝、灵帝设机构标价卖官，是东汉政治黑暗的典型表现。以财买官，代有潜规；以权敛财，代不乏人。南宋秦桧，贪得无厌，吏部所选官员必先要把他送足后才可上任。

3 **贪婪奢靡。**贪婪，表现为对钱财物的渴望，本质上是私欲；奢靡，是追求物质享受，为了满足耳目声色口腹之欲。贪婪无度、奢靡腐化、无所作为是我国历史上许多王朝腐败的突出特征。西晋重臣何曾性格奢豪，一掷千金，「犹曰无下箸处」；他的儿子何劭更甚，每顿万钱还觉得没什么可吃的。石崇与王恺斗富，穷极奢侈，王恺虽然得到了其外甥晋武帝的资助，却还是斗不过石崇。整个统治集团的贪婪奢靡，使西晋官场后期毫无正气可言。身居高位的南朝门阀士族，占山锢泽，纵情享乐；「熏衣剃面，傅粉施朱」，却连马都骑不上去，基本的公务都不会处理。面对危难，只能坐以待毙。清王朝取得中原后，原本声名赫赫的八旗子弟，养尊处优、骄横偷安、聚赌挥霍、嫖妓放浪。到后期成了「不仕、不农、不工、不商、不兵、不民」的「六不」寄生虫。

4 **正气不张。**权钱交易、用人

不公、贪婪奢靡的结果是整个社会道德沦丧，正气不张。在这样的社会里，人们崇拜的是金钱和能换来金钱的权力。著名的《钱神论》就形成于西晋时期，此文愤世嫉俗，是西晋后期「纲纪大坏」的写照，也是王朝将倾的征兆。南朝太守鱼弘经常对人说，我做官所到之地要「四尽」：「水中鱼鳖尽，山中獐鹿尽，田中米谷尽，村里民庶尽」，人生如此短暂，不追求富贵欢乐还等到何时呢！「总是战争收拾得，却因歌舞破除休」，因贪图享乐而亡国者何止一朝一代！

这种风尚下，踏实做事的人受到歧视和冷落。许多官吏以勤政为俗务，以空谈、交际为高尚，以享受、实用为标准。这些人不仅不按律法政令行事，甚至丧失了做人做事的基本原则，忠信不守、弄虚作假、寡廉鲜耻、纵欲无限、昏聩自傲、唯利是图。这样的腐朽统治即使不被人民起义的洪流推翻，也会因异族的入侵而灭亡或被统治阶级中的有识阶层所更新换代。

二　反腐倡廉的政治智慧

历史是在辩证中发展前进的。有

腐败，必然有反腐败的思想与制度。我们的祖先在创造政治文明的同时，从很早开始就着手反腐倡廉的制度建设，也积累了丰富的思想经验；历代政治家、思想家等统治阶级中有识之士的思考总结，人民群众对腐败的嫉恶及其所表现出来的爆发力，是我国历史上反腐倡廉政治智慧赖以产生的源泉。正因为此，历代涌现出许多品德高尚、勤政爱民的廉吏。他们的事迹，与腐败形成了鲜明的对比；他们的行为，是中华优秀廉政文化的组成部分。

1 **反腐倡廉的思想。**自古及今，人们都深刻认识到腐败的危害性。早在先秦时期，我国思想家就将「廉」放在「政之本」的位置上来看待，同时也认为，廉不仅仅是个人的品德，还应包括多方面的为政能力。为政必须「以廉为本」，《周礼》一书及其注家提出的「六廉」说，突出反映了我国历史上关于官僚队伍廉洁从政的整体要求。如何做到廉洁为政，思想家们从理论思想、道德修养、制度建设诸多层面都做了深入思考。

廉洁政治的本质目的是为了服务人民、造福人民。因此，民本思想是我国传统政治思想中的珍贵遗产，也是我国历史上统治阶级宣扬反腐倡廉的一种手段。统治阶级重视民本思想的本质当然是为了维护剥削制度的长治久安，论证其统治的合法性。但民本思想中所强调的国以民为本、施行仁政、顺应民心，主张轻徭薄赋、节俭慎刑、勤政爱民等等内容，也因儒家主流意识形态地位的确立而渗透到政治文化与社会文化的方方面面，成为历代廉政政策、行为产生的重要理论基础。尽管历史上的统治阶级不可能真正做到以民为本，但民本思想所蕴含的忧患意识、重民意识，塑造出许多受人民尊敬传颂的清官廉吏，也巩固了统治政权的基础。

拒绝腐败，廉洁从政必须要树立高尚的道德情操，具备为政的能力。我国历史上反腐倡廉思想中有许多关于正身律己、公私分明、勤俭节约的内容，是传统优秀廉政文化价值观的集中体现。正身律己是典范。孔子多次说过「政」与「正」的关系，「其身正，不令而行；其身不正，虽令不从。」为政者应当有「自省」「见贤思齐」的精神，用自身的表率和楷模作用引导廉洁政风的形成。公私分明是原则。一个公私不分的人绝对谈不上廉洁为政。我国历史上的公私观很复杂，这里不作讨论，但在个人、家庭之私与国家、社会之公的关系上有严格区分。这种区分认为，无论君主还是普通官吏，都应当「任公而不任私」「居官无私」。「公廉」一词，自秦汉以后逐渐形成。鞠躬尽瘁、死而后已的蜀国丞相诸葛亮，就是这样一位公私分明、公廉的典范。

勤俭节约是美德。我国历史上的思想家将「俭」视为德的普遍表现形式，强调「成由勤俭败由奢」「生于忧患，死于安乐」的朴素真理。为官者仅有俭是远远不够的，还要勤和能。周公「一沐三握发，一饭三吐哺」，刘晏「质明视事，至夜分止，虽休沐不废。事无闲剧，即日剖决无留」，司马光「欲以身殉社稷，躬亲庶政，不舍昼夜」，他们都以勤奋的精神和杰出的才能为国家做出了贡献。我国历代的官箴家训中，除去其落后腐朽的部分，也保留着很多为官勤政的内容。

「国家之败，由官邪也。」廉洁政治的推行离不开用人和管理。我国历史上的「尚贤」与「循名质实」思想，与反腐倡廉有着内在的紧密联系。尚贤就不能任人唯亲，贤能之才犹如珍宝，要把他们辨识出来。围绕如何选拔贤能之人，思想家们提出了德、才与功、能的标准，总结出倾听民众舆论与在实践中考察的方法，提出了知人善任、用人所长与不拘一格的建议。当然，无论何时，为官者都不可能全是贤能之人。循名质实就是要对选拔出来的官吏进行管理，严格考核，反对图慕虚名、名实不符。根据考核结果，依据能力大小分配权力与责任。

2　**反腐倡廉的制度建设。**我国历史上反腐倡廉思想主要形成于先秦时期，秦汉以后这些思想逐渐丰富，并随着中央集权官僚制度的建立而向制度层面转化，构成制度设计的深层次文化背景。将廉政道德诉求由思想文化向制度的转化，是反腐倡廉的历史性进步。漫长的中国封建社会里，在杰出的政治家、思想家与人民群众的共同作用下，构建出颇具特色，而又较为严密、系统的我国历史上反腐倡廉体制机制。自秦及清，虽然有一朝一姓的兴亡变革，但这种体制的基本精神没有变化。

从官吏选拔任用上看，以察举、九品中正、科举为代表的选拔制度确立并完善，在一定程度上克服了用人中的散漫与唯亲；用人必须德才并重，以德为先的历史经验，被贯彻到实际选拔制度中；基层经历在任职中受到重视，舆论评价也影响到被选拔者的政治命运；选人不再是个人的随意好恶，选举不实要承担法律连带责任。选拔与任用的分离，显示出用人上的慎重；任用中的避籍、避亲、避近原则，一定程度上防止了亲属、同乡、同僚对政务的干扰。

从官吏管理上看，秦汉以后，部门考课、中央对地方考课制度化。专门的考课机构和条例形成。考课的具体细密是历代显著特点。考核的结果与官吏的奖惩有直接关系。加强考课是我国历史上整顿吏治的有效方式之一。道德考课与能力考课并行，道德考课重于能力考课，是用人德才观在管理上的反映。

从监察监督上看，与行政相分离的监察监督制衡制度，自汉代中期已经形成。监察机构的专门化、监察条规的产生及其指向性、监察官选用的慎重与重用，在很多时期有效地遏止了官吏滥用职权、贪赃枉法与胡作非为。我国历史上的许多监察官以天下为己任，刚直高节，志在奉公，其出行「动摇山岳，震慑州县」，是弘扬正气的代表，其事迹在民众中广为流传。

从法律制度上看，我国历史上反腐倡廉的法律建设起步早，内容细致完善。这些法律对官吏的日常行政与日常行为规定细密、审计严格，对贪污行贿受贿惩罚严厉；既用「身死而家灭」的高压使官吏「不敢为非」，同时也通过法律告诉他们不应该做什么。

我国历史上反腐倡廉的政治智慧丰富多彩，也由此形成了较为浓厚的反腐倡廉社会氛围。廉洁高尚，贪腐可耻，淡泊明志，视富贵如浮云，修身齐家治国平天下等基本理念，深入到社会大众和日常生活。在制度文化、思想文化、社会文化的共同作用下，曾经出现过许多循吏廉吏群体。他们发展生产，造福百姓；赈灾济贫，为民解难；蠲除苛政，为民请命；兴办学校，传播文化；锄强扶弱，保民平安。不仅被历代统治阶级树为楷模，也得到人民的拥护爱戴。

三 历史的经验值得重视

今天的中国是从历史的中国发展而来，今天的反腐倡廉依然不可能完全离开这个历史环境的影响。我们的祖先在数千年的政治文明发展史中，积累了丰厚的反腐倡廉文化遗产，值得我们思考与借鉴。

首先，从历史的经验中坚定反腐倡廉的决心与信心。腐败是一种历史现象。受史学家们推崇的汉唐明清鼎盛时期，腐败甚至严重的腐败都不罕见。但这些王朝也都延续了数百年，作为一种体制更是延续了两千多年，究其原因，是统治者能够及时调整政策、完善制度，用各种手段遏制腐败的泛滥与蔓延。腐败不可怕，不反腐败、反腐败不力以至无力反腐败才真正可怕。当整个社会对腐败习以为常、司空见惯时，腐败所形成的矛盾焦点就会更加多元化，无论集中在哪一点上都可以危及王朝统治。这是历史的经验教训。

其次，继承与弘扬我国历史上优秀的反腐倡廉思想文化。我国历史上反腐倡廉优秀文化多姿多彩。在个人的道德操守上，提倡淡泊寡欲、宁静致远的情趣培养；提倡「先天下之忧而忧，后天下之乐而乐」的高尚志节；提倡简朴生活与远大理想相结合的人生追求；在为政风格上，提倡鞠躬尽瘁，死而后已、公私分明的工作作风；提倡尚贤用能，求贤若渴，德才并重，以德为先的用人原则；以民本思想教育官吏廉洁从政。在官吏管理上，提倡循名质实，严格考核，奖勤罚惰，奖廉惩贪；提倡从实践中、从基层中选人用人；提倡听取民众的舆论，监督官吏的选拔与为政行为；提倡防微杜渐，健全制度，以法制手段反腐倡廉。长久以来，我国历史上的优秀廉政思想文化与社会大众相结合，形成了具有浓郁特色的反腐倡廉社会文化，通过史学、文学、戏剧、绘画、民歌民谣等多种形式广为流传，在人民群众中塑造出朴素的廉洁价值观。这些都是我们今天仍然可以汲取的宝贵精神财富。

最后，认真总结借鉴我国历史上反腐倡廉的制度措施。反腐倡廉是一个复杂的系统工程。我国历史上的政治实践中，官吏选拔与任用制度、审计与考核制度、奖励与养廉制度、监察与权力制衡制度、法律惩戒与舆论监督制度，都积累了许多经验。这些经验植根于民族文化传统，符合历史实际，其中的精华，我们仍然可以借鉴运用。

如同对待一切历史文化遗产一样，我们既不能采取历史虚无主义，也不能不加分析地全盘接收，而是要勇于继承、善于继承、批判地继承。我们党领导下的反腐倡廉与历史上剥削制度下的反腐倡廉有着本质区别，二者不可相提并论。我们面临的形势与任务也与历史上的其他时期不同。但优秀的廉政文化遗产，仍然是我们建设具有中国特色反腐倡廉体系，做到干部清正、政府清廉、政治清明的廉洁政治的不竭源泉。

目　录（上）

史记·循吏传

《史记》是由司马迁撰写的中国第一部纪传体通史。记载了上自上古传说中的黄帝时代，下至汉武帝元狩元年间共三千多年的历史。《史记》最初没有书名，或称「太史公书」「太史公传」，也省称「太史公」。「史记」本是古代史书的通称，从三国时期开始，「史记」由史书的通称逐渐演变成「太史公书」的专称。《史记》与《汉书》《后汉书》《三国志》合称「前四史」。史记首创《循吏传》，这篇类传记叙了春秋战国时期五位贤官良吏的事迹。五人中，四位国相一位法官，都是位高权重的社稷之臣。其中，孙叔敖与子产，仁义爱民，善施教化；公仪休、石奢、李离，清廉自正，严守法纪。作者提出了为政治国的根本理念：「奉职循理，亦可以为治，何必威严哉？」

太史公曰：法令所以导民也，刑罚所以禁奸也。文武不备，良民惧然身修者，官未曾乱也。奉职循理，奉职，奉行职事；循理，依照道理或遵循规律。亦可以为治，做官治理百姓。何必威严哉？

孙叔敖者，【正义】说苑云：孙叔敖为令尹，一国吏民皆来贺。有一老父衣粗衣，冠白冠，后来，吊曰：「有身贵而骄人者，民亡之；位已高而擅权者，君恶之；禄已厚而不知足者，患处之。」叔敖再拜，敬受命，原闻余教。父曰：「位已高而意益下，官益大而心益小，禄已厚而慎不取。君谨守此三者，足以治楚。」楚之处士也。处士，本指有才德而隐居不仕的人，后泛指未做过官的士人。虞丘相，进之于楚庄王，以自代也。三月为楚相，施教导民，上下和合，世俗盛美，政缓禁止，政令宽松。吏无奸邪，盗贼不起。秋冬则劝民山采，上山采矿。春夏以水，【集解】徐广曰：「乘多水时而出材竹。」各得其所便，民皆乐其生。

庄王以为币轻，更以小为大，百姓不便，皆去其业。弃其业。市令言之相曰：市令，掌管市场的官吏。「市乱，民莫安其处，次行不定。」次行，次序，秩序。相曰：「如此几何顷乎？」市令曰：「三月顷。」倾覆。相曰：「罢，吾今令之复矣。」后五日，朝，相言之王曰：「前日更币，以为轻。今市令来言曰『市乱，民莫安其处，次行之不定』。臣请遂令复如故。」王许之，下令三日而市复如故。

楚民俗好庳车，庳，低矮，音婢。王以为庳车不便马，欲下令使高之。相曰：「令数下，民不知所从，不可。王必欲高车，臣请教闾里使高其梱，音kǔn，门槛。乘车者皆君子，君子不能数下车。」王许之。居半岁，民悉自高其车。

此不教而民从其化，近者视而效之，远者四面望而法之。故三得相而不喜，知其材自得之也；三去相而不悔，知非己之罪也。

子产者，郑成公之少子。事简公、定公。简

公封子产以六邑，子产受其半。郑之列大夫也。郑昭君之时，以所爱徐挚为相。国乱，上下不亲，父子不和。大宫子期言之君，大宫，帝王诸侯的祖庙。亦郑之公子也。以子产为相。为相一年，竖子不戏狎，轻浮嬉戏。斑白不提挈，手提负重。僮子不犁畔。田界。二年，市不豫贾。【索隐】：豫贾，谓临时评其贵贱，不豫定也。三年，门不夜关，道不拾遗。四年，田器不归。五年，士无尺籍，无需服兵役。丧期不令而治。治郑二十六年而死，丁壮号哭，老人儿啼，曰：「子产去我死乎！民将安归？」

公仪休者，鲁博士也。以高弟为鲁相。高弟同「高第」，经过考核，成绩优秀，名列前茅。奉法循理，无所变更，百官自正。使食禄者不得与下民争利，受大者不得取小。

客有遗相鱼者，相不受。客曰：「闻君嗜鱼，遗君鱼，何故不受也？」遗，给予，馈赠，wèi。相曰：「以嗜鱼，故不受也。今为相，能自给鱼；今受鱼而免，谁复给我鱼者？吾故不受也。」

食茹而美，拔其园葵而弃之。见其家织布好，而疾出其家妇。出，休弃。燔其机，云：「欲令农士工女安所雠其货乎？」雠，售卖。

石奢者，楚昭王相也。坚直廉正，无所阿避。行县，行，巡视。道有杀人者，相追之，乃其父也。纵其父而还自系焉。使人言之王曰：「杀人者，臣之父也。夫以父立政，确立为政之道。不孝也；废法纵罪，非忠也；臣罪当死。」王曰：「追而不及，不当伏罪，子其治事矣。」石奢曰：「不私其父，非孝子也；不奉主法，非忠臣也。王赦其罪，上惠也；伏诛而死，臣职也。」遂不受令，自刎而死。

李离者，晋文公之理也。主持刑狱的官吏。过听杀人，过听，错误地听取。自拘当死。文公曰：「官有贵贱，罚有轻重。下吏有过，非子之罪也。」李离曰：「臣居官为长，不与吏让位；受禄为多，不与下分利。今过听杀人，傅其罪下吏，非所闻也。」傅，诬陷，捏造。辞不受令。文公曰：「子则自以为有罪，寡人亦有罪邪？」李离曰：「理有法，失刑则刑，失死则死。公以臣能听微决疑，【索隐】言能听察微理，以决疑狱。故使为理。今过听杀人，罪当死。」遂不受令，伏剑而死。

太史公曰：孙叔敖出一言，郢市复。子产病死，郑民号哭。公仪子见好布而家妇逐。石奢纵父而死，楚昭名立。李离过杀而伏剑，晋文以正国法。

汉书·循吏传

《汉书》，又称《前汉书》，由我国东汉时期的历史学家班固编撰，是中国第一部纪传体断代史，「二十四史」之一。《汉书》是继《史记》之后我国古代又一部重要史书。《汉书》全书主要记述了上起西汉的汉高祖元年，下至新朝的王莽地皇四年，共二百三十年的史事。本传叙述文翁、王成、黄霸、朱邑、龚遂、召信臣等六位汉代循吏的事迹。其中文翁是景武时人，其余皆当宣帝之时。宣帝出自民间，知民事之艰难，励精图治，汉代著名循吏，多出现于宣帝时，宣帝时期是中国古代历史上吏治最清明的时代之一。

汉兴之初，反秦之敝，与民休息，凡事简易，禁罔疏阔，罔，绳索交叉编结而成的渔猎用具，喻法网。而相国萧、曹以宽厚清静为天下帅，民作「画一」之歌。歌曰「萧何为法，讲若画一；曹参代之，守而勿失。」孝惠垂拱，垂衣拱手。谓不亲理事务。高后女主，不出房闼，而天下晏然，民务稼穑，衣食滋殖。至于文、景，遂移风易俗。是时，循吏如河南守吴公、蜀守文翁之属，守，郡守，也称太守。皆谨身帅先，居以廉平，不至于严，而民从化。

孝武之世，外攘四夷，内改法度，民用凋敝，奸轨不禁。时少能以化治称者，惟江都相相，诸侯王国行政长官。董仲舒、内史公孙弘、兒宽，居官可纪。三人皆儒者，通于世务，明习文法，以经术润饰吏事，天子器之。仲舒数谢病去，弘、宽至三公。

孝昭幼冲，年龄幼小。霍光秉政，承奢侈师旅之后，海内虚耗，光因循守职，无所改作。至于始元、元凤之间，匈奴乡化，乡同「向」，趋从教化。百姓益富，举贤良文学，问民所疾苦，于是罢酒榷而议盐铁矣。指汉武帝时的盐铁专买政策。

及至孝宣，由仄陋而登至尊，仄陋，指汉宣帝身经微贱，以非正统入嗣大位。兴于闾阎，闾，里门也。阎，里中门也。言从里巷而即大位也。知民事之艰难。自霍光薨后始躬万机，厉精为治，五日一听事，自丞相已下各奉职而进。及拜刺史守相，辄亲见问，观其所由，退而考察所行以质其言，质，对质；验证。有名实不相应，必知其所以然。常称曰：「庶民所以安其田里而亡叹息愁恨之心者，政平讼理政治清明，司法公正。也。与我共此者，其唯良二千石二千石，指郡守、诸侯相。乎！」以为太守，吏民之本也。数变易则下不安，民知其将久，不可欺罔，乃服从其教化。故二千石有治理效，辄以玺书勉厉，增秩赐金，或爵至关内侯，公卿缺则选诸所表以次用之。是故汉世良吏，于是为盛，称中兴焉。若赵广汉、韩延寿、尹翁归、严延年、张敞之属，皆称其位，然任刑罚，或抵罪诛。王成、黄霸、朱邑、龚遂、郑弘、召信臣等，所居民富，所去见思，生有荣号，死见奉祀，此廪廪庶几德让君子之遗风矣。

文翁，庐江舒人也。汉置舒县，故城在今安徽庐江县西。少好学，通春秋，以郡县吏察举。景帝末，为蜀郡守，仁爱好教化。见蜀地辟陋有蛮夷风，文翁欲诱进之，乃选郡县小吏开敏有材者张叔等十余人亲自饬厉，饬，命令；厉，告诫。遣诣京师，受业博士，或学律令。减省少府用度，少府，管理皇家财政事务的部门。买刀布蜀物，赍计吏以遗博士。赍，持；带；送。数岁，蜀生皆成就还归，文翁以为右职，重要的职位。用次察举，官有至郡守刺史者。

又修起学官于成都市中，招下县子弟以为学官弟子，为除更徭，高者以补郡县吏，次为孝弟力田。常选学官僮子，使在便坐受事。每出行县，益从学官诸生明经饬行者与俱，使传教令，出入闺阁。内中小门。县邑吏民见而荣之，数年，争欲为学官弟子，富人至出钱以求之。繇，读由。是大化，蜀地学于京师者比齐鲁焉。

至武帝时，乃令天下郡国皆立学校官，自文翁为之始云。

文翁终于蜀，吏民为立祠堂，岁时祭祀不绝。至今巴蜀好文雅，文翁之化也。

王成，不知何郡人也。为胶东相，治甚有声。宣帝最先褒之，地节三年下诏曰：「盖闻有功不赏，有罪不诛，虽唐、虞不能以化天下。今胶东相成，劳来不怠，流民自占八万余口，治有异等之效。其赐成爵关内侯，秩中二千石。」未及征用，会病卒官。后诏使丞相、御史问郡国上计长吏守丞以政令得失，上计，战国、秦、汉时地方官于年终将境内户口、赋税、盗贼、狱讼等项编造计簿，遣吏逐级上报，奏呈朝廷，借资考绩，谓之上计。长吏守丞，州县长官的辅佐。年俸四百石至二百石，是为长吏。或对言前胶东相成伪自增加，以蒙显赏，是后俗吏多为虚名云。

黄霸字次公，淮阳阳夏人也，以豪杰役使徙云陵。霸少学律令，喜为吏，武帝末以待诏入钱赏官，补侍郎谒者，坐同产有罪劾免。后复入谷沈黎郡，入谷，谓纳谷于官府，以买官或赎罪。汉武帝以筰都（今四川汉源东北）为治所，置沈黎郡，不久就废除了。补左冯翊二百石卒史。冯翊以霸入财为官，不署右职，使领郡钱谷计。计量粮谷出入之数。簿书正，以廉称，察补河东均输长，（均输长又称均长，掌管调均报度，输漕委输。）复察廉为河南太守丞。霸为人明察内敏，又习文法，然温良有让，足知，善御众。为丞，处议当于法，合人心，太守甚任之，吏民爱敬焉。

自武帝末，用法深。昭帝立，幼，大将军霍光秉政，大臣争权，上官桀等与燕王谋作乱，光既诛之，遂遵武帝法度，以刑罚痛绳群下，由是俗吏上严酷以为能，（上，崇尚，提倡。）而霸独用宽和为名。

会宣帝即位，在民间时知百姓苦吏急也，闻霸持法平，召以为廷尉正，（官名。秦置。汉沿置，秩千石。）数决疑狱，庭中称平。守丞相长史，坐公卿大议廷中知长信少府夏侯胜非议诏书大不敬，霸阿从不举劾，皆下廷尉，系狱当死。霸因从胜受尚书狱中，再逾冬，积三岁乃出，语在胜传。胜出，复为谏大夫，令左冯翊宋畸举霸贤良。胜又口荐霸于上，上擢霸为扬州刺史。三岁，宣帝下诏曰：「制诏御史：其以贤良高第扬州刺史霸为颍川太守，秩比二千石居，官赐车盖，特高一丈，别驾主簿车，缇油屏泥于轼前，（缇油，古代车轼前屏泥的红色油布。后以「缇油」为殊遇之标志。）以章有德。」

时，上垂意于治，数下恩泽诏书，吏不奉宣。不让百姓知道。太守霸为选择良吏，分部宣布诏令，令民咸知上意，使邮亭乡官皆畜鸡豚，邮亭，驿馆。以赡鳏寡贫穷者。然后为条教，置父老师帅伍长，班行之于民间，劝以为善防奸之意，及务耕桑，节用殖财，种树畜养，去食谷马。米盐靡密，初若烦碎，然霸精力能推行之。吏民见者，语次寻绎，抽引推求。问它阴伏，以相参考。尝欲有所司察，择长年廉吏遣行，属令周密。吏出，不敢舍邮亭，食于道旁，乌攫其肉。民有欲诣府口言事者适见之，霸与语，道此。后日吏还谒霸，霸见迎劳之，曰：「甚苦！食于道旁乃为乌所盗肉。」吏大惊，以霸具知其起居，所问豪氂不敢有所隐。鳏寡孤独有死无以葬者，乡部书言，霸具为区处，分别处置。某所大木可以为棺，某亭猪子可以祭，吏往皆如言。其识事聪明如此，吏民不知所出，咸称神明。奸人去入它郡，盗贼日少。

霸力行教化而后诛罚，务在成就全安长吏。许丞老，病聋，督邮白欲逐之，霸曰：「许丞廉吏，虽老，尚能拜起送迎，正颇重听，何伤？且善助之，毋失贤者意。」或问其故，霸曰：「数易长吏，送故迎新之费及奸吏缘绝簿书盗财物，公私费耗甚多，皆当出于民，所易新吏又未必贤，或不如其故，徒相益为乱。凡治道，去其泰甚者耳。」

霸以外宽内明得吏民心，户口岁增，治为天下第一。征守京兆尹，秩二千石。坐发民治驰道不先闻，又发骑士诣北军马不适士，意为马少士多。劾乏军兴，连贬秩。有诏归颍川太守官，以八百石居治如其前。前后八年，郡中愈治。是时，凤皇神爵数集郡国，爵，通「雀」。颍川尤多。天子以霸治行终长者，下诏称扬曰：「颍川太守霸，宣布诏令，百姓向化，孝子、弟弟、贞妇、顺孙日以众多，田者让畔，道不拾遗，养视鳏寡，赡助贫穷，狱或八年亡重罪囚，吏民向于教化，兴于行谊，可谓贤人君子矣。书不云乎？『股肱良哉！』其赐爵关内侯，黄金百斤，秩中二千石。」而颍川孝弟有行义民、三老、力田，皆以差赐爵及帛。孝弟、力田，汉选拔官吏的科目之一。始于惠帝时，名义上是奖励有孝弟的德行和能努力耕作者。中选者经常受到赏赐，并免除一切徭役。至文帝时，与三老同为郡县中掌教化的乡官，成为定员。后数月，征霸为太子太傅，迁御史大夫。

五凤三年，代丙吉为丞相，封建成侯，食邑六百户。霸材长于治民，及为丞相，总纲纪号令，风采不及丙、魏、于定国，功名损于治郡。时，京兆尹张敞舍鹖雀飞集丞相府，霸以为神雀，议欲以闻。敞奏霸曰：「窃见丞相请与中二千石博士杂问郡国上计长吏、守丞为民兴利除害、成大化，条其对，有耕者让畔，男女异路，道不拾遗，及举孝子贞妇者为一辈，先上殿，举而不知其人数者次之，不为条教者在后叩头谢。丞相虽口不言，而心欲其为之也。长吏、守丞对时，臣敞舍有鹖雀飞止丞相府屋上，丞相以下见者数百人。边吏多知鹖雀者，问之，皆阳不知。丞相图议上奏曰：『臣问上计长吏、守丞以兴化条，皇天报下神雀。』后知从臣敞舍来，乃止。郡国吏窃笑丞相仁厚有知略，微信奇怪也。昔汲黯为淮阳守，辞去之官，谓大行李息曰：（大行，为掌交际礼仪之官。）『御史大夫张汤怀诈阿意，以倾朝廷，公不早白，与俱受戮矣。』息畏汤，终不敢言。后汤诛败，上闻黯与息语，乃抵息罪而秩黯诸侯相，取其思竭忠也。臣敞非敢毁丞相也，诚恐群臣莫白，而长吏、守丞畏丞相指，归舍法令，各为私教，务相增加，浇淳散朴，浮薄的风气破坏了淳厚的风气。并行伪貌，有名亡实，倾摇解怠，甚者为妖。假令京师先行让畔异路，道不拾遗，其实亡益廉贪贞淫之行，而以伪先天下，固未可也；即诸侯先行之，伪声轶于京师，非细事也。汉家承敝通变，造起律令，所以劝善禁奸，条贯详备，不可复加。宜令贵臣明饬长吏、守丞，归告二千石，举三老、孝弟、力田、孝廉、廉吏务得其人，郡事皆以义法令捡式，约束言行的法度、准则。毋得擅为条教；敢挟诈伪以奸名誉者，必先受戮，以正明好恶。」天子嘉纳敞言，召上计吏，使侍中临饬如敞指意。霸甚惭。

又乐陵侯史高以外属旧恩侍中贵重，霸荐高可太尉。天子使尚书召问霸：「太尉官罢久矣，丞相兼之，所以偃武兴文也。如国家不虞，边境有事，左右之臣皆将率率，通帅。也。夫宣明教化，通达幽隐，使狱无冤刑，邑无盗贼，君之职也。将相之官，朕之任焉。侍中乐陵侯高帷幄近臣，帷幄，喻指帝王。朕之所自亲，君何越职而举之？」尚书令受丞相对，霸免冠谢罪，数日乃决。自是后不敢复有所请。然自汉兴，言治民吏，以霸为首。

为相五岁，甘露三年薨，谥曰定侯。霸死后，乐陵侯高竟为大司马。（大司马是中国古代对中央政府中专司武职的最高长官的称呼。）霸子思侯赏嗣，为关都尉。薨，子忠侯辅嗣，至卫尉九卿。薨，子忠嗣侯，讫王莽乃绝。子孙为吏二千石者五六人。

始，霸少为阳夏游徼，（秦汉时乡官名。负责巡查盗贼。）与善相人者共载出，见一妇人，相者言：「此妇人当富贵，不然，相书不可用也。」霸推问之，乃其乡里巫家女也。霸即娶为妻，与之终身。为丞相后徙杜陵。

朱邑字仲卿，庐江舒人也。少时为舒桐乡啬夫，（秦汉时乡官，以听讼、收赋税为职务。）廉平不苛，以爱利为行，（爱利，爱护、加惠于他人。）未尝笞辱人，存问耆老孤寡，遇之有恩，所部吏民爱敬焉。迁补太守卒史，（汉代官署中属吏之一。）举贤良为大司农丞，迁北海太守，以治行第一入为大司农。为人淳厚，笃于故旧，然性公正，不可交以私。天子器之，朝廷敬焉。

是时，张敞为胶东相，与邑书曰：「明主游心太古，广延茂士，此诚忠臣竭思之时也。直敞远守剧郡，（大郡，政务繁剧的州郡。）驭于绳墨，匈臆约结，固亡奇也。虽有，亦安所施？足下以清明之德，掌周稷之业，犹饥者甘糟糠，穰岁余粱肉。何则？有亡之势异也。昔陈平虽贤，须魏倩而后进；韩信虽奇，赖萧公而后信。故事各达其时之英俊，若必伊尹、吕望而后荐之，则此人不因足下而进矣。」邑感敞言，贡荐贤士大夫，多得其助者。身为列卿，居处俭节，禄赐以共九族乡党，家亡余财。

神爵元年卒。天子闵惜，下诏称扬曰：「大司农邑，大司农，秦汉时全国财政经济的主管官，后逐渐演变为专掌国家仓廪或劝课农桑之官。廉洁守节，退食自公，亡强外之交，束脩之馈，可谓淑人君子，遭离凶灾，朕甚闵之。其赐邑子黄金百斤，以奉其祭祀。」

初，邑病且死，属其子曰：「我故为桐乡吏，其民爱我，必葬我桐乡。后世子孙奉尝我，不如桐乡民。」及死，其子葬之桐乡西郭外，民果共为邑起冢立祠，岁时祠祭，至今不绝。

龚遂字少卿，山阳南平阳人也。以明经为官，至昌邑郎中令，掌管宫殿警卫。事王贺。昌邑王刘贺。贺动作动作指行为。多不正，遂为人忠厚，刚毅有大节，内谏争于王，外责傅相，引经义，陈祸福，至于涕泣，蹇蹇亡已。蹇蹇，忠直貌。面刺王过，王至掩耳起走，曰：「郎中令善愧人。」及国中皆畏惮焉。王尝久与驺奴宰人游戏饮食，赏赐亡度。遂入见王，涕泣膝行，左右侍御皆出涕。王曰：「郎中令何为哭？」遂曰：「臣痛社稷危也！愿赐清闲竭愚。」王辟左右，遂曰：「大王知胶西王所以为无道亡乎？」王曰：「不知也。」曰：「臣闻胶西王有谀臣侯得，王所为拟于桀、纣也，得以为尧、舜也。王说其谄谀，尝与寝处，唯得所言，以至于是。今大王亲近群小，渐渍邪恶所习，存亡之机，不可不慎也。臣请选郎通经术有行义者与王起居，坐则通诗、书，立则习礼容，宜有益。」王许之。遂乃选郎中张安等十人侍王。居数日，王皆逐去安等。久之，宫中数有妖怪，王以问遂，遂以为有大忧，宫室将空，语在昌邑王传。会昭帝崩，亡子，昌邑王贺嗣立，官属皆征入。王相安乐迁长乐卫尉，遂见安乐，流涕谓曰：「王立为天子，日益骄溢，谏之不复听，今哀痛未尽，日与近臣饮食作乐，斗虎豹，召皮轩，古代用虎皮装饰的车子。车九流，驱驰东西，所为悖道。古制宽，大臣有隐退，今去不得，阳狂恐知，身死为世戮，奈何？君，陛下故相，宜极谏争。」王即位二十七日，卒以淫乱废。昌邑群臣坐陷王于恶不道，皆诛，死者二百余人，唯遂与中尉王阳以数谏争得减死，髡为城旦。秦汉时的刑罚，如淳引《律说》注解：「论决为髡钳，输边筑长城，昼日伺寇虏，夜暮筑长城。」

宣帝即位，不久，渤海左右郡岁饥，盗贼并起，二千石不能禽制。上选能治者，丞相、御史举遂可用，上以为渤海太守。时，遂年七十余，召见，形貌短小，宣帝望见，不副所闻，心内轻焉，谓遂曰：「渤海废乱，朕甚忧之。君欲何以息其盗贼，以称朕意？」遂对曰：「海濒遐远，不沾圣化，其民困于饥寒而吏不恤，故使陛下赤子盗弄陛下之兵于潢池中耳。赤子，皇帝统治下的子民。今欲使臣胜之邪，将安之也？」上闻遂对，甚说，答曰：「选用贤良，固欲安之也。」遂曰：「臣闻治乱民犹治乱绳，不可急也；唯缓之，然后可治。臣愿丞相、御史且无拘臣以文法，得一切便宜从事。」上许焉，加赐黄金，赠遣乘传。至渤海界，郡闻新太守至，发兵以迎，遂皆遣还，移书敕属县悉罢逐捕盗贼吏。诸持锄钩田器者皆为良民，吏毋得问，持兵者乃为盗贼。遂单车独行至府，郡中翕然，盗贼亦皆罢。渤海又多劫略相随，闻遂教令，即时解散，弃其兵弩而持钩锄。盗贼于是悉平，民安土乐业。遂乃开仓廪假贫民，选用良吏，尉安牧养焉。

遂见齐俗奢侈，好末技，不田作，乃躬率以俭约，劝民务农桑，令口种一树榆，百本薤、五十本葱、本，量词。用于草木。意为棵，丛，捆等。一畦韭，家二母彘、五鸡。民有带持刀剑者，使卖剑买牛，卖刀买犊，曰：「何为带牛佩犊！」春夏不得不趋田亩，秋冬课收敛，益蓄果实菱芡。劳来循行，郡中皆有蓄积，吏民皆富实。狱讼止息。

数年，上遣使者征遂，议曹王生愿从。功曹以为王生素耆酒，亡节度，不可使。遂不忍逆，从至京师。王生日饮酒，不视太守。会遂引入宫，王生醉，从后呼，曰：「明府且止，愿有所白。」遂还问其故，王生曰：「天子即问君何以治渤海，君不可有所陈对，宜曰『皆圣主之德，非小臣之力也』。」遂受其言。既至前，上果问以治状，遂对如王生言。天子说其有让，笑曰：「君安得长者之言而称之？」遂因前曰：「臣非知此，乃臣议曹教戒臣也。」上以遂年老不任公卿，拜为水衡都尉，官名。掌上林苑及铸钱等事。兼保管皇室财物、铸钱、造船、治水等。议曹王生为水衡丞，以褒显遂云。水衡典上林禁苑，共张宫馆，离宫别馆。供皇帝游息的地方。为宗庙取牲，官职亲近，上甚重之。以官寿卒。

召信臣字翁卿，九江寿春人也。以明经甲科为郎，出补穀阳长。汉谷阳县，治今安徽固镇谷阳城。举高第，迁上蔡长。其治视民如子，所居见称述，超为零陵太守，病归。复征为谏大夫，迁南阳太守，其治如上蔡。

信臣为人勤力有方略，好为民兴利，务在富之。躬劝耕农，出入阡陌，止舍离乡亭，稀有安居时。行视郡中水泉，开通沟渎，起水门提阏凡数十处，以广溉灌，岁岁增加，多至三万顷。民得其利，蓄积有余。信臣为民作均水约束，刻石立于田畔，以防分争。禁止嫁娶送终奢靡，务出于俭约。府县吏家子弟好游敖，不以田作为事，辄斥罢之，甚者案其不法，以视好恶。其化大行，郡中莫不耕稼力田，百姓归之，户口增倍，盗贼狱讼衰止。吏民亲爱信臣，号之曰召父。荆州刺史奏信臣为百姓兴利，郡以殷富，赐黄金四十斤。迁河南太守，治行常为第一，复数增秩赐金。

竟宁中，征为少府，列于九卿，奏请上林诸离远宫馆稀幸御者，勿复缮治共张，又奏省乐府黄门倡优诸戏，及宫馆兵弩什器减过泰半。太官园种冬生葱韭菜茹，太官，官名，掌皇帝膳食及燕享之事。覆以屋庑，昼夜然蕴火，待温气乃生。信臣以为此皆不时之物，有伤于人，不宜以奉供养，乃它非法食物，悉奏罢，省费岁数千万。信臣年老以官卒。

元始四年，诏书祀百辟卿士有益于民者，蜀郡以文翁，九江以召父应诏书。岁时郡二千石率官属行礼，奉祠信臣冢，而南阳亦为立祠。

后汉书·循吏传

《后汉书》由我国南朝刘宋时期的历史学家范晔编撰，是一部记载东汉历史的纪传体史书，「二十四史」之一。《后汉书》是继《史记》《汉书》之后又一部重要史籍。《后汉书》全书主要记述了上起东汉的汉光武帝建武元年，下至汉献帝建安二十五年，共一百九十六年的史事。《后汉书·循吏传》记述的人物较多，计有卫飒、任延、王景、秦彭、王涣、许荆、孟尝、第五访、刘矩、刘宠、仇览、童恢十二人，东汉是儒家思想确立并广泛传播的时期，以经治国的理念日益强化。指导循吏为官理政的重要理念是民本思想，这一理念正是儒家思想的核心内容之一。东汉的循吏大都本着「爱人以德」的观念，贯彻「德主刑辅」的行政原则，坚持以教化感民，不以杀伐为威，实行宽松缓和的治民之策。

初，光武长于民间，颇达情伪，见稼穑艰难，百姓病害，至天下已定，务用安静，解王莽之繁密，还汉世之轻法。身衣大练，色无重采，耳不听郑、卫之音，手不持珠玉之玩，宫房无私爱，左右无偏恩。建武十三年，异国有献名马者，日行千里，又进宝剑，贾兼百金，诏以马驾鼓车，载鼓之车。古代皇帝出外时的仪仗之一。剑赐骑士。损上林池籞之官，废骋望弋猎之事。其以手迹赐方国者，皆一札十行，细书成文。勤约之风，行于上下。数引公卿郎将，列于禁坐。广求民瘼，民众的疾苦。观纳风谣。故

能内外匪懈，百姓宽息。自临宰邦邑者，竞能其官。若杜诗守南阳，号为「杜母」，任延、锡光移变边俗，斯其绩用之最章章最著名者也。又第五伦、宋均之徒，亦足有可称谈。然建武、永平之间，吏事刻深，亟以谣言单辞，转易守长。故朱浮数上谏书，箴切峻政，钟离意等亦规讽殷勤，以长者为言，而不能得也。所以中兴之美，盖未尽焉。自章、和以后，其有善绩者，往往不绝。如鲁恭、吴祐、刘宽及颍川四长，并以仁信笃诚，使人不欺；王堂、陈宠委任贤良，而职事自理：斯皆可以感物而行化也。边凤、延笃先后为京兆尹，时人以辈前世赵、张。又王涣、任峻之为洛阳令，明发奸伏，吏端禁止，然导德齐礼，有所未充，亦一时之良能也。今缀集殊闻显迹，以为循吏篇云。

卫飒字子产，河内修武人也。家贫好学问，随师无粮，常佣以自给。王莽时，仕郡历州宰。

建武二年，辟大司徒邓禹府。举能案剧，除侍御史，襄城令。政有名迹，迁桂阳太守。郡与交州接境，颇染其俗，不知礼则。飒下车，修庠序之教，设婚姻之礼。期年间，邦俗从化。

先是，含洭、浈阳，曲江三县，含洭，故城在今广东英德县西七十五里。浈阳，治今英德市英中、英东地区及翁源县和新丰、佛冈县部分地区。曲江，治今广东省韶关市曲江区。越之故地，武帝平之，内属桂阳。民居深山，滨溪谷，习其风土，不出田租。去郡远者，或且千里。吏事往来，辄发民乘船，名曰「传役」。每一吏出，徭及数家，百姓苦之。飒乃凿山通道五百余里，列亭传，置邮驿。于是役省劳息，奸吏杜绝。流民稍还，渐成聚邑，使输租赋，同之平民。又耒阳县出铁石，佗郡民庶常依因聚会，私为冶铸，遂招来亡命，多致奸盗。飒乃上起上书建议设置。铁官，汉代管理冶铁事务的机构。罢斥私铸，岁所增入五百余万。飒理恤民事，居官如家，其所施政，莫不合于物宜。视事十年，郡内清理。

二十五年，征还。光武欲以为少府，会飒被疾，不能拜起，敕以桂阳太守归家，须后诏书。居二岁，载病诣阙，自陈困笃，乃收印绶，赐钱十万，后卒于家。

南阳茨充代飒为桂阳。亦善其政，教民种殖桑柘麻纻之属，劝令养蚕织履，民得利益焉。

任延字长孙，南阳宛人也。年十二，为诸生，学于长安，明诗、易、春秋，显名太学，学中号为「任圣童」。值仓卒，匆忙急迫。避兵之陇西。时隗嚣已据四郡，遣使请延，延不应。

更始元年，以延为大司马属，拜会稽都尉。主管一郡军事的武官。时年十九，迎官惊其壮。及到，静泊无为，唯先遣馈礼祠延陵季子。季子，吴王寿梦之少子札，封于延陵。时天下新定，道路未通，避乱江南者皆未还中土，会稽颇称多士。延到，皆聘请高行如董子仪、严子陵等，敬待以师友之礼。掾吏贫者，辄分奉禄以赈给之。省诸卒，令耕公田，以周穷急。每时行县，辄使慰勉孝子，就餐饭之。

吴有龙丘苌者，隐居太末，太末，县名，治在今天的浙江省龙游县。志不降辱。王莽时，四辅三公连辟，不到。掾史白请召之。延曰：「龙丘先生躬德履义，有原宪、伯夷之节。都尉埽洒其门，犹惧辱焉，召之不可。」遣功曹奉谒，修书记，致医药，吏使相望于道。积一岁，苌乃乘辇诣府门，愿得先死备录。延辞让再三，遂署议曹祭酒。苌寻病卒，延自临殡，不朝三日。是以郡中贤士大夫争往宦焉。

建武初，延上书愿乞骸骨，归拜王庭。诏征为九真太守。九真，位于今越南的北部。光武引见，赐马杂缯，令妻子留洛阳。九真俗以射猎为业，不知牛耕，民常告籴交阯，每致困乏。延乃令铸作田器，教之垦辟。田畴岁岁开广，百姓充给。又骆越之民无嫁娶礼法，各因淫好，无适对匹，不识父子之性，夫妇之道。延乃移书属县，各使男年二十至五十，女年十五至四十，皆以年齿相配。其贫无礼娉，令长吏以下各省奉禄以赈助之。同时相娶者二千余人。是岁风雨顺节，谷稼丰衍。其产子者，始知种姓。咸曰：「使我有是子者，任君也。」多名子为「任」。于是徼外蛮夷夜郎等慕义保塞，延遂止罢侦候戍卒。

初，平帝时，汉中锡光为交阯太守，教导民夷，渐以礼义，化声侔于延。侔音móu，齐等；相当。王莽末，闭境拒守。建武初，遣使贡献，封盐水侯。领南岭南。华风，始于二守焉。

延视事四年，征诣洛阳，以病稽留，左转降职。睢阳令，九真吏人生为立祠。拜武威太守，帝亲见，戒之曰：「善事上官，无失名誉。」延对曰：「臣闻忠臣不私，私臣不忠。

履正奉公，臣子之节。上下雷同，非陛下之福。善事上官，臣不敢奉诏。」帝叹息曰：「卿言是也。」

既之武威，时将兵长史田绀，（将兵长史，官名。边郡的专职领兵之官。）郡之大姓，其子弟宾客为人暴害。延收绀系之，父子宾客伏法者五六人。绀少子尚乃聚会轻薄数百人，自号将军，夜来攻郡。延即发兵破之。自是威行境内，吏民累息。

郡北当匈奴，南接种羌，民畏寇抄，多废田业。延到，选集武略之士千人，明其赏罚，令将杂种胡骑休屠黄石屯据要害，其有警急，逆击追讨。虏恒多残伤，遂绝不敢出。

河西旧少雨泽，乃为置水官吏，修理沟渠，皆蒙其利。又造立校官，（学官）自掾史子孙，皆令诣学受业，复其徭役。章句既通，悉显拔荣进之。郡遂有儒雅之士。

后坐擅诛羌不先上，左转召陵令。显宗即位，拜颍川太守。永平二年，征会辟雍，因以为河内太守。视事九年，病卒。

少子恺，官至太常。

王景字仲通，乐浪讲邯人也。（讲邯，今朝鲜平壤市西北。）八世祖仲，本琅邪不其人。（不其，汉县名，治所在今山东崂山县西北。）

好道术，明天文。诸吕作乱，齐哀王襄谋发兵，而数问于仲。及济北王兴居反，欲委兵师仲，仲惧祸及，乃浮海东奔乐浪山中，因而家焉。父闳，为郡三老。更始败，土人王调杀郡守刘宪，自称大将军、乐浪太守。建武六年，光武遣太守王遵将兵击之。至辽东，闳与郡决曹史杨邑等共杀调迎遵，皆封为列侯，闳独让爵。帝奇而征之，道病座。

景少学易，遂广窥众书，又好天文术数之事，沈深多伎艺。辟司空伏恭府。时有荐景能理水者，显宗诏与将作谒者王吴共修作浚仪渠。

吴用景堨流法，堨同「堰」，挡水的低坝。水乃不复为害。

初，平帝时，河、汴决坏，未及得修。建武十年，阳武令张汜上言：「河决积久，日月侵毁，济渠所漂数十许县。修理之费，其功不难。宜改修堤防，以安百姓。」书奏，光武即为发卒。方营河功，而浚仪令乐俊复上言：「昔元光之间，人庶炽盛，缘堤垦殖，而瓠子河决，尚二十余年，不即拥塞。今居家稀少，田地饶广，虽未修理，其患犹可。且新被兵革，方兴役力，劳怨既多，民不堪命。宜须平静，更议其事。」光武得此遂止。

后汴渠东侵，日月弥广，而水门故处，皆在河中，兖、豫百姓怨叹，以为县官恒兴佗役，不先民急。永平十二年，议修汴渠，乃引见景，问以理水形便。景陈其利害，应对敏给，帝善之。又以尝修浚仪，功业有成，乃赐景山海经、河渠书、禹贡图及钱帛衣物。夏，遂发卒数十万，遣景与王吴修渠筑堤，自荥阳东至千乘海口千余里。景乃商度地势，凿山阜，破砥绩，直截沟涧，防遏冲要，疏决壅积，十里立一水门，令更相洄注，无复溃漏之患。景虽简省役费，然犹以百亿计。明年夏，渠成。帝亲自巡行，诏滨河郡国置河堤员吏，如西京旧制。景由是知名。王吴及诸从事掾史皆增秩一等。景三迁为侍御史。十五年，从驾车巡狩，至无盐，帝美其功绩，拜河堤谒者，赐车马缣钱。

建初七年，迁徐州刺史。先是杜陵杜笃奏上论都赋，欲令车驾迁还长安。耆老闻者，皆动怀土之心，莫不眷然伫立西望。景以宫庙已立，恐人情疑惑，会时有神雀诸瑞，乃作金人论，颂洛邑之美，天人之符，文有可采。

明年，迁庐江太守。先是，百姓不知牛耕，致地力有余而食常不足。郡界有楚相孙叔敖所起芍陂稻田。景乃驱率吏民，修起芜废，教用犁耕，由是垦辟倍多，境内丰给。遂铭石刻誓，令民知常禁。又训令蚕织，为作法制，皆著于乡亭，庐江传其文辞。卒于官。

初，景以为六经所载，皆有卜筮，作事举止，质于蓍龟，而众书错糅，吉凶相反，乃参纪众家数术文书，冢宅禁忌，堪舆日相之属，适于事用者，集为大衍玄基云。

秦彭字伯平，扶风茂陵人也。自汉兴之后，世位相承。六世祖袭，为颍川太守，与群从同时为二千石者五人，故三辅号曰「万石秦氏」。彭同产女弟，显宗时入掖庭为贵人，有宠。永平七年，以彭贵人兄，随四姓小侯擢为开阳城门候。城门候，东汉时城门校尉的属官，掌京师某一城门屯兵。十五年，拜骑都尉，副驸马都尉耿秉北征匈奴。

建初元年，迁山阳太守。以礼训人，不任刑罚。崇好儒雅，敦明庠序。每春秋飨射，辄修升降揖让之仪。乃为人设四诫，以定六亲长幼之礼。有遵奉教化者，擢为乡三老，常以八月致酒肉以劝勉之。吏有过咎，罢遣而已，不加耻辱。百姓怀爱，莫有欺犯。兴起稻田数千顷，每于农月，亲度顷亩，分别肥塉，差为三品，各立文簿，藏之乡县。于是奸吏跼蹐，局促不安。无所容诈。彭乃上言，宜令天下齐同其制。诏书以其所立条式，班令三府，并下州郡。

在职六年，转颍川太守，仍有凤皇、麒麟、嘉禾、甘露之瑞，集其郡境。肃宗巡行，再幸颍川，辄赏赐钱谷，恩宠甚异。章和二年卒。彭弟惇、褒，并为射声校尉。官名。汉武帝置。八校尉之一，秩二千石。领兵七百人。

王涣字稚子，广汉郪人也。郪，古县名。西汉置，故址在今四川省三台县南。父顺，安定太守。涣少好侠，尚气力，数通剽轻少年。晚而改节，敦儒学，习尚书，读律令，略举大义。为太守陈宠功曹，当职割断，不避豪右。宠风声大行，入为大司农。和帝问曰：「在郡何以为理？」宠顿首谢曰：「臣任功曹王涣以简贤选能，主簿镡显拾遗补阙，臣奉宣诏书而已。」帝大悦，涣由此显名。

州举茂才，除温令。县多奸猾，积为人患。涣以方略讨击，悉诛之。境内清夷，商人露宿于道。其有放牛者，辄云以属稚子，终无侵犯。在温三年，迁兖州刺史，绳正部郡，风威大行。后坐考妖言不实论。岁余，征拜侍御史。

永元十五年，从驾南巡，还为洛阳令。以平正居身，得宽猛之宜。其冤嫌久讼，历政所不断，法理所难平者，莫不曲尽情诈，压塞群疑。又能以谲数发擿奸伏。擿奸伏，揭露隐秘的坏事。京师称叹，以为涣有神算。元兴元年，病卒。百姓市道莫不咨嗟。男女老壮皆相与赋敛，致奠醊以千数。

涣丧西归，道经弘农，民庶皆设槃桉于路。槃桉，盛祭物的木盘及放置祭品盘的几案。亦指代祭品。吏问其故，咸言平常持米到洛，为卒司所抄，恒亡其半。自王君在事，不见侵枉，故来报恩。其政化怀物如此。民思其德，为立祠安阳亭西，每食辄弦歌而荐之。

永初二年，邓太后诏曰：「夫忠良之吏，国家所以为理也。求之甚勤，得之至寡。故孔子曰：『才难不其然乎！』昔大司农朱邑、右扶风尹翁归，政迹茂异，令名显闻，孝宣皇帝嘉叹悯惜，而以黄金百斤策赐其子。故洛阳令王涣，秉清修之节，蹈羔羊之义，尽心奉公，务在惠民，功业未遂，不幸早世，百姓追思，为之立祠。自非忠爱之至，孰能若斯者乎！今以涣子石为郎中，以劝劳勤。」延熹中，桓帝事黄、老道，悉毁诸房祀，唯特诏密县存故太傅卓茂庙，洛阳留王涣祠焉。

镡显后亦知名，安帝时为豫州刺史。时，天下饥荒，竞为盗贼，州界收捕且万余人。显愍其困穷，自陷刑辟，辄擅赦之，因自劾奏。有诏勿理。后位至长乐卫尉。

自涣卒后，连诏三公特选洛阳令，皆不称职。永和中，以剧令勃海任峻补之。剧令，政务繁重的县份的县令。峻擢用文武吏，皆尽其能，纠剔奸盗，不得旋踵，一岁断狱，不过数十，威风猛于涣，而文理不及之。峻字叔高，终于太山太守。

许荆字少张，会稽阳羡人也。阳羡，今江苏宜兴旧名。祖父武，太守第五伦举为孝廉。武以二弟晏、普未显，欲令成名，乃请之曰：「礼有分异之义，家有别居之道。」于是共割财产以为三分，武自取肥田广宅奴婢强者，二弟所得并悉劣少。乡人皆称弟克让而鄙武贪婪，晏等以此并得选举，武乃会宗亲，泣曰：「吾为兄不肖，盗声窃位，二弟长年，未豫荣禄，所以求得分财，自取大讥。今理产所增，三倍于前，悉以推二弟，一无所留。」于是郡中翕然，远近称之。位至长乐少府。

荆少为郡吏，兄子世尝报仇杀人，怨者操兵攻之。荆闻，乃出门逆怨者，逆，迎接；迎候。跪而言曰：「世前无状相犯，咎皆在荆不能训导。兄既早没，一子为嗣，如令死者伤其灭绝，愿杀身代之。」怨家扶荆起，曰：「许掾郡中称贤，吾何敢相侵？」因遂委去。荆名誉益著。太守黄兢举孝廉。

和帝时，稍迁桂阳太守。郡滨南州，风俗脆薄，轻薄。不识学义。荆为设丧纪婚姻制度，使知礼禁。尝行春到耒阳县，人有蒋均者，兄弟争财，互相言讼。荆对之叹曰：「吾荷国重任，而教化不行，咎在太守。」乃顾使吏上书陈状，乞诣廷尉。均兄弟感悔，各求受罪。在事十二年，父老称歌。以病自上，征拜谏议大夫，卒于官。桂阳人为立庙树碑。

荆孙馘，灵帝时为太尉。

孟尝字伯周，会稽上虞人也。其先三世为郡吏，并伏节死难。伏节，犹言殉节。指为维护某种事物或追求理想而死。尝少修操行，仕郡为户曹史。上虞有寡妇至孝养姑。姑年老寿终，夫女弟先怀嫌忌，乃诬妇厌苦供养，加鸩其母，列讼县庭。郡不加寻察，遂结竟其罪。尝先知枉状，备言之于太守，太守不为理。尝哀泣外门，因谢病去，谢病，托病引退或谢绝宾客。妇竟冤死。自是郡中连旱二年，祷请无所获。后太守殷丹到官，访问其故，尝诣府具陈寡妇冤诬之事。因曰：「昔东海孝妇，感天致旱，于公一言，甘泽时降。宜戮讼者，以谢冤魂，庶幽枉获申，时雨可期。」丹从之，即刑讼女而祭妇墓，天应澍雨，澍，时雨。谷稼以登。登，通「得」，取得，收获。

尝后策孝廉，举茂才，拜徐令。州郡表其能，迁合浦太守。郡不产谷实，而海出珠宝，与交阯比境，常通商贩，留籴粮食。先时宰守并多贪秽，诡人采求，诡人，狡诈邪恶的人。不知纪极，珠遂渐徙于交阯郡界。于是行旅不至，人物无资，贫者饿死于道。尝到官，革易前敝，求民病利。曾未逾岁，去珠复还，百姓皆反其业，商货流通，称为神明。

以病自上，被征当还，吏民攀车请之。尝既不得进，乃载乡民船夜遁去。隐处穷泽，身自耕佣。邻县士民慕其德，就居止者百余家。

桓帝时尚书同郡杨乔上书荐尝曰：「臣前后七表言故合浦太守孟尝，而身轻言微，终不蒙察。区区破心，徒然而已。尝安仁弘义，耽乐道德，清行出俗，能干绝群。前更守宰，移风改政，去珠复还，饥民蒙活。且南海多珍，财产易积，掌握之内，价盈兼金，而尝单身谢病，躬耕垄次，匿景藏采，不扬华藻。实羽翮之美用，非徒腹背之毛也。而沉沦草莽，好爵莫及，廊庙之宝，弃于沟渠。且年岁有讫，桑榆行尽，而忠贞之节，永谢圣时。臣诚伤心，私用流涕。夫物以远至为珍，士以稀见为贵。槃木朽珠，为万乘用者，左右为之容耳。王者取士，宜拔众之所贵。臣以斗筲之姿，斗筲，皆量小的容器，此处为谦词。趋走日月之侧。思立微节，不敢苟私乡曲。窃感禽息，禽息，秦大夫，荐百里奚而不见纳。缪公出，当车以头击车门，缪公感悟，而用百里奚。亡身进贤。」

尝竟不见用。年七十，卒于家。

第五访字仲谋，京兆长陵人，司空伦之族孙也。少孤贫，常佣耕以养兄嫂。有闲暇，则以学文。仕郡为功曹，察孝廉，补新都令。政平化行，三年之间，邻县归之，户口十倍。

迁张掖太守。岁饥，粟石数千，

访乃开仓赈给以救其敝。更惧谴，争欲上言。访曰：「若上须报，是弃民也。太守乐以一身救百姓！」遂出谷赋人。顺帝玺书嘉之。由是一郡得全。岁余，官民并丰，界无奸盗。

迁南阳太守，去官。拜护羌校尉，边境服其威信。卒于官。

刘矩字叔方，沛国萧人也。沛国，治相县，今安徽淮北市相山区，领二十一县。叔父光，顺帝时为司徒。矩少有高节，以父叔辽未得仕进，遂绝州郡之命。太尉朱宠、太傅桓焉嘉其志义，故叔辽以此为诸公所辟，拜议郎，矩乃举孝廉。

稍迁雍丘令，以礼让化之，其无孝义者，皆感悟自革。民有争讼，矩常引之于前，提耳训告，以为忿恚可忍，忿恚，怒恨。县官不可入，使归更寻思。讼者感之，辄各罢去。其有路得遗者，皆推寻其主。在县四年，以母忧去官。

后太尉胡广举矩贤良方正，四迁为尚书令。矩性亮直，不能谐附贵势，以是失大将军梁冀意，出为常山相，以疾去官。时冀妻兄孙祉为沛相，矩惧为所害，不敢还乡里，乃投彭城友人家。岁余，冀意少悟，乃止。补从事中郎，复为尚书令，迁宗正、太常。

延熹四年，代黄琼为太尉。琼复为司空，矩与琼及司徒种暠同心辅政，号为贤相。时，连有灾异，司隶校尉以劾三公。尚书朱穆上疏，称矩等良辅，以言殷汤、高宗不罪臣下之义。帝不省，竟以蛮夷反叛免。后复拜太中大夫。官名，掌论议，汉以后各代多沿置。

灵帝初，代周景为太尉。矩再为上公，所辟召皆名儒宿德。不与州郡交通。顺辞默谏，多见省用。复以日食免。因乞骸骨，卒于家。

刘宠字祖荣，东莱牟平人，齐悼惠王之后也。悼惠王子孝王将闾，将闾少子封牟平侯，子孙家焉。父丕，博学，号为通儒。

宠少受父业，以明经举孝廉，除东平陵令，以仁惠为吏民所爱。母疾，弃官去。百姓将送塞道，车不得进，乃轻服遁归。

后四迁为豫章太守，又三迁拜会稽太守。山民愿朴，乃有白首不入市井者，颇为官吏所扰。宠简除烦苛，禁察非法，郡中大化。征为将作大匠。官名。掌管宫室修建之官。山阴县有五六老叟，龙眉皓发，自若邪山谷间出，若邪，山名，在浙江绍兴南。人赍百钱以送宠。宠劳之曰：「父老何自苦？」对曰：「山谷鄙生，未尝识郡朝。它守时吏发求民间，至夜不绝，或狗吠竟夕，民不得安。自明府下车以来，狗不夜吠，民不见吏。年老遭值圣明，今闻当见弃去，故自扶奉送。」宠曰：「吾政何能及公言邪？勤苦父老！」为人选一大钱受之。

转为宗正、大鸿胪。延熹四年，代黄琼为司空，以阴雾愆阳免。顷之，拜将作大匠，得为宗正。建宁元年，代王畅为司空，频迁司徒、太尉。二年，以日食策免，归乡里。

宠前后历宰二郡，累登卿相，而清约省素，家无货积。尝出京师，欲息亭舍，亭吏止之，曰：「整顿洒埽，以待刘公，不可得止。」宠无言而去，时人称其长者。以老病卒于家。

弟方，官至山阳太守。方有二子：岱字公山，繇字正礼。兄弟齐名称。

董卓入洛阳，岱从侍中出为兖州刺史。虚己爱物，为士人所附。初平三年，青州黄巾贼入兖州，杀任城相郑遂，转入东平。岱击之，战死。

兴平中，繇为杨州牧、振威将

军。时袁术据淮南，繇乃移居曲阿。值中国丧乱，士友多南奔，繇携接收养，与同优剧，甚得名称。袁术遣孙策攻破繇，因奔豫章，病卒。

仇览字季智，一名香，陈留考城人也。少为书生淳默，乡里无知者。年四十，县召补史，选为蒲亭长。劝人生业，为制科令，至于果菜为限，鸡豕有数，农事既毕，乃令子弟群居，还就黉学。其剽轻游恣者，皆役以田桑，严设科罚。躬助丧事，赈恤穷寡。期年称大化。览初到亭，人有陈元者，独与母居，而母诣览告元不孝。览惊曰：「吾近日过舍，庐落整顿，耕耘以时。此非恶人，当是教化未及至耻。母守寡养孤，苦身投老，奈何肆忿于一朝，欲致子以不义乎？」母闻感悔，涕泣而去。览乃亲到元家，与其母子饮，因为陈人伦孝行，譬以祸福之言。元卒成孝子。乡邑为之谚曰：「父母何在在我庭，化我鸤枭哺所生。」

时考城令河内王涣，政尚严猛，闻览以德化人，署为主簿。谓览曰：「主簿闻陈元之过，不罪而化之，得无少鹰鹯之志邪？」览曰：「以为鹰鹯，不若鸾凤。」涣谢遣曰：「枳棘非鸾凤所栖，百里岂大贤之路？今日太学曳长裾，飞名誉，皆主簿后耳。以一月奉为资，勉卒景行。」

览入太学。时，诸生同郡符融有高名，与览比宇，宾客盈室。览常自守，不与融言。融观其容止，心独奇之，乃谓曰：「与先生同郡壤，邻房牖。今京师英雄四集，志士交结之秋，虽务经常，守之何因？」览乃正色曰：「天子修设太学，岂但使人游谈其中！」高揖而去，不复与言。后融以告郭林宗，林宗因与融赍刺就房谒之，赍刺，携带名帖。遂请留宿。林宗嗟叹，下床为拜。

览学毕归乡里，州郡并请，皆以疾辞。虽在宴居，必以礼自整。妻子有过，辄免冠自责。妻子庭谢，候览冠，乃敢升堂。家人莫见喜怒声色之异。后征方正，遇疾而卒。

三子皆有文史才，少子玄，最知名。

童恢字汉宗，琅邪姑幕人也。父仲玉，遭世凶荒，倾家赈恤，九族乡里赖全者以百数。仲玉早卒。

恢少仕州郡为吏，司徒杨赐闻其执法廉平，乃辟之。乃赐被劾当免，掾属悉投刺去，投刺，留下名帖。表示解职告退。恢独诣阙争之。乃得理，掾属悉归府，恢杖策而逝。杖策，执马鞭。谓策马而行。由是论者归美。

复辟公府，除不其令。吏人有犯违禁法，辄随方晓示。若吏称其职，人行善事者，皆赐以酒肴之礼，以劝励之。耕织种收，皆有条章。一境清静，牢狱连年无囚。比县流人归化，徙居二万余户。民尝为虎所害，乃设槛捕之，生获二虎。恢闻而出，咒虎曰：「天生万物，唯人为贵。虎狼当食六畜，而残暴于人。王法杀人者伤，伤人则论法。汝若是杀人者，当垂头服罪；自知非者，当号呼称冤。」一虎低头闭目，状如震惧，即时杀之。其一视恢鸣吼，踊跃自奋，遂令放释。吏人为之歌颂。青州举尤异，迁丹阳太守，暴疾而卒。

弟翊字汉文，名高于恢，宰府先辟之。翊阳喑不肯仕，及恢被命，乃就孝廉，除须昌长。化有异政，吏人生为立碑。闻举将丧，弃官归。后举茂才，不就。卒于家。

赞曰：政界张急，理善亨鲜。推忠以及，众瘼自蠲。一夫得情，千室鸣弦。一夫指地方长官。千室指百姓。意为上知下情，则其下鸣弦而安乐。怀我风爱，永载遗贤。

晋书·循吏传

《晋书》为二十四史之一，编者共二十一人。其中监修三人为房玄龄、褚遂良、许敬宗；记载了从司马懿开始到晋恭帝元熙二年为止，包括西晋和东晋的历史，并以「载记」的形式兼述了十六国割据政权的兴亡。晋代门阀氏族统治进一步加强，吏治也就更加腐败，「政刑以之私谒，贿赂于此公行，结绶者以放浊为通」。但仍有一些官吏廉洁自律，勤政爱民，成为晋代历史中一道弥足珍贵的亮色。《晋书·良吏》记载了鲁芝、胡威、杜轸、窦允、曹摅、潘京、范晷、丁绍、乔智明、邓攸、吴隐之等十二人的事迹。

汉宣帝有言：「百姓所以安其田里而无叹息愁恨之心者，政平讼理也。与我共此者，其唯良二千石乎！」此则长吏之官，实为抚导之本。是以东里相郑，东里，古地名。春秋郑国大夫子产所居地，这里代指子产。西门宰邺，指战国时魏国西门豹治邺。颍川黄霸，蜀郡文翁，或吏不敢欺，或人怀其惠，或教移齐鲁，或政务宽和，斯并惇史播其徽音，指惇史，有德行之人的言行记录。良能以为准的。

有晋肇兹王业，光启霸图，授方任能，经文纬武。泰始受禅，改物君临，纂三叶之鸿基，三叶，三世。膺百王之大宝，劳心庶绩，垂意黎元，申敕守宰之司，屡发忧矜之诏，辞旨恳切，海谕殷勤，欲使直道正身，抑末敦本。当此时也，可谓农安其业，吏尽其能者欤！而帝宽厚足以君人，明威未能厉俗，政刑以之私谒，贿赂于此公行，结绶者以放浊为通，结绶，佩系印绶。谓出仕为官。弹冠者以苟得为贵，流遁忘反，浸以为常。刘毅抗卖官之言，当时以为矫枉，察其风俗，岂虚也哉！爰及惠怀，惠帝、怀帝中州鼎沸，逮于江左，晋政多门，元帝比少康之隆，处仲为梗，海西微昌邑之罪，元子乱常，既权逼是忧，故羁縻成俗。莅职者为身择利，铨综者为人择官，铨综，选拔罗致人材。下僚多英俊之才，势位必高门之胄，遂使良能之绩仅有存焉。虽复茂弘以明允赞经纶，安石以时宗镇雅俗，然外虞孔炽，内难方殷，而匡救弥缝，方免倾覆，弘风革弊，彼则未遑。今采其政绩可称者，以为良吏传。

鲁芝，字世英，扶风郿人也。世有名德，为西州豪族。父为郭汜所害，芝襁褓流离，年十七，乃移居雍，耽思坟籍。古代典籍。郡举上计吏，州辟别驾。别驾，官职名，全称为别驾从事史，为州刺史的佐吏。魏车骑将军郭淮为雍州刺史，深敬重之。举孝廉，除郎中。会蜀相诸葛亮侵陇右，淮复请芝为别驾。事平，荐于公府，辟大司马曹真掾，转临淄侯文学。官名。主管教育，分文学祭酒、掌故、文学掌故等，以祭酒为首。郑袤荐于司空王朗，朗即加礼命。后拜骑都尉、参军事、行安南太守，迁尚书郎。曹真出督关右，又参大司马军事。真薨，宣帝代焉，乃引芝参骠骑军事，转天水太守。郡邻于蜀，数被侵掠，户口减削，寇盗充斥，芝倾心镇卫，更造城市，数年间旧境悉复。迁广平太守。天水夷夏慕德，老幼赴阙献书，乞留芝。魏明帝许焉，仍策书嘉叹，勉以黄霸之美，加讨寇将军。

曹爽辅政，引为司马。芝屡有谠言嘉谋，谠言，正直之言，直言。爽弗能纳。及宣帝起兵诛爽，芝率余众犯门斩关，驰出赴爽，劝爽曰：「公居伊周之位，一旦以罪见黜，虽欲牵黄犬，复可得乎！若挟天子保许昌，杖大威以羽檄征四方兵，孰敢不从！舍此而去，欲就东市，岂不痛哉！」爽懦惑不能用，遂委身受戮。芝坐爽下狱，当死，而口不讼直，志不苟免。宣帝嘉之，赦而不诛。俄而起为使持节、领护匈奴中郎将、振威将军、并州刺史。以绥缉有方，迁大鸿胪。

高贵乡公即位，赐爵关内侯，邑二百户。毌丘俭平，随例增邑二百户，拜扬武将军、邢州刺史。诸葛诞以寿春叛，文帝奉魏帝出征，征兵四方，芝率荆州文武以为先驱。诞平，进爵武进亭侯，又增邑九百户。迁大尚书，掌刑理。常道乡公即位，进爵斄城乡侯，（斄城，斄音tai，古县名。秦时置县，故址在今陕西省武功县西南。）又增邑八百户，迁监青州诸军事、振武将军、青州刺史，转平东将军。五等建，封阴平伯。

武帝践阼，转镇东将军，进爵为侯。帝以芝清忠履正，素无居宅，使军兵为作屋五十间。芝以年及悬车，（指七十岁，古人一般至七十岁辞官家居，废车不用。）告老逊位，章表十余上，于是征为光禄大夫，位特进，给吏卒，门施行马。羊祜为车骑将军，乃以位让芝，曰：「光禄大夫鲁芝洁身寡欲，和而不同，服事华发，以礼终始，未蒙此选，臣更越之，何以塞天下之望！」上不从。其为人所重如是。泰始九年卒，年八十四。帝为举哀，赗赠有加，谥曰贞，赐茔田百亩。

胡威，字伯武，一名貔。淮南寿春人也。父质，以忠清著称，少与乡人蒋济、朱绩俱知名于江淮间，仕魏

至征东将军、荆州刺史。威早厉志尚。质之为荆州也，威自京都定省，

指探望问候父母。

家贫，无车马僮仆，自驱驴单行。每至客舍，躬放驴，取樵炊爨，食毕，复随侣进道。既至，见父，停厩中十余日。告归，父赐绢一匹为装。威曰：「大人清高，不审于何得此绢？」质曰：「是吾俸禄之余，以为汝粮耳。」威受之，辞归。质帐下都督先威未发，请假还家，阴资装于百余里，要威为伴，每事佐助。行数百里，威疑而诱问之，既知，乃取所赐绢与都督，谢而遣之。后因他信以白质，质杖都督一百，除吏名。其父子清慎如此。于是名誉著闻。拜侍御史，历南乡侯、安丰太守，迁徐州刺史。勤于政术，风化大行。

后入朝，武帝语及平生，因叹其父清，谓威曰：「卿孰与父清？」对曰：「臣不如也。」帝曰：「卿父以何胜耶？」对曰：「臣父清恐人知，臣清恐人不知，是臣不及远也。」帝以威言直而婉，谦而顺。累迁监豫州诸军事、右将军、豫州刺史，入为尚书，加奉车都尉。

威尝谏时政之宽，帝曰：「尚书郎以下，吾无所假借。」威曰：

「臣之所陈，岂在丞郎令史，正谓如臣等辈，始可以肃化明法耳。」拜前将军、监青州诸军事、青州刺史，以功封平春侯。太康元年，卒于位，追赠使持节、都督青州诸军事、镇东将军，余如故，谥曰烈。子奕嗣。

奕字次孙，仕至平东将军。威弟罴，字季象，亦有干用，仕至益州刺史、安东将军。

杜轸，字超宗，蜀郡成都人也。父雄，绵竹令。轸师事谯周，博涉经书。州辟不就，为郡功曹史。时邓艾至成都，轸白太守曰：「今大军来征，必除旧布新，明府宜避之，此全福之道也。」太守乃出。艾果遣其参军牵弘自之郡，弘问轸前守所在，轸正色对曰：「前守达去就之机，辄自出官舍以俟君子。」弘器之，命复为功曹，轸固辞。察孝廉，除建宁令，导以德政，风化大行，夷夏悦服。秩满将归，群蛮追送，赂遗甚多，轸一无所受，去如初至。又除池阳令，

池阳，今陕西省泾阳县和三原县的部分地区。

为雍州十一郡最。百姓生为立祠，得罪者无怨言。累迁尚书郎。轸博闻广涉，奏议驳论多见施用。时涪人李骧亦为尚书郎，与轸齐名，每有论议，朝廷莫能逾之，号蜀有二郎。轸

后拜犍为太守，甚有声誉。当迁，会病卒，年五十一。子毗。

毗字长基。州举秀才，成都王颖辟大将军掾，迁尚书郎，参太傅军事。及洛阳覆没，毗南渡江，王敦表为益州刺史，将与宜都太守柳纯共固白帝。杜弢遣军要毗，遂遇害。

毗弟秀，字彦颖，为罗尚主簿。州没，为氐贼李骧所得，欲用为司马。秀不受，见害。毗次子歆，举秀才。

轸弟烈，明政事，察孝廉，历平康、安阳令，所居有异绩，迁衡阳太守。闻轸亡，因自表兄子幼弱，求去官，诏转犍为太守，蜀土荣之。后迁湘东太守，为成都王颖郎中令，病卒。

烈弟良，举秀才，除新都令、涪陵太守，不就，补州大中正，卒。

宾允，字雅，始平人也。出自寒门，清尚自修。少仕县，稍迁郡主簿。察孝廉，除浩亹长。勤于为政，劝课田蚕，平均调役，百姓赖之。迁谒者。泰始中，诏曰：「当官者能洁身修己，然后在公之节乃全。身善有章，虽贱必赏，此兴化立教之务也。谒者宾允前为浩亹长，以修勤清白见称河右。是辈当擢用，使立行者有所劝。主者详复参访，有以旌表之。」拜临水令。克己厉俗，改修政事，士庶悦服，咸歌咏之。迁钜鹿太守，甚有政绩。卒于官。

王宏，字正宗，高平人，魏侍中粲之从孙也。魏时辟公府，累迁尚书郎，历给事中。泰始初，为汲郡太守，抚百姓如家，耕桑树艺，屋宇阡陌，莫不躬自教示，曲尽事宜，在郡有殊绩。司隶校尉石鉴上其政术，武帝下诏称之曰：「朕惟人食之急，而惧天时水旱之运，夙夜警戒，念在于农。虽诏书屡下，敕厉殷勤，犹恐百姓废惰以损生植之功。而刺史、二千石、百里长吏未能尽勤，至使地有遗利而人有余力，每思闻监司纠举能不，将行其赏罚，以明沮劝。今司隶校尉石鉴上汲郡太守王宏勤恤百姓，导化有方，督劝开荒五千余顷，而熟田常课顷亩不减。比年普饥，人食不足，而宏郡界独无匮乏，可谓能矣。其赐宏谷千斛，布告天下，咸使闻知。」

俄迁卫尉、河南尹、大司农，无复能名，更为苛碎。坐桎梏罪人，以泥墨涂面，置深坑中，饿不与食，又擅纵五岁刑以下二十一人，为有司所劾。帝以宏累有政绩，听以赎罪论。太康中，代刘毅为司隶校尉，旧号「卧虎」，是汉至魏晋监督京师和地方的监察官。于是检察士庶，使车服异制，庶人不得衣紫绛及绮绣锦缋。帝常遣左右微行，观察风俗，宏缘此复遣吏科检妇人衵服，衵音rì，内衣；贴身衣。至褰发于路。褰音qiān，套裤。论者以为暮年谬妄，由是获讥于世，复坐免官。后起为尚书。太康五年卒，追赠太常。

曹摅，字颜远，谯国谯人也。祖肇，魏卫将军。摅少有孝行，好学善属文，太尉王衍见而器之，调补临淄令。县有寡妇，养姑甚谨。姑以其年少，劝令改适，妇守节不移。姑愍之，密自杀。亲党告妇杀姑，官为考鞫，拷问。寡妇不胜苦楚，乃自诬。狱当决，适值摅到。摅知其有冤，更加辩究，具得情实，时称其明。狱有死囚，岁夕，摅行狱，愍之，曰：「卿等不幸致此非所，如何？新岁人情所重，岂不欲暂见家邪？」众囚皆涕泣曰：「若得暂归，死无恨也。」摅悉开狱出之，克日令还。掾吏固争，咸谓不可。摅曰：「此虽小人，义不见负，自为诸君任之。」至日，相率而还，并无违者，一县叹服，号曰圣君。入为尚书郎，转洛阳令，仁惠明断，百姓怀之。时天大雨雪，宫门夜失行马，群官检察，莫知所在。摅使收门士，众官咸谓不然。摅曰：「宫掖禁严，非外人所敢盗，必是门士以燎寒耳。」诘之，果服。以病去官。复为洛阳令。

及齐王冏辅政，摅与左思俱为记室督。冏尝从容问摅曰：「天子为贼臣所逼，莫有能奋。吾率四海义兵兴复王室，今入辅朝廷，匡振时艰，或有劝吾还国，于卿意如何？」摅曰：「荡平国贼，匡复帝祚，古今人臣之功未有如大王之盛也。然道罔隆而不杀，隆，兴盛。物无盛而不衰，非唯人事，抑亦天理。窃预下问，敢不尽情。愿大王居高虑危，在盈思冲，精选百官，存公屏欲，举贤进善，务得其才，然后脂车秣马，高揖归藩，则上下同庆，摅等幸甚。」冏不纳。寻转中书侍郎。长沙王乂以为骠骑司马。乂败，免官。因丁母忧。惠帝末，起为襄城太守。

永嘉二年，高密王简镇襄阳，以摅为征南司马。其年流人王逌等聚众屯冠军，今在河南省南阳邓州县境。寇掠城邑。简遣参军崔旷讨之，令摅督护旷。旷，奸凶人也，谲摅前战，期为后继，既而不至。摅独与逌战于郦县，军败死之。故吏及百姓并奔丧会葬，号哭即路，如赴父母焉。

潘京，字世长，武陵汉寿人也。弱冠，郡辟主簿，太守赵廞甚器之，尝问曰：「贵郡何以名武陵？」京曰：「鄙郡本名义陵，在辰阳县界，与夷相接，数为所攻，光武时移东出，遂得全完，共议易号。传曰止戈为武，诗称高平曰陵，于是名焉。」为州所辟，因谒见问策，探得「不孝」字，刺史戏京曰：「辟士为不孝邪？」京举版答曰：「今为忠臣，不得复为孝子。」其机辩皆此类。后太庙立，州郡皆遣使贺，京白太守曰：「夫太庙立，移神主，应问讯，不应贺。」遂遣京作文，使诣京师，以为永式。京仍举秀才，到洛。尚书令乐广，京州人也，共谈累日，深叹其才，谓京曰：「君天才过人，恨不学耳。若学，必为一代谈宗。」善于言谈而为世所宗仰的人。京感其言，遂勤学不倦。时武陵太守戴昌亦善谈论，与京共谈，京假借之，昌以为不如己，笑而遣之，令过其子若思，京方极其言论。昌窃听之，乃叹服曰：「才不可假。」遂父子俱屈焉。历巴丘、邵陵、泉陵三令。京明于政术，路不拾遗。迁桂林太守，不就，归家，年五十卒。

范晷，字彦长，南阳顺阳人也。少游学清河，遂徙家侨居。郡命为五官掾，历河内郡丞。太守裴楷雅知之，荐为侍御史。调补上谷太守，遭丧，不之官。后为司徒左长史，转冯翊太守，甚有政能，善于绥抚，百姓爱悦之。征拜少府，出为凉州刺史，转雍州。于时西土荒毁，氐羌蹈藉，田桑失收，百姓困弊，晷倾心化导，劝以农桑，所部甚赖之。元康中，加左将军，卒于官。二子：广、稚。

广字仲将。举孝廉，除灵寿令，不之官。姊适孙氏，早亡，有孙名迈，广负以南奔，虽盗贼艰急，艰难危急。终不弃之。元帝承制，以为堂邑令。丞刘荣坐事当死，郡劾以付县。荣即县人，家有老母，至节，广辄听暂还，荣亦如期而反。县堂为野火所及，荣脱械救火，事毕，还自著械。后大旱，米贵，广散私谷振饥人，至数千斛，远近流寓归投之，户口十倍。卒于官。

稚少知名，辟大将军掾，早卒。子汪，别有传。

丁绍，字叔伦，谯国人也。少开朗公正，早历清官，为广平太守，政平讼理，道化大行。于时河北骚扰，靡有完邑，而广平一郡四境乂安，太平；安定。是以皆悦其法而从其令。

及临漳被围，南阳王模窘急，绍率郡兵赴之，模赖以获全。模感绍恩，生为立碑。迁徐州刺史，士庶恋慕，攀附如归。未之官，复转荆州刺史。从车千乘，南渡河至许。时南阳王模为都督，留绍，启转为冀州刺史。到镇，率州兵讨破汲桑有功，加宁北将军，假节，监冀州诸军事。时境内羯贼为患，绍捕而诛之，号为严肃，河北人畏而爱之。绍自以为才足为物雄，当官莅政，每事克举，视天下之事若运于掌握，遂慨然有董正四海之志矣。是时王浚盛于幽州，苟晞盛于青州，然绍视二人蔑如也。永嘉三年，暴疾而卒，临终叹曰：「此乃天亡冀州，岂吾命哉！」怀帝策赠车骑将军。

乔智明，字元达，鲜卑前部人也。少丧二亲，哀毁过礼，长而以德行著称。成都王颖辟为辅国将军。颖之败赵王伦也，表智明为殄寇将军、隆虑、共二县令。隆虑，古县名，在今河南林县。二县爱之，号为「神君」。部人张兑为父报仇，母老单身，有妻无子，智明愍之，停其狱。岁余，令兑将妻入狱，兼阴纵之。人有劝兑逃者，兑曰：「有君如此，吾何忍累之！纵吾得免，作何面目视息世间！」于狱产一男。会赦，得免。其仁感如是。惠帝之伐邺也，颖以智明为折冲将军、参丞相前锋军事。智明劝颖奉迎乘舆，颖大怒曰：「卿名晓事，投身事孤。主上为群小所逼，将加非罪于孤，卿奈何欲使孤束手就刑邪！共事之义，正若此乎？」智明乃止。寻属永嘉之乱，仕于刘曜。

邓攸，字伯道，平阳襄陵人也。祖殷，亮直强正。钟会伐蜀，奇其才，自黾池令召为主簿。贾充伐吴，请殷为长史。后授皇太子诗，为淮南太守。梦行水边，见一女子，猛兽自后断其盘囊。占者以为水边有女，汝字也，断盘囊者，新兽头代故兽头也，不作汝阴，当汝南也。果迁汝阴太守。后为中庶子。

攸七岁丧父，寻丧母及祖母，居丧九年，以孝致称。清和平简，贞正寡欲。少孤，与弟同居。初，祖父殷有赐官，敕攸受之。后太守劝攸去王官，欲举为孝廉，攸曰：「先人所赐，不可改也。」尝诣镇军贾混，混以人讼事示攸，使决之。攸不视，曰：「孔子称听讼吾犹人也，必也使无讼乎！」混奇之，以女妻焉。举灼然二品，灼然，晋代举试科目名，为九品中正的第二品。

为吴王文学，历太子洗马、东海王越参军。越钦其为人，转为世子文学、吏部郎。越弟腾为东中郎将，请攸为长史。出为河东太守。

永嘉末，没于石勒。然勒宿忌诸官长二千石，闻攸在营，驰召，将杀之。攸至门，门幹乃攸为郎时幹，守卫者。识攸，攸求纸笔作辞。幹候勒和悦，致之。勒重其辞，乃勿杀。勒长史张宾先与攸比舍，重攸名操，因称攸于勒。勒召至幕下，与语，悦之，以为参军，给车马。勒每东西，置攸车营中。勒夜禁火，犯之者死。攸与胡邻毂，胡夜失火烧车。吏按问，胡乃诬攸。攸度不可与争，遂对以弟妇散发温酒为辞。勒赦之。既而胡人深感，自缚诣勒以明攸，而阴遗攸马驴，诸胡莫不叹息宗敬之。

石勒过泗水，攸乃斫坏车，以牛马负妻子而逃。又遇贼，掠其牛马，步走，担其儿及其弟子绥。度不能两全，乃谓其妻曰：「吾弟早亡，唯有一息，理不可绝，止应自弃我儿耳。幸而得存，我后当有子。」妻泣而从之，乃弃之。其子朝弃而暮及。明日，攸系之于树而去。

至新郑，投李矩。三年，将去，而矩不听。荀组以为陈郡、汝南太守，愍帝征为尚书左丞、长水校尉，皆不果就。后密舍矩去，投荀组于许昌，矩深恨焉，久之，乃送家属还攸。攸与刁协、周顗素厚，遂至江东。元帝以攸为太子中庶子。时吴郡阙守，人多欲之，帝以授攸。攸载米之郡，俸禄无所受，唯饮吴水而已。时郡中大饥，攸表振贷，未报，乃辄开仓救之。台遣散骑常侍桓彝、虞斐慰劳饥人，观听善不，乃劾攸以擅出谷。俄而有诏原之。攸在郡刑政清明，百姓欢悦，为中兴良守。后称疾去职。郡常有送迎钱数百万，攸去郡，不受一钱。百姓数千人留牵攸船，不得进，攸乃小停，夜中发去。吴人歌之曰：「紞如打五鼓，（紞如，形容击鼓的声音。）鸡鸣天欲曙。邓侯挽不留，谢令推不去。」百姓诣台乞留一岁，不听。拜侍中。岁余，转吏部尚书。蔬食弊衣，周急振乏。性谦和，善与人交，宾无贵贱，待之若一，而颇敬媚权贵。

永昌中，代周顗为护军将军。太宁二年，王敦反，明帝密谋起兵，乃迁攸为会稽太守。初，王敦伐都之后，中外兵数每月言之于敦。攸已出在家，不复知护军事，有恶攸者，诬攸尚白敦兵数。帝闻而未之信，转攸为太常。时帝南郊，攸病不能从。车驾过攸问疾，攸力病出拜。有司奏攸不堪行郊而拜道左，坐免。攸每有进退，无喜愠之色。久之，迁尚书右仆射。咸和元年卒，赠光禄大夫，加金章紫绶，祠以少年。

攸弃子之后，妻子不复孕。过江，纳妾，甚宠之，讯其家属，说是北人遭乱，忆父母姓名，乃攸之甥。攸素有德行，闻之感恨，遂不复畜妾，卒以无嗣。时人义而哀之，为之语曰：「天道无知，使邓伯道无儿。」弟子绥服攸丧三年。

吴隐之，字处默，濮阳鄄城人，魏侍中质六世孙也。隐之美姿容，善谈论，博涉文史，以儒雅标名。弱冠而介立，有清操，虽日晏歠菽，（喝豆粥饮白水。喻生活清苦。）不飨非其粟，儋石无储，（儋石，用以计量谷物的石罂。）不取非其道。年十余，丁父忧，每号泣，行人为之流涕。事母孝谨，及其执丧，哀毁过礼。家贫，无人鸣鼓，每至哭临之时，恒有双鹤警叫，及祥练之夕，（祥练，指丧期或丧服。）复有群雁俱集，时人咸以为孝感所至。尝食咸菹，以其味旨，辍而弃之。

与太常韩康伯邻居，康伯母，殷浩之姊，贤明妇人也，每闻隐之哭声，辍餐投箸，为之悲泣。既而谓康伯曰：「汝若居铨衡，指主管选拔官吏的职位。当举如此辈人。」及康伯为吏部尚书，隐之遂阶清级，显贵的官位。解褐辅国功曹，转参征虏军事。兄坦之为袁真功曹，真败，将及祸，隐之诣桓温，乞代兄命，温矜而释之。遂为温所知赏，拜奉朝请、尚书郎，累迁晋陵太守。在郡清俭，妻自负薪。入为中书侍郎、国子博士、太子右卫率，转散骑常侍，领著作郎。孝武帝欲用为黄门郎，以隐之貌类简文帝，乃止。寻守廷尉、秘书监、御史中丞，领著作如故，迁左卫将军。虽居清显，禄赐皆班亲族，冬月无被，尝浣衣，乃披絮，勤苦同于贫庶。

广州包带山海，珍异所出，一箧之宝，可资数世，然多瘴疫，人情惮焉。唯贫窭不能自立者，求补长史，故前后刺史皆多黩货。贪污纳贿。朝廷欲革岭南之弊，隆安中，以隐之为龙骧将军、广州刺史、假节，领平越中郎将。未至州二十里，地名石门，有水曰贪泉，饮者怀无厌之欲。隐之既至，语其亲人曰：「不见可欲，使心不乱。越岭丧清，吾知之矣。」乃至泉所，酌而饮之，因赋诗曰：「古人云此水，一歃怀千金。试使夷齐饮，终当不易心。」及在州，清操踰厉，常食不过菜及干鱼而已，帷帐器服皆付外库，时人颇谓其矫，然亦终始不易。帐下人进鱼，每剔去骨存肉，隐之觉其用意，罚而黜焉。元兴初，诏曰：「夫孝行笃于闺门，清节厉乎风霜，实立人之所难，而君子之美致也。龙骧将军、广州刺史吴隐之孝友过人，禄均九族，菲己洁素，（菲，微薄；使之微薄。）俭愈鱼飧。夫处可欲之地，而能不改其操，飧惟错之富，而家人不易其服，革奢务啬，南域改观，朕有嘉焉。可进号前将军，赐钱五十万、谷千斛。」

及卢循寇南海，隐之率厉将士，固守弥时，长子旷之战没。循攻击百有余日，踰城放火，焚烧三千余家，死者万余人，城遂陷。隐之携家累出，欲奔还都，为循所得。循表朝廷，以隐之党附桓玄，宜加裁戮，诏不许。刘裕与循书，令遣隐之还，久方得反。归舟之日，装无余资。及至，数亩小宅，篱垣仄陋，内外茅屋六间，不容妻子。刘裕赐车牛，更为起宅，固辞。寻拜度支尚书、太常，以竹篷为屏风，坐无毡席。后迁中领军，清俭不革，每月初得禄，裁留身粮，其余悉分振亲族，家人绩纺以供朝夕。时有困绝，或并日而食，身恒布衣不完，妻子不沾寸禄。

义熙八年，请老致事，优诏许之，授光禄大夫，加金章紫绶，赐钱十万、米三百斛。九年，卒，追赠左光禄大夫，加散骑常侍。隐之清操不渝，屡被褒饰，致事及于身没，常蒙优锡显赠，廉士以为荣。

初，隐之为奉朝请，谢石请为卫将军主簿。隐之将嫁女，石知其贫素，遣女必当率薄，乃令移厨帐助其经营。使者至，方见婢牵犬卖之，此外萧然无办。后至自番禺，其妻刘氏赍沈香一斤，隐之见之，遂投于湖亭之水。

子延之复厉清操，为鄱阳太守。延之弟及子为郡县者，常以廉慎为门法，虽才学不逮隐之，而孝悌洁敬犹为不替。

史臣曰：鲁芝等建旗剖竹，建旗，指大将出镇。布政宣条，存树威恩，没留遗爱，咸见知明主，流誉当年。若伯武之洁己克勤，颜远之申冤缓狱，邓攸赢粮以述职，吴隐酌水以厉精，晋代良能，此焉为最。而攸弃子存侄，以义断恩，若力所不能，自可割情忍痛，何至预加徽纆，绳索。绝其奔走者乎！斯岂慈父仁人之所用心也？卒以绝嗣，宜哉！勿谓天道无知，此乃有知矣。世英尽节曹氏，犯门斩关，宣帝收雷霆之威，奖忠贞之烈，岂非既已在我，欲其骂人者欤！

赞曰：猗欤良宰，嗣美前贤。威同御黠，静若烹鲜。唯尝吴水，但挹贪泉。人风既偃，俗化斯迁。

宋书·循吏传

《宋书》是一部记述南朝刘宋一代历史的纪传体史书，「二十四史」之一，梁沈约撰。宋是继东晋以后在南方建立的封建王朝。晋安帝元兴二年，荆州刺史桓玄代晋称帝。第二年，当时的北府兵将领刘裕在京口（今江苏镇江市）和广陵（今江苏扬州市）两地起兵，推翻桓玄，名义上恢复晋朝的统治，实际上掌握了东晋的军政大权。过了十五年，晋恭帝元熙二年，刘裕就建立宋朝，都于建康。刘裕以后，一共传了七代，到宋顺帝昇明三年，又为萧齐所灭。宋初，对于吏治较为重视，地方亲民之官多久任，出现了一些比较清廉的官吏。《宋书·良吏》记载了王镇之、杜慧度、徐豁、陆徽、阮长之、江秉之、王歆之等七人的事迹。

高祖起自匹庶，知民事艰难，及登庸作宰，登庸，登帝位。留心吏职，而王略外举，未遑内务。奉师之费，日耗千金，播兹宽简，虽所未暇，而绌华屏欲，以俭抑身，左右无幸谒之私，闺房无文绮之饰，故能戎车岁驾，邦甸不忧。邦甸，古代称王都郊外的地方。太祖幼而宽仁，入纂大业，及难兴陕方，六戎薄伐，征伐；讨伐。命将动师，经略司、兖，费由府实，役不及民。自此区宇宴安，区宇，境域；天下。方内无事，三十年间，氓庶蕃息，奉上供徭，止于岁赋，晨出莫归，莫，通暮。自事而已。守宰之职，以六期为断，虽

没世不徙，未及曩时，而民有所系，吏无苟得。家给人足，即事虽难，转死沟渠，于时可免。凡百户之乡，有市之邑，歌谣舞蹈，触处成群，盖宋世之极盛也。暨元嘉二十七年，北狄南侵，戎役大起，倾资扫蓄，犹有未供，于是深赋厚敛，天下骚动。自兹至于孝建，兵连不息，以区区之江东，地方不至数千里，户不盈百万，荐之以师旅，因之以凶荒，宋氏之盛，自此衰矣。

晋世诸帝，多处内房，朝宴所临，东西二堂而已。孝武末年，清暑方构，清暑，宫殿名。高祖受命，无所改作，所居唯称西殿，不制嘉名；太祖因之，亦有合殿之称。及世祖承统，制度奢广，犬马余菽粟，土木衣绨绣，追陋前规，更造正光、玉烛、紫极诸殿。雕栾绮节，珠窗网户，嬖女幸臣，赐倾府藏，竭四海不供其欲，单民命未快其心。单，通「殚」。尽，竭尽。太宗继阼，弥笃浮侈，恩不恤下，以至横流。莅民之官，迁变岁属，灶不得黔，黑色。席未暇暖，蒲、密之化，事未易阶。岂徒吏不及古，民伪于昔，盖由为上所扰，致治莫从。致治，使国家在政治上安定清平。今采其风迹粗著者，以为良吏篇云。

王镇之，字伯重，琅邪临沂人，征士弘之兄也。征士，不就朝廷征辟的士人。曾祖扃，晋骠骑将军。祖耆之，中书郎。父随之，上虞令。镇之初为琅邪王卫军行参军，出补剡、上虞令，并有能名。内史谢輶请为山阴令，复有殊绩。迁卫军参军，本国郎中令，加宁朔将军。桓玄辅晋，以为大将军录事参军。时三吴饥荒，遣镇之衔命赈恤，而会稽内史王愉不奉符旨，镇之依事纠奏。愉子绥，玄之外甥，当时贵盛，镇之为所排抑，以母老求补安成太守。及玄败，玄将苻宏寇乱郡境，镇之拒战弥年，子弟五人，并临阵见杀。母忧去职，在官清洁，妻子无以自给，乃弃家致丧还上虞旧墓。毕，为子标之求安复令，随子之官。服阕，守丧期满除服。为征西道规司马、南平太守。徐道覆逼江陵，加镇之建威将军，统檀道济、到彦之等讨道覆，以不经将帅，固辞，不见听。既而前军失利，白衣领职，寻复本官。以讨道覆功，封华容县五等男，征廷尉。晋穆帝何皇后山陵，领将作大匠。官名。掌管宫室修建之官。迁御史中丞，秉正不挠，百僚惮之。

出为使持节、都督交广二州诸军事、建威将军、平越中郎将、广州刺史。使持节，汉末与魏晋南北朝时，掌地方军政的官往往加使持节、持节或假节的称号。使持节得诛杀中级以下官吏；持节得杀无官职的人；假节得杀犯军令者。高祖谓人曰：「王镇之少著清绩，必将继美吴隐之。岭南之弊，非此不康也。」在镇不受俸禄，萧然无所营。去官之日，不异始至。高祖初建相国府，以为谘议参军，领录事。善于吏职，严而不残。迁宋台祠部尚书。祠部，官署名，以祠部尚书为主官，掌祭祀之事。高祖践阼，镇之以脚患自陈，出为辅国将军、琅邪太守，迁宣训卫尉，领本州大中正。永初三年，卒官，时年六十六。弟弘之，在隐逸传。

杜慧度，交阯朱鸢人也。本属京兆。曾祖元，为宁浦太守，遂居交阯。父瑗，字道言，仕州府为日南、九德、交阯太守。初，九真太守李逊父子勇壮有权力，威制交土，威制，用威力压服或用暴力制服。闻刺史滕遁之当至，分遣二子断遏水陆津要。瑗收众斩逊，州境获宁。除龙骧将军。遁之在州十余年，与林邑累相攻伐。遁之将北还，林邑王范胡达攻破日南、九德、九真三郡，遂围州城。时遁之去已远，瑗与第三子玄之悉力固守，多设权策，权谋，计策。累战，大破之。

追讨于九真、日南。连捷，故胡达走还林邑。乃以瑗为龙骧将军、交州刺史。义旗进号冠军将军。卢循窃据广州，遣使通好，瑗斩之。义熙六年，年八十四，卒，追赠右将军，本官如故。

慧度，瑗第五子也。初为州主簿，流民督护，迁九真太守。瑗卒，府州纲佐以交土接寇，不宜旷职，共推慧度行州府事，辞不就。七年，除使持节、督交州诸军事、广武将军、交州刺史。诏书未至，其年春，卢循袭破合浦，径向交州。慧度乃率文武六千人距循于石碕，交战，禽循长史孙建之。循虽败，余党犹有三千人，皆习练兵事。李逊子李弈、李脱等奔窜石碕，盘结俚、獠，各有部曲。循知弈等与杜氏有怨，遣使招之，弈等引诸俚帅众五六千人，受循节度。六月庚子，循晨造南津，命三军入城乃食。慧度悉出宗族私财，以充劝赏。弟交阯太守慧期、九真太守章民并督率水步军，慧度自登高舰，合战，放火箭雉尾炬，步军夹两岸射之。循众舰俱然，一时散溃，循中箭赴水死。斩循及父嘏，并循二子，亲属录事参军阮静、中兵参军罗农夫、李脱等，传首京邑。封慧度龙编县侯，食邑千户。

高祖践阼，进号辅国将军。其年，率文武万人南讨林邑，所杀过半，前后被抄略，悉得还本。还归本土；回到原地方。林邑乞降，输生口、大象、金银、古贝等，乃释之。遣长史江悠奉表献捷。慧度布衣蔬食，俭约质素，能弹琴，颇好庄、老。禁断淫祀，崇修学校。岁荒民饥，则以私禄赈给。为政纤密，有如治家，由是威惠沾洽，奸盗不起，乃至城门不夜闭，道不拾遗。少帝景平元年，卒，时年五十，追赠左将军。

以慧度长子员外散骑侍郎弘文为振威将军、刺史。初，高祖北征关、洛，慧度板弘文为鹰扬将军，流民督护，配兵三千，北系大军。行至广州，关、洛已平，乃归。统府板弘文行九真太守。及继父为刺史，亦以宽和得众，袭爵龙编侯。太祖元嘉四年，以廷尉王徽为交州刺史，弘文就征。会得重疾，牵以就路，亲旧见其患笃，劝表待病愈。弘文曰：「吾世荷皇恩，杖节三世，常欲投躯帝庭，以报所荷。况亲被征命，而可宴然者乎！如其颠沛，此乃命也。」弘文母既年老，见弘文舆疾就路，不忍分别，相与俱行。到广州，遂卒。

临死，遣弟弘猷诣京，朝廷甚哀之。

徐豁，字万同，东莞姑幕人也，中散大夫广兄子。父邈，晋太子左卫率。豁晋安帝隆安末为太学博士。桓玄辅政，为中外都督，豁议：「致敬唯内外武官，太宰、司徒，并非军职，则琅邪王不应加敬。」玄讽中丞免豁官。讽，用委婉的语言暗示、劝告或讥刺、指责。玄败，以为秘书郎，尚书仓部郎，右军何无忌功曹，仍为镇南参军；又祠部，永世令，建武司马，中军参军，尚书左丞。永初初，为徐羡之镇军司马，尚书左丞，山阴令。历二丞三邑，精练明理，为一世所推。

元嘉初，为始兴太守。三年，遣大使巡行四方，并使郡县各言损益。豁因此表陈三事，其一曰：「郡大田，沃土。武吏年满十六，便课米六十斛，十五以下至十三，皆课米三十斛，一户内随丁多少，悉皆输米。且十三岁儿，未堪田作，或是单迥，遥远；僻远。无相兼通，年及应输，便自逃逸，既遏接蛮、俚，去就益易。或乃断截支通肢体，产子不养，户口岁减，实此之由。谓宜更量课限，使得存立。今若减其米课，虽有交损，考之将来，理有深益。」其二曰：「郡领银民三百余户，银民，开采银矿的民户。

凿坑采砂，皆二三丈。功役既苦，不顾崩压，一岁之中，每有死者。官司检切，犹致逋违，（拖欠不交。）老少相随，永绝农业；千有余口，皆资他食，岂唯一夫不耕，或受其饥而已。所以岁有不稔，便致甚困。寻台邸用米，不异于银，谓宜准银课米，即事为便。」其三曰：「中宿县俚民课银，（中宿县，汉武帝元鼎六年置。治所在今广东清新县龙颈镇城村。隋废。）一子丁输南称半两。寻此县自不出银，又俚民皆巢居鸟语，不闲货易之宜，每至买银，为损已甚。又称两受入，易生奸巧，山俚愚怯，不辨自申，官所课甚轻，民以所输为剧。今若听计丁课米，公私兼利。」

在郡著绩，太祖嘉之。下诏曰：「始兴太守豁，洁己退食，恪居在官，政事修理，惠泽沾被。近岭南荒弊，郡境尤甚，拯恤有方，（拯恤，援助；救济。）济厥饥馑，虽古之良守，蔑以尚焉。宜蒙褒赍，以旌清绩，可赐绢二百匹，谷千斛。」五年，以为持节、督广交二州诸军事、宁远将军、平越中郎将、广州刺史。未拜，卒，时年五十一。太祖又下诏曰：「豁廉清勤恪，著称所司，故擢授南服，申其才志。不幸丧殒，朕甚悼之。可赐钱十万，布百匹，以营葬事。」

陆徽，字休猷，吴郡吴人也。郡辟命主簿，仍除卫军、车骑二府参军，扬州主簿，王弘卫将军主簿，除尚书都官郎，出补建康令。清平无私，为太祖所善，迁司徒左西掾。元嘉十四年，为始兴太守。明年，仍除使持节、交广二州诸军事、绥远将军、平越中郎将、广州刺史。清名亚王镇之，为士民所爱咏。上表荐士曰：「臣闻陵雪褒颎，贞柯必振；贞柯，坚挺耐寒的枝柯，亦喻有坚贞节操的人。尊风赏流，清原斯挹。才能得到清澈的水源。是以衣囊挥誉于西京，折辕延高于东帝。折辕，车辕折断。形容车的破旧。后以「折辕」为仕宦清廉之典。伏见广州别驾从事史朱万嗣，年五十三，字少豫，理业冲夷，秉操纯白，行称私庭，能著官政。虽氏非世禄，宦无通资，而随牒南服，位极僚首，九综州纲，三端府职，频掌蕃机，屡绩符守。年暨知命，廉尚愈高，冰心与贪流争激，霜情与晚节弥茂。历宰金山，家无宝镂之饰；连组珠海，室靡玽珥之珍。确然守志，不求闻达，实足以澄革污吏，洗镜贪氓。臣谬忝司牧，任专万里，虽情祇慎擢，才阙豪露，敢罄愚陋，举其所知。如得提名礼闱，汉代尚书省在建礼门内，又近禁闱，故称之为礼闱，这里代指宋尚书省。

抗迹朝省，抟岭表之清风，负冰宇之洁望，则恩融一臣，而施光万物。敢缘天泽云行，时德雨施，每甄外州，荣加远国。是以献其瞽言，希垂听览。」

二十一年，征以为南平王铄冠军司马、长沙内史，行湘州府事。母忧去职。张寻、赵广为乱于益州，兵寇之余，政荒民扰。二十三年，乃追徽为持节、督益宁二州诸军事、宁朔将军、益州刺史。隐恤有方，威惠兼著，寇盗静息，民物殷阜，蜀土安说，至今称之。二十九年，卒，时年六十二。身亡之日，家无余财。太祖甚痛惜之，诏曰：「徽厉志廉洁，历任恪勤，奉公尽诚，克己无倦。褒荣未申，不幸夙殒，言念在怀，以为伤恨。可赠辅国将军，本官如故。」赐钱十万，米二百斛。谥曰简子。子睿，正员外郎。弟展，臧质车骑长史、寻阳太守，质败，从诛。

阮长之，字茂景，陈留尉氏人也。祖思旷，金紫光禄大夫。父普，骠骑谘议参军。长之年十五丧父，有孝性，哀感傍人。服除，蔬食者犹积载。闲居笃学，未尝有惰容。初为诸府参军，除员外散骑侍郎。母老，求补襄垣令，督邮无礼，鞭之，去职。寻补庐陵王义真车骑行正参军，平越长史，东莞太守。入为尚书殿中郎，出为武昌太守。时王弘为江州，雅相知重，赏识；看重。引为车骑从事中郎。入为太子中舍人，中书侍郎，以母老，固辞朝直，补彭城王义康平北谘议参军。元嘉九年，迁临川内史，以南土卑湿，母年老，非所宜，辞不就。十一年，复除临海太守。至郡少时而母亡，葬毕，不胜忧，十四年，卒，时年五十九。

时郡县田禄，先秦時期卿大夫的俸给来自采地或公田，故称田禄。此處泛指俸禄。芒种为断，此前去官者，则一年秩禄皆入前人；此后去官者，则一年秩禄皆入后人。始以元嘉末改此科，计月分禄。长之去武昌郡，代人未至，以芒种前一日解印绶。初发京师，亲故或以器物赠别，得便缄录，后归，悉以还之。在中书省直，夜往邻省，误著履出阁，依事自列门下；门下以暗夜人不知，不受列。长之固遣送之，曰：「一生不侮暗室。」前后所莅官，皆有风政，为后人所思。宋世言善治者，咸称之。子师门，原乡令。

江秉之，字玄叔，济阳考城人

也。祖逌，晋太常。父纂，给事中。秉之少孤，弟妹七人，并皆幼稚，抚育姻娶，罄其心力。初为刘穆之丹阳前军府参军。高祖督徐州，转主簿，仍为世子中军参军。宋受禅，随例为员外散骑侍郎，补太子詹事丞。少帝即位，入为尚书都官郎，出为永世、乌程令，以善政著名东土。征建康令，为治严察，京邑肃然。殷景仁为领军，请为司马。复出为山阴令，民户三万，政事烦扰，讼诉殷积，大量聚积。阶庭常数百人，秉之御繁以简，常得无事。宋世唯顾觊之亦以省务著绩，其余虽复刑政修理，而未能简事。以在县有能，迁补新安太守。元嘉十二年，转在临海，并以简约见称。所得禄秩，悉散之亲故，妻子常饥寒。人有劝其营田者，秉之正色曰：「食禄之家，岂可与农人竞利！」在郡作书案一枚，及去官，留以付库。十七年，卒，时年六十。

子徽，尚书都官郎，吴令。元凶杀徐湛之，徽以党与见诛。子谧，升明末为尚书吏部郎。元嘉初，太祖遣大使巡行四方，大使，奉帝王之命行事的临时使节。后多指特派出巡的大臣。兼散骑常侍孔默之、王歆之等上言：「宣威将军、陈南顿二郡太守李元德，清勤均平，奸盗止息。彭城内史魏恭子，廉恪修慎，在公忘私，安约守俭，久而弥固。前宋县令成浦，治政宽济，遗咏在民。前鲖阳令李熙国，在事有方，民思其政。山桑令何道，自少清廉，白首弥厉。应加褒赍，以劝于后。」乃进元德号宁朔将军，恭子赐绢五十匹，谷五百斛；浦、熙国、道各赐绢三十匹，谷二百斛。

王歆之，字叔道，河东人也。曾祖愆期，有名晋世，官至南蛮校尉。祖寻之，光禄大夫。父肇之，豫章公相。歆之被遇于太祖，历显官左民尚书，光禄大夫，卒官。元嘉九年，豫州刺史长沙王义欣上言：「所统威远将军、北谯梁二郡太守关中侯申季历，自奉职邦畿，于兹五年，信惠并宣，威化兼著，外清奸暴，内辑民黎，役赋均平，闾井齐肃，整齐严肃。绥穆初附，招携荒远，郊境之外，仰泽怀风，爵赏之授，绩能是显，宜升阶秩，以崇奖劝。」进号宁朔将军。

其后晋寿太守郭启玄亦有清节，卒官。元嘉二十八年，诏曰：「故绥远将军、晋寿太守郭启玄往衔命虏庭，秉意不屈，受任白水，尽勤靡懈，公奉私饩，纤毫弗纳，布衣蔬食，饬躬惟俭。饬躬，警饬己身，使自己的思想言行谨严合礼。故超授显邦，以甄廉绩。而介诚苦节，终始匪贰，身死之日，妻子冻馁，志操殊俗，良可哀悼。可赐其家谷五百斛。」

时有北地傅僧祐、颍川陈珉、高平张祐，并以吏才见知。僧祐事在臧焘传。珉为吴令，善发奸伏，境内以为神明。祐祖父湛，晋孝武世，以才学为中书侍郎，光禄勋。祐历临安、武康、钱塘令，并著能名，宋世言长吏者，以三人为首。元嘉中，高平太守潘词，有清节。子亮为昌虑令，亦著廉名，大明中，为徐州刺史刘道隆所表。世祖世，吴郡陆法真历官有清节，尝为刘秀之安北录事参军。泰山羊希与安北谘议参军孙诜书曰：「足下同僚似有陆录事者，此生东南名地，又张玄外孙，持身至清，雅有志节。年高官下，秉操不衰，计当日夕相与申意。」太宗初，为南海太守，卒官。

太宗世，琅邪王悦，亦莅官清正见知。悦字少明，晋右将军羲之曾孙也。父靖之，官至司徒左长史。靖之为刘穆之所厚，就穆之求侍中，如此非一。穆之曰：「卿若不求，久自得也。」遂不果。悦泰始中，为黄门郎，御史中丞。上以其廉介，赐良田五顷。迁尚书吏部郎，侍中，在门下，尽其心力。五年，卒官，追赠太太常。初，悦为侍中，检校御府、太官、太医诸署，得奸巧甚多。及悦死，众咸谓诸署说诅之，上乃收典掌者十余人，桎梏云送淮阴，密令渡瓜步江，投之中流。

史臣曰：夫善政之于民，犹良工之于埴也，用功寡而成器多。汉世户口殷盛，刑务简阔，郡县治民，无所横扰，劝赏威刑，事多专断，尺一诏书，希经邦邑，龚、黄之化，易以有成。降及晚代，情伪繁起，民减昔时，务多前世，立绩垂风，艰易百倍。若以上古之化，治此世之民，今吏之良，抚前代之俗，则武城弦歌，此典故来出自《论语》“子之武城，闻弦歌之声”，指孔子用礼乐来教化百姓。将有未暇；淮阳卧治，汉武帝时，淮阳民多盗铸钱者，帝令卧病在床的汲黯出任淮阳太守。汲黯卧治淮阳，淮阳政清。如或可勉。未必今才陋古，盖化有淳薄也。

南齐书·循吏传

《南齐书》是一部记载南齐历史的书，「二十四史」之一，齐梁皇族萧子显作。全书六十卷，现存五十九卷。南齐是南北朝时期继宋以后在南方建立的封建王朝。南齐的统治只有二十三年，是南北朝时期最短促的一个朝代。齐初，严于治吏，出现了短暂的统治比较清明的时期。《南齐书·良政》记载了傅琰、虞愿、刘怀慰、裴昭明、沈宪、李珪之、孔琇之等七人的事迹。

太祖承宋氏奢纵，风移百城，辅立幼主，思振民瘼。为政未期，擢山阴令傅琰为益州刺史。乃捐华反朴，捐，舍弃。恭己南面，导民以躬，意存勿扰。以山阴大邑，狱讼繁滋，建元三年别置狱丞，与建康为比。永明继运，垂心治术。杖威善断，犹多漏网，长吏犯法，封刃行诛。郡县居职，以三周为小满。南朝宋齐以治民之官任期三年为小满。水旱之灾，辄加赈恤。明帝自在布衣，晓达吏事，君临意兆，专务刀笔，未尝枉法申恩，守宰以之肃震。

永明之世十许年中，百姓无鸡鸣犬吠之警，都邑之盛，士女富逸，歌声舞节，袨服华妆，桃花绿水之间，秋月春风之下，盖以百数。及建武之兴，虏难猋急，非常危急。征役连岁，不遑启居，军国糜耗，从此衰矣。

齐世善政著名表绩无几焉，位次迁升，非直止乎城邑。今取其清察有迹者，余则随以附焉。

傅琰，字季圭，北地灵州人也。祖邵，员外郎。父僧佑，安东录事参军。琰美姿仪，解褐宁蛮参军，解褐，脱去布衣，担任官职。本州主簿，宁蛮功曹。宋永光元年，补诸暨武康令，广威将军，除尚书左民郎，又为武康令，将军如故。除吴兴郡丞。泰始六年，迁山阴令。山阴，东土大县，难为长官，僧祐在县有称，琰尤明察，又著能名。其年爵新亭侯。元徽初，迁尚书右丞。

遭母丧，居南岸，邻家失火，延烧琰屋，琰抱柩不动，邻人竞来赴救，乃得俱全。琰股髀之间，已被烟焰。服阕，除邵陵王左军谘议，江夏王录事参军。

太祖辅政，以山阴狱讼烦积，复以琰为山阴令。卖针卖糖老姥争团丝，来诣琰，琰不辨核，分辨核查。缚团丝于柱鞭之，密视有铁屑，乃罚卖糖者。二野父争鸡，琰各问「何以食鸡」。一人云「粟」，一人云「豆」，乃破鸡得粟，罪言豆者。县内称神明，无敢复为偷盗。琰父子并著奇绩，江左鲜有。世云诸傅有治县谱，子孙相传，不以示人。

昇明二年，太祖擢为假节、督益宁二州军事、建威将军、益州刺史、宋宁太守。建元元年，进号宁朔将军。四年，征骁骑将军，黄门郎。永明二年，迁建威将军、安陆王北中郎长史，改宁朔将军。明年，徙庐陵王安西长史、南郡内史，行荆州事。五年，卒。琰丧西还，有诏出临。

临淮刘玄明亦有吏能，为山阴令，大著名绩。琰子翊问之，玄明曰：「我临去当告卿。」将别，谓之曰：「作县唯日食一升飰（同「饭」），而莫饮酒。」

虞愿，字士恭，会稽余姚人也。祖赉，给事中，监利侯。父望之，早卒。赉中庭橘树冬熟，子孙竞来取之，愿年数岁，独不取，赉及家人皆异之。元嘉末为国子生，再迁湘东王国常侍，转浔阳王府墨曹参军。明帝立，以愿儒吏学涉（广学博览），兼蕃国旧恩，意遇甚厚。除太常丞，尚书祠部郎，通直散骑侍郎，领五郡中正，祠部郎如故。帝性猜忌，体肥憎风，夏月常著皮小衣，拜左右二人为司风令史，风起方面，辄先启闻。星文灾变，不信太史，不听外奏，敕灵台知星二人给愿，常直内省，有异先启，以相检察。

帝以故宅起湘宫寺，费极奢侈。以孝武庄严刹七层，帝欲起十层，不可立，分为两刹，各五层。新安太守巢尚之罢郡还，见帝，曰：「卿至湘宫寺未？我起此寺，是大功德。」愿在侧曰：「陛下起此寺，皆是百姓卖儿贴妇钱，佛若有知，当悲哭哀愍。罪高佛图，有何功德？」尚书令袁粲在坐，为之失色。帝乃怒，使人驱下殿，愿徐去无异容。以旧恩，少日中，已复召入。

帝好围棋，甚拙，去格七八道，物议共欺为第三品。物议，众人的议论。与第一品王抗围棋，依品赌戏，抗每饶借之，饶借，相让。曰：「皇帝飞棋，臣抗不能断。」帝终不觉，以为信然，好之愈笃。愿又曰：「尧以此教丹朱，非人主所宜好也。」虽数忤旨，而蒙赏赐犹异余人。迁兼中书郎。

帝寝疾，愿常侍医药。帝素能食，尤好逐夷，鯸鮧，河豚肉。以银钵盛蜜渍之，一食数钵。谓扬州刺史王景文曰：「此是奇味，卿颇足不？」景文曰：「臣夙好此物，贫素致之甚难。」帝甚悦。食逐夷积多，胸腹痞胀，气将绝。左右启饮数升酢酒，乃消。疾大困，一食汁滓犹至三升，水患积久，药不复效。大渐日，病危。正坐，呼道人，合掌便绝。愿以侍疾久，转正员郎。

出为晋平太守，在郡不治生产。前政与民交关，质录其儿妇，愿遣人于道夺取将还。在郡立学堂教授。郡旧出髯蛇胆，髯蛇，岭南所产大蛇。可入药。可为药，有饷愿蛇者，愿不忍杀，放二十里外山中，一夜蛇还床下。复送四十里外山，经宿，复还故处。愿更令远，乃不复归，论者以为仁心所致也。海边有越王石，常隐云雾。相传云「清廉太守乃得见」，愿往观视，清彻无隐蔽。后琅邪王秀之为郡，与朝士书曰：「此郡承虞公之后，善政犹存，遗风易遵，差得无事。」以母老解职，除后军将军。褚渊常诣愿，不在，见其眠床上积尘埃，有书数帙。渊叹曰：「虞君之清，一至于此。」令人扫地拂床而去。

迁中书郎，领东观祭酒。兄季为上虞令，卒，愿从省步还家，不待诏便归东。除骁骑将军，迁廷尉，祭酒如故。愿尝事宋明帝，齐初宋神主迁汝阴庙，愿拜辞流涕。建元元年卒，年五十四。愿著五经论问，撰会稽记，文翰数十篇。

刘怀慰，字彦泰，平原平原人

也。祖奉伯，元嘉中为冠军长史。父乘民，冀州刺史。怀慰初为桂阳王征北板行参军。板行，晋、南北朝大臣任命僚属谓之「板行」，以示与朝廷诏授有别。乘民死于义嘉事难，怀慰持丧，不食醢酱，冬月不絮衣。养孤弟妹，事寡叔母，皆有恩义。复除邵陵王南中郎参军，广德令，尚书驾部郎。怀慰宗从善明等为太祖心腹，怀慰亦豫焉。沈攸之有旧，令为书戒喻攸之，太祖省之称善。除步兵校尉。

齐国建，上欲置齐郡于京邑，议者以江右土沃，流民所归，乃治瓜步，地名。在今江苏六合东南。以怀慰为辅国将军、齐郡太守。上谓怀慰曰：「齐邦是王业所基，吾方以为显任。经理之事，一以委卿。」又手敕曰：「有文事者，必有武备。今赐卿玉环刀一口。」怀慰至郡，修治城郭，安集居民，垦废田二百顷，决沈湖灌溉。不受礼谒，民有饷其新米一斛者，怀慰出所食麦饭示之，曰：「旦食有余，幸不烦此。」因著廉吏论以达其意。太祖闻之，手敕褒赏。进督秦、沛二郡。妻子在都，赐米三百斛。兖州刺史柳世隆与怀慰书曰：「胶东流化，颍川致美，以今方古，曾何足云。」在郡二年，迁正员郎，领青冀二州中正。

怀慰本名闻慰，世祖即位，以与舅氏名同，敕改之。出监东阳郡，为吏民所安。还兼安陆王北中郎司马。永明九年卒，年四十五。明帝即位，谓仆射徐孝嗣曰：「刘怀慰若在，朝廷不忧无清吏也。」怀慰与济阳江淹、陈郡袁彖善，亦著文翰。永明初，献皇德论云。

裴昭明，河东闻喜人，宋太中大夫松之孙也。父骃，南中郎参军。昭明少传儒史之业，泰始中，为太学博士。有司奏：「太子婚，纳征用玉璧虎皮，纳征，男家纳吉往女家送聘礼。未详何所准据。」昭明议：「礼纳征，俪皮为庭实，陈列于朝堂的贡献物品。鹿皮也。晋太子纳妃注『以虎皮二』。太元中，‘公主纳征，虎豹皮各一’。岂其谓婚礼不详。王公之差，故取虎豹文蔚以尊其事。虎豹虽文，而征礼所不言；熊罴虽古，而婚礼所不及；圭璋虽美，或为用各异。今宜准的经诰。凡诸僻谬，一皆详正。」于是有司参议，加圭璋，豹熊罴皮各二。

元徽中，出为长沙郡丞，罢任，刺史王蕴谓之曰：「卿清贫，必无还资。湘中人士有须一礼之命者，我不爱也。」爱，吝惜。昭明曰：「下官忝为邦佐，不能光益上府，岂以鸿都之事仰累清风。」历祠部通直郎。

永明三年使虏，世祖谓之曰：「以卿有将命之才，使还，当以一郡相赏。」还为始安内史。郡民龚玄宣云神人与其玉印玉板书，不须笔，吹纸便成字，自称「龚圣人」，以此惑众。前后郡守敬事之，昭明付狱治罪。及还，甚贫罄。世祖曰：「裴昭明罢郡还，遂无宅。我不谙书，不知古人中谁比？」迁射声校尉。九年，复遣北使。

建武初为王玄邈安北长史、广陵太守。明帝以其在事无所启奏，代还，责之。昭明曰：「臣不欲竞执关楗故耳。」关楗，关门的木闩。横的叫关，竖的叫楗。喻指事情的紧要之处。昭明历郡皆有勤绩，常谓人曰：「人生何事须聚蓄，一身之外，亦复何须？子孙若不才，我聚彼散；若能自立，则不如一经。」故终身不治产业。中兴二年卒。

从祖弟顗，字彦齐。少有异操。泰始中于总明观听讲，总明观，南朝宋时的官署名，总管儒、玄、文、史四学。不让刘秉席，秉用为参军。升明末，为奉朝请。齐台建，世子裴妃须外戚谱，顗不与，遂分籍。太祖受禅，上表诽谤，挂冠去，伏诛。

沈宪，字彦璋，吴兴武康人也。祖说道，巴西梓潼二郡太守，父璞之，北中郎行参军。宪初应州辟，为主簿。少有干局，历临首、余杭令，巴陵王府佐，带襄令，除驾部郎。宋明帝与宪棋，谓宪曰：「卿，广州刺史才也。」补乌程令，甚著政绩。太守褚渊叹之曰：「此人方员可施。方员，同「方圆」，意为筹划。」除通直郎，都水使者。长于吏事，居官有绩。除正员郎，补吴令，尚书左丞。

昇明二年，西中郎将晃为豫州，太祖擢宪为晃长史，南梁太守，行州事。迁豫章王谘议，未拜，坐事免官。复除安成王冠军、武陵王征虏参军，迁少府卿。少府管掌市易，与民交关，有吏能者皆更此职。迁王俭镇军长史。

武陵王晔为会稽，以宪为左军司马。太祖以山阴户众难治，欲分为两县。世祖启曰：「县岂不可治，但用不得其人耳。」乃以宪带山阴令，政声大著。孔稚珪请假东归，谓人曰：「沈令料事特有天才。」加宁朔将军。王敬则为会稽，宪仍留为镇军长史，令如故。

迁为冠军长史，行南豫州事，晋安王后军长史、广陵太守。西阳王子明代为南兖州，宪仍留为冠军长史，太守如故，频行州府事。永明八年，子明典签刘道济取府州五十人役自给，又役子明左右，及船仗赃私百万，为有司所奏，世祖怒，赐道济死。宪坐不纠，免官。寻复为长史、辅国将军，以疾去官。除散骑常侍，未拜，卒。当世称为良吏。

宪同郡丘仲起，先是为晋平郡，清廉自立。褚渊叹曰：「见可欲心能不乱，此杨公所以遗子孙也。」仲起字子震，少为宪从伯领军寅之所知。宋元徽中，为太子领军长史，官至廷尉。卒。

李圭之，字孔璋，江夏钟武人也。父祖皆为县令。圭之少辟州从事。宋泰始初，蔡兴宗为郢州，以圭之为安西府佐，委以职事，清治见知。迁镇西中郎谘议，右军将军，兼都水使者。官名。治水之官，原来分散在太常、少府、水衡都尉、三辅（指京城附近地区）各部门。圭之历职称为清能，除游击将军，兼使者如故。转兼少府，卒。

先是，在此以前。多用于追述往事之词。四年，荥阳毛惠素为少府卿，吏才强而治事清刻。敕市铜官碧青一千二百斤供御画，用钱六十万。有逸惠素纳利者，世祖怒，敕尚书评贾，贵二十八万余，有司奏之，伏诛。死后家徒四壁，上甚悔恨。

孔琇之，会稽山阴人也。祖季恭，光禄大夫，父灵运，著作郎。琇之初为国子生，举孝廉。除卫军行参军，员外郎，尚书三公郎。出为乌程令，有吏能。还迁通直郎，补吴令。有小儿年十岁，偷刈邻家稻一束，琇之付狱治罪。或谏之，琇之曰：「十岁便能为盗，长大何所不为？」县中皆震肃。

迁尚书左丞，又以职事知名。转前军将军，兼少府。迁骁骑将军，少府如故。出为宁朔将军、高宗冠军征虏长史、江夏内史。还为正员常侍，兼左民尚书、廷尉卿。出为临海太守，在任清约，罢郡还，献干姜二十斤，世祖嫌少，及知琇之清，乃叹息。除武陵王前军长史，未拜，仍出为辅国将军，监吴兴郡，寻拜太守，治称清严。

高宗辅政，防制诸蕃，致密旨于上佐。隆昌元年，迁琇之为宁朔将军、晋熙王冠军长史，行郢州事，江夏内史。琇之辞，不许。未拜，卒。

史臣曰：琴瑟不调，必解而更

张也。魏晋为吏，稍与汉乖，苛猛之风虽衰，而仁爱之情亦减。局以峻法，限以常条，以必世之仁未及宣理，必世，语出《论语》：「如有王者，必世而后仁。」邢昺疏：「三十年曰世……必三十年仁政乃成也。」后用为三十年的代称。而期月之望已求治术。先公后私，在己未易；割民奉国，于物非难；期之救过，所利苟免。且目见可欲，嗜好方流，贪以败官，取与违义，吏之不臧，罔非由此。擿奸辩伪，擿奸，擿音tī，揭露隐秘的奸人和坏事。诚俟异识，垂名著绩，唯有廉平。今世之治民，未有出于此也。

赞曰：蒸蒸小民，吏职长亲。棼乱须理，恤隐归仁。枉直交瞀，瞀，乱，错乱。宽猛代陈。伊何导物，伊何，如何，怎样。贵在清身。

梁书·循吏传

《梁书》，「二十四史」之一，唐姚思廉撰。它主要记述了南朝萧齐末年的政治和萧梁皇朝五十余年的史事。其中，梁武帝在位四十八年，前期还有所建树，尤其他对于南齐末年「政移群小，赋调云起，徭役无度」的混乱状况有清醒的认识，选择地方官员时「务简廉平」，吏治状况有了明显改善。到了晚期，对内对外都执行了一系列荒唐而愚蠢的错误政策，由他亲手造成了一个庞大而腐朽的官吏统治集团，造成了侯景之乱，加上诸王争夺帝位之乱，政坛上的混乱使整个长江流域遭受到空前的大破坏。《梁书·良吏》中记载的庾荜、沈瑀、范述曾、丘仲孚、孙谦、伏暅等大多处于梁武帝统治前期。

昔汉宣帝以为「政平讼理，其惟良二千石乎！」前史亦云：「今之郡守，古之诸侯也。」故长吏之职，号为亲民，是以导德齐礼，移风易俗，咸必由之。齐末昏乱，政移群小，赋调云起，徭役无度。守宰多倚附权门，互长贪虐，掊克聚敛，掊克，搜括。侵愁细民，天下摇动，无所厝其手足。高祖在田，知民疾苦，及梁台建，梁台，南朝梁的禁城。仍下宽大之书，昏时杂调，咸悉除省，于是四海之内，始得息肩。卸去负担。逮践皇极，躬览庶事，日昃听政，求民之瘼。乃命輶轩以省方俗，輶轩，古代使臣乘坐的一种轻车，代指使臣。置肺石以达穷民，肺石，古时设于朝廷门外的赤石。民有不平，得击石鸣冤。务加隐恤，舒其急病。元年，始去人赀，指征收绢绵等实物的户调。计丁为布；身服浣濯之衣，御府无文饰，宫掖不过绫彩，无珠玑锦绣；太官撤牢馔，每日膳菜蔬，饮酒不过三盏——以俭先海内。每选长吏，务简廉平，皆召见御前，亲勖治道。始擢尚书殿中郎到溉为建安内史，左民侍郎刘鬷为晋安太守，溉等居官，并以廉洁著。又著令：小县有能，迁为大县；大县有能，迁为二千石。于是山阴令丘仲孚治有异绩，以为长沙内史；武康令何远清公，以为宣城太守。剖符为吏者，剖符，指分封、授官。往往承风焉。若新野庾荜诸任职者，以经术润饰吏政，或所居流惠，或去后见思，盖后来之良吏也。缀为良吏篇云。

庾荜，字休野，新野人也。父深之，宋应州刺史。荜年十岁，遭父忧，居丧毁瘠，为州党所称。弱冠，为州迎主簿，举秀才，累迁安西主簿、尚书殿中郎、骠骑功曹史。博涉群书，有口辩。齐永明中，与魏和亲，以荜兼散骑常侍报使，散骑常侍，散骑常侍，官名。汉有散骑，为皇帝侍从，又有中常侍，性质同。魏文帝并散骑与中常侍为一官，如称散骑常侍，以士人任职。入则规谏过失，备皇帝顾问，出则骑马散从。还拜散骑侍郎，知东宫管记事。

郁林王即位废，掌中书诏诰，出为荆州别驾。仍迁西中郎谘议参军，复为州别驾。前后纲纪，皆致富饶。荜再为之，清身率下，杜绝请托，布被蔬食，妻子不免饥寒。明帝闻而嘉焉，手敕褒美，州里荣之。迁司徒谘议参军、通直散骑常侍。高祖平京邑，霸府建，引为骠骑功曹参军，迁尚书左丞。出为辅国长史、会稽郡丞、行郡府事。时承凋弊之后，百姓凶荒，所在谷贵，米至数千，民多流散，荜抚循甚有治理。唯守公禄，清节逾厉，至有经日不举火。太守、襄阳王闻而馈之，荜谢不受。天监元年，卒，停尸无以殓，柩不能归。高祖闻之，诏赐绢百匹、米五十斛。

初，荜为西楚望族，早历显官，乡人乐蔼有干用，素与荜不平，互相陵竞。争竞，不肯相让。蔼事齐豫章王嶷，嶷薨，蔼仕不得志，自步兵校尉求助戍归荆州，时荜为州别驾，益忽蔼。及高祖践阼，蔼以西朝勋为御史中丞，荜始得会稽行事，既耻之矣；会职事微有谴，高祖以蔼其乡人也，使宣旨诲之，荜大愤，故发病卒。

沈瑀，字伯瑜，吴兴武康人也。叔父昶，事宋建平王景素，景素谋反，昶先去之；及败，坐系狱，瑀诣台陈请，得免罪，由是知名。起家州从事、奉朝请。尝诣齐尚书右丞殷沵，沵与语及政事，甚器之，谓曰：「观卿才干，当居吾此职。」司徒、竟陵王子良闻瑀名，引为府参军，领扬州部传从事。时建康令沈徽孚恃势陵瑀，瑀以法绳之，众惮其强。子良甚相知赏，虽家事皆以委瑀。子良薨，瑀复事刺史、始安王遥光。尝被使上民丁，速而无怨。遥光谓同使曰：「尔何不学沈瑀所为？」乃令专知州狱事。湖熟县方山埭高峻，冬月，公私行侣以为艰难，明帝使瑀行治之。瑀乃开四洪，断行客就作，马上开始工作。三日立办。扬州书佐私行，诈称州使，不肯就作，瑀鞭之三十。书佐归诉遥光，遥光曰：「沈瑀必不枉鞭汝。」覆之，覆，审查，核查。果有诈。明帝复使瑀筑赤山塘，所费减材官所量数十万，材官，主管工匠、土木之事的官署。帝益善之。永泰元年，为建德令，教民一丁种十五株桑、四株柿及梨栗，女丁半之，人咸欢悦，顷之成林。

去官还京师，兼行选曹郎。随陈伯之军至江州，会义师围郢城，瑀说伯之迎高祖。伯之泣曰：「余子在都，不得出城，不能不爱之。」瑀曰：「不然，人情匈匈，（动乱；纷扰。）皆思改计，若不早图，众散难合。」伯之遂举众降，瑀从在高祖军中。

初，瑀在竟陵王家，素与范云善。齐末，尝就云宿，梦坐屋梁柱上，仰见天中有字曰「范氏宅」。至是，瑀为高祖说之。高祖曰：「云得不死，此梦可验。」及高祖即位，云深荐瑀，自暨阳令擢兼尚书右丞。时天下初定，陈伯之表瑀催督运转，军国获济，高祖以为能。迁尚书驾部郎，兼右丞如故。瑀荐族人沈僧隆、僧照有吏干，高祖并纳之。

以母忧去职，起为振武将军、余姚令。县大姓虞氏千余家，请谒如市，前后令长莫能绝。自瑀到，非讼所通，其有至者，悉立之阶下，以法绳之。县南又有豪族数百家，子弟纵横，（放肆，无所顾忌。）递相庇荫，厚自封植，百姓甚患之。瑀召其老者为石头仓监，少者补县僮，皆号泣道路，自是权右屏迹。瑀初至，富吏皆鲜衣美服，以自彰别。瑀怒曰：「汝等下县吏，何自拟贵人耶？」悉使著芒𫄧粗布，侍立终日，足有蹉跌，失误。辄加榜棰。瑀微时，尝自至此鬻瓦器，为富人所辱，故因以报焉，由是士庶骇怨。然瑀廉白自守，故得遂行其志。

后王师北伐，征瑀为建威将军，督运漕，寻兼都水使者。顷之，迁少府卿。出为安南长史、寻阳太守。江州刺史曹景宗疾笃，瑀行府州事。景宗卒，仍为信威萧颖达长史，太守如故。瑀性屈强，每忤颖达，颖达衔之。衔，怀恨在心。天监八年，因入谘事，辞又激厉，颖达作色曰：「朝廷用君作行事耶？」瑀出，谓人曰：「我死而后已，终不能倾侧面从。」倾侧，随顺；依附。是日，于路为盗所杀，时年五十九，多以为颖达害焉。子续累讼之，遇颖达亦寻卒，事遂不穷竟。续乃布衣蔬食终其身。

范述曾，字子玄，吴郡钱唐人也。幼好学，从余杭吕道惠受五经，略通章句。道惠学徒常有百数，独称述曾曰：「此子必为王者师。」齐文惠太子、竟陵文宣王幼时，高帝引述曾为之师友。起家为宋晋熙王国侍郎。齐初，至南郡王国郎中令，迁尚书主客郎、太子步兵校尉，带开阳令。述曾为人謇谔，正直敢言。在宫多所谏争，太子虽不能全用，然亦弗之罪也。竟陵王深相器重，号为「周舍」。时太子左卫率沈约亦以述曾方汲黯。以父母年老，乞还就养，乃拜中散大夫。

明帝即位，除游击将军，出为永嘉太守。为政清平，不尚威猛，民俗便之。所部横阳县，山谷险峻，为逋逃所聚，前后二千石讨捕莫能息。述曾下车，开示恩信，凡诸凶党，涘负而出，编户属籍者二百余家。自是商贾流通，居民安业。在郡励志清白，不受馈遗，明帝闻甚嘉之，下诏褒美焉。征为游击将军。郡送故旧钱二十余万，述曾一无所受。始之郡，不将家属；及还，吏无荷担者。民无老少，皆出拜辞，号哭闻于数十里。

东昏（指南齐萧宝卷）时，拜中散大夫，还乡里。高祖践阼，乃轻舟出诣阙，仍辞还东。高祖诏曰：「中散大夫范述曾，昔在齐世，忠直奉主，往莅永嘉，治身廉约，宜加礼秩，以厉清操。可太中大夫，赐绢二十匹。」述曾生平得奉禄，皆以分施。及老，遂壁立无所资。以天监八年卒，时年七十九。注易文言，著杂诗赋数十篇。

丘仲孚，字公信，吴兴乌程人也。少好学，从祖灵鞠有人伦之鉴，常称为千里驹也。齐永明初，选为国子生，举高第，未调，还乡里。家贫，无以自资，乃结群盗，为之计画，劫掠三吴。仲孚聪明有智略，群盗畏而服之，所行皆果，故亦不发。太守徐嗣召补主簿，历扬州从事、太学博士、于湖令，有能名。太守吕文显当时幸臣，陵诋属县，陵诋，欺侮诋毁。仲孚独不为之屈。以父丧去职。

明帝即位，起为烈武将军、曲阿令。值会稽太守王敬则举兵反，乘朝廷不备，反问始至，问，音讯。而前锋已届曲阿。仲孚谓吏民曰：「贼乘胜虽锐，而乌合易离。今若收船舰，凿长岗埭，泄渎水以阻其路，得留数日，台军必至，则大事济矣。」敬则军至，值渎涸，果顿兵不得进，遂败散。仲孚以距守有功，迁山阴令，居职甚有声称，百姓为之谣曰：「二傅沈刘，不如一丘。」前世傅琰父子、沈宪、刘玄明，相继宰山阴，并有政绩，言仲孚皆过之也。

齐末政乱，颇有赃贿，为有司所举，将收之，仲孚窃逃，径还京师诣阙，会赦，得不治。高祖践阼，复为山阴令。仲孚长于拨烦，处理繁忙的政务。善适权变，吏民敬服，号称神明，治为天下第一。

超迁车骑长史、长沙内史，视事未期，征为尚书右丞，迁左丞，仍擢为卫尉卿，恩任甚厚。初起双阙，以仲孚领大匠。事毕，出为安西长史、南郡太守。迁云麾长史、江夏太守，行郢州州府事，遭母忧，起摄职。代理官职。坐事除名，复起为司空参军。俄迁豫章内史，在郡更励清节。顷之，卒，时年四十八。诏曰：「豫章内史丘仲孚，重试大邦，责以后效，非直悔吝云亡，实亦政绩克举。不幸殒丧，良以伤恻。可赠给事黄门侍郎。」仲孚丧将还，豫章老幼号哭攀送，车轮不得前。

仲孚为左丞，撰皇典二十卷、南宫故事百卷，又撰尚书具事杂仪，行于世焉。

孙谦，字长逊，东莞莒人也。少为亲人赵伯符所知。谦年十七，伯符为豫州刺史，引为左军行参军，以治干称。父忧去职，客居历阳，躬耕以养弟妹，乡里称其敦睦。宋江夏王义恭闻之，引为行参军，历仕大司马、太宰二府。出为句容令，清慎强记，县人号为神明。

泰始初，事建安王休仁，休仁以

为司徒参军，言之明帝，擢为明威将军、巴东、建平二郡太守。郡居三峡，恒以威力镇之。谦将述职，敕募千人自随。谦曰：「蛮夷不宾，盖待之失节耳。何烦兵役，以为国费。」固辞不受。至郡，布恩惠之化，蛮獠怀之，竞饷金宝，谦慰喻而遣，慰喻，抚慰；宽慰晓喻。一无所纳。及掠得生口，皆放还家。俸秩出吏民者，悉原除之。郡境翕然，威信大著。视事三年，征还为抚军中兵参军。元徽初，迁梁州刺史，辞不赴职，迁越骑校尉、征北司马府主簿。建平王将称兵，患谦强直，托事遣使京师，然后作乱。及建平诛，迁左军将军。

齐初，为宁朔将军、钱唐令，治烦以简，狱无系囚。及去官，百姓以谦在职不受饷遗，追载缣帛以送之，谦却不受。每去官，辄无私宅，常借官空车厩居焉。永明初，为冠军长史、江夏太守，坐被代辄去郡，系尚方。顷之，免为中散大夫。明帝将废立，欲引谦为心膂，心与脊骨，喻亲信得力之人。使兼卫尉，给甲仗百人，谦不愿处际会，配合呼应。辄散甲士，帝虽不罪，而弗复任焉。出为南中郎司马。东昏永元元年，迁口口大夫。

天监六年，出为辅国将军、零陵

太守，已衰老，犹强力为政，吏民安之。先是，郡多虎暴，谦至绝迹。及去官之夜，虎即害居民。谦为郡县，常勤劝课农桑，务尽地利，收入常多于邻境。九年，以年老，征为光禄大夫。既至，高祖嘉其清洁，甚礼异焉。每朝见，犹请剧职自效。高祖笑曰：「朕使卿智，不使卿力。」十四年，诏曰：「光禄大夫孙谦，清慎有闻，白首不怠，高年旧齿，宜加优秩。可给亲信二十人，并给扶。」

谦自少及老，历二县五郡，所在廉洁。居身俭素，床施蘧除屏风，蘧除，用苇或竹编成的粗席。冬则布被莞席，夏日无帱帐，而夜卧未尝有蚊蚋，人多异焉。年逾九十，强壮如五十者，每朝会，辄先众到公门。力于仁义，行己过人甚远。从兄灵庆常病寄于谦，谦出行还问起居。灵庆曰：「向饮冷热不调，即时犹渴。」谦退遣其妻。有彭城刘融者，行乞疾笃无所归，友人舆送谦舍，谦开厅事以待之。及融死，以礼殡葬之。众咸服其行义。十五年，卒官，时年九十二。诏赙钱三万、布五十匹。高祖为举哀，甚悼惜之。

谦从子廉，便辟巧宦。便辟，谄媚逢迎之人。巧宦，善于钻营谄媚的官吏。齐时已历大县，尚书右丞。天监初，沈约、范云当朝用事，廉倾意奉之。及中书舍人黄睦之等，亦尤所结附。凡贵要每食，廉必日进滋旨，美好的滋味或意味。皆手自煎调，不辞勤剧，遂得为列卿、御史中丞、晋陵、吴兴太守。时广陵高爽有险薄才，险薄，轻薄无行。客于廉，廉委以文记，爽尝有求不称意，乃为屐谜以喻廉曰：「刺鼻不知嚏，蹋面不知瞋，啮齿作步数，持此得胜人。」讥其不计耻辱，以此取名位也。

伏暅，字玄耀，曼容之子也。幼传父业，能言玄理，与乐安任昉、彭城刘曼俱知名。起家齐奉朝请，仍兼太学博士，寻除东阳郡丞，秩满为鄞令。时曼容已致仕，故频以外职处暅，令其得养焉。齐末，始为尚书都官郎，仍为卫军记室参军。

高祖践阼，迁国子博士，父忧去职。服阕，为车骑谘议参军，累迁司空长史、中书侍郎、前军将军、兼五经博士，与吏部尚书徐勉、中书侍郎周舍，总知五礼事。出为永阳内史，在郡清洁，治务安静。郡民何贞秀等一百五十四人诣州言状，湘州刺史以闻。诏勘有十五事为吏民所怀，勘，考察。高祖善之，征为新安太守。在郡清恪，如永阳时。民赋税不登者，辄以太守田米助之。郡多麻苎，家人乃至无以为绳，其厉志如此。属县始新、遂安、海宁，并同时生为立祠。

征为国子博士，领长水校尉。时始兴内史何远累著清绩，高祖诏擢为黄门侍郎，俄迁信武将军、监吴郡。暅自以名辈素在远前，为吏俱称廉白，远累见擢，暅迁阶而已，阶，官阶，官方的衔头。意望不满，多托疾居家。寻求假到东阳迎妹丧，因留会稽筑宅，自表解，高祖诏以为豫章内史，暅乃出拜。治书侍御史虞？奏曰：

臣闻失忠与信，一心之道以亏；貌是情非，两观之诛宜及。未有陵犯名教，要冒君亲，而可纬俗经邦者也。风闻豫章内史伏暅，去岁启假，以迎妹丧为解，因停会稽不去。入东之始，货宅卖车。以此而推，则是本无还意。暅历典二邦，少免贪浊，此自为政之本，岂得称功。常谓人才品望，居何远之右，而远以清公见擢，名位转隆，暅深诽怨，形于辞色，兴居叹咤，叹息感慨。寤寐失图。天高听卑，无私不照。去年十二月二十一日诏曰：「国子博士、领长水校尉伏暅，为政廉平，宜加将养，勿使恚望，（怨望，怨恨。）致亏士风。可豫章内史。」岂有人臣奉如此之诏，而不亡魂破胆，归罪有司；擢发抽肠，（喻尽心；尽忠。）少自论谢？而循奉慠然，了无异色。暅识见所到，足达此旨，而冒宠不辞，吝斯苟得，故以士流解体，行路沸腾，辨迹求心，无一可恕。窃以暅跟蹡落魄，（跟蹡，喻指困顿；颠沛；颠踬。）三十余年，皇运勃兴，咸与维始，除旧布新，濯之江、汉，一纪之间，三世隆显。曾不能少怀感激，仰答万分，反覆拙谋，成兹巧罪，不忠不敬，于斯已及。请以暅大不敬论。以事详法，应弃市刑，辄收所近狱洗结，以法从事。如法所称，暅即主。

臣谨案：豫章内史臣伏暅，含疵表行，藉悖成心，语默一违，资敬兼尽。幸属昌时，擢以不次。溪壑可盈，志欲无满。要君东走，岂曰止足之归；负志解巾，异乎激处之致。甘此脂膏，孰非荼苦；佩兹龟组，（即龟绶，龟纽印绶。亦借指官爵。）岂殊缧绁。宜明风宪，肃正简书。臣等参议，请以见事免□恒所居官，凡诸位任，一皆削除。

有诏勿治，暅遂得就郡。

视事三年，征为给事黄门侍郎，领国子博士，未及起。普通元年，卒于郡，时年五十九。尚书右仆射徐勉为之墓志，其一章曰：「东区南服，爱结民胥，相望伏阙，继轨奏书。或卧其辙，或扳其车，或图其像，或式其闾。思耿借寇，曷以尚诸。」

初，暅父曼容与乐安任瑶皆匿于齐太尉王俭，瑶子昉及暅并见知。顷之，昉才遇稍盛，齐末，昉已为司徒右长史，暅犹滞于参军事；及其终也，名位略相侔。暅性俭素，车服粗恶，外虽退静，内不免心竞，故见讥于时。能推荐后来，常若不及，少年士子，或以此依之。

何远，字义方，东海郯人也。父慧炬，齐尚书郎。远释褐江夏王国侍郎，转奉朝请。永元中，江夏王宝玄于京口为护军将军崔慧景所奉，入围宫城，远豫其事。豫通「与」，参与。事败，乃亡抵长沙宣武王，王深保匿焉。远求得桂阳王融保藏之，既而发觉，收捕者至，远逾垣以免；融及远家人皆见执，融遂遇祸，远家属系尚方。系罪囚之所。远亡渡江，使其故人高江产共聚众，欲迎高祖义师，东昏党闻之，使捕远等，众复溃散。远因降魏，入寿阳，见刺史王肃，欲同义举，肃不能用，乃求迎高祖，肃许之。遣兵援送，得达高祖。高祖见远，谓张弘策曰：「何远美丈夫，而能破家报旧德，未易及也。」板辅国将军，随军东下，既破朱雀军，以为建康令。高祖践阼，为步兵校尉，以奉迎勋封广兴男，邑三百户。迁建武将军、后军鄱阳王恢录事参军。远与恢素善，在府尽其志力，知无不为，恢亦推心仗之，恩寄甚密。

顷之，迁武昌太守。远本倜傥，尚轻侠，为人轻生重义而勇于急人之难。至是乃折节为吏，折节，强自克制，改变平素志行。杜绝交游，馈遗秋毫无所受。武昌俗皆汲江水，盛夏远患水温，每以钱买民井寒水；不取钱者，则摙水还之。摙，音liǎn，担运；提。其佗事率多如此。迹虽似伪，而能委曲用意焉。车服尤弊素，器物无铜漆。江左多水族，甚贱，远每食不过干鱼数片而已。然性刚严，吏民多以细事受鞭罚者，遂为人所讼，征下廷尉，被劾数十条。当时士大夫坐法，皆不受立，停止；停留。远度已无赃，就立三七日不款，招供；供认。犹以私藏禁仗除名。

后起为镇南将军、武康令。愈厉廉节，除淫祀，正身率职，民甚称之。太守王彬巡属县，诸县盛供帐以待焉，至武康，远独设糗水而已。糗，音qiǔ，炒熟的米麦。亦泛指干粮。彬去，远送至境，进斗酒双鹅为别。彬戏曰：「卿礼有过陆纳，将不为古人所笑乎？」高祖闻其能，擢为宣城太守。自县为近畿大郡，近代未之有也。郡经寇抄，远尽心绥理，复著名迹。期年，迁树功将军、始兴内史。时泉陵侯渊朗为桂州，缘道剽掠，缘道，沿途。入始兴界，草木无所犯。

远在官，好开途巷，修葺墙屋，民居市里，城隍厩库，所过若营家焉。田秩俸钱，并无所取，岁暮，择民尤穷者，充其租调，以此为常。然其听讼犹人，不能过绝，而性果断，民不敢非，畏而惜之。所至皆生为立祠，表言治状，高祖每优诏答焉。天监十六年，诏曰：「何远前在武康，已著廉平；复莅二邦，弥尽清白。政先治道，惠留民爱，虽古之良二千石，无以过也。宜升内荣，以显外绩。可给事黄门侍郎。」远即还，仍为仁威长史。顷之，出为信武将军，监吴郡。在吴颇有酒失，迁东阳太守。远处职，疾强富如仇雠，视贫细如子弟，特为豪右所畏惮。在东阳岁余，复为受罚者所谤，坐免归。

远耿介无私曲，居人间，绝请谒，不造诣。与贵贱书疏，抗礼如一。其所会遇，未尝以颜色下人，以此多为俗士所恶。其清公实为天下第一。居数郡，见可欲终不变其心，妻子饥寒，如下贫者。及去东阳归家，经年岁口不言荣辱，士类益以此多之。其轻财好义，周人之急，言不虚妄，盖天性也。每戏语人云：「卿能得我一妄语，则谢卿以一缣。」众共伺之，不能记也。后复起为征西谘议参军、中抚司马。普通二年，卒，时年五十二。高祖厚赠赐之。

陈吏部尚书姚察曰：前史有循吏，何哉？世使然也。汉武役繁奸起，循平不能，故有苛酷诛戮以胜之，亦多怨滥矣。梁兴，破觚为圆，斫雕为朴，教民以孝悌，劝之以农桑，于是桀黠化为由余，（桀黠，凶悍狡猾。由余，中国春秋时期帮助秦穆公成为霸主的大臣之一。）轻薄变为忠厚。淳风已洽，民自知禁。尧舜之民，比屋可封，信矣。若夫酷吏，于梁无取焉。

魏书·循吏传

《魏书》，北齐魏收撰，是一本纪传体史书，记载了公元四世纪末至六世纪中叶北魏王朝的历史。《魏书》有一个非常明显的特点，也是它的重要性之所在，即它是我国封建社会历代「正史」中第一部专记少数民族政权史事的著作。北魏是由鲜卑族拓跋氏建立的封建王朝，是南北朝时期北朝第一个朝代，又称后魏，拓跋魏。北魏初年，地方官没有俸禄。许多官吏对治理民事毫不热心，却竭力追求个人财富。如公孙轨当地方官时，「初来单马执鞭，返去从车百辆」。这样的事例在北魏初年的官场中是普遍的现象。孝文帝为了整顿吏治，缓和社会矛盾，采取了两条措施：一是实行俸禄制。公元四八四年，魏颁布法令，正式规定「户增调帛三匹，谷二斛九斗，以为官之禄」。俸禄之外，贪污满一匹者处死。二是对地方官任期长短不做硬性规定，而是根据治绩而定，好则留，不好则去。此后，北魏的地方政治才算略上轨道。张愔在北魏初年，官场极度混乱的情况下，「当官清白，仁恕临下」，是非常难能可贵的。《魏书·良吏》记载了张愔、鹿生、张应、宋世景、路邕、阎庆胤、裴佗、羊敦、苏淑等九人的事迹。

罢侯置守，历年永久，统以方牧，仍世相循，所以宽猛为用，庇民调俗。但廉平常迹，声问难高；适时应务，招响必速。是故搏击为侯，搏击，搏战拼杀。起不旋踵；掉转脚跟。形容时间短促。懦弱贻咎，懦弱，文弱；柔弱；贻咎，获罪。录用无时。不知何时。此则已然于前世矣。后之为吏，与世沉浮。季叔浇漓，季叔，末世；衰世；浇漓，浮薄不厚。奸巧多绪，所以蒲、密无为之化，难见其人。有魏初拓中州，兼并疆域，河南、关右，遗黎未纯，遗黎，劫后残留的人民。拥节分符，拥节，执持符节。亦指出任一方。；分符，帝王封官授爵，分与符节的一半作为信物。多出丰沛。政术治风，未能咸允，虽动贻大戮，而贪虐未悛，亦由网漏吞舟，比喻法律太宽，使重大的罪犯也能漏网。时挂一目。高祖肃明网纪，赏罚必行，肇革旧轨，时多奉法。世宗优游而治，宽政遂往，太和之风，颇以陵替。纲纪废弛，上下失序。肃宗驭运，天下淆然，其于移风革俗之美，浮虎还珠之政，浮虎，语出《后汉书》：「先是崤黾驿道多虎灾，行旅不通。昆为政三年，仁化大行，虎皆负子度河。」后以「浮虎」作为地方官为政仁德的典故。九州百郡，无所闻焉。且书其为时所称者，以著良吏云尔。

张恂，字洪让，上谷沮阳人也。随兄兖归国，参代王军事。恂言于太祖曰：「金运失御，金运，金德当运的王朝。刘石纷纭，暮容窃号山东，苻姚盗器秦陇，遂使三灵乏响，九域旷君。大王树基玄朔，重明积圣，自北而南，化被燕赵。今中土遗民，望云冀润。宜因斯会，以建大业。」太祖深器异，厚加礼焉。皇始初，拜中书侍郎，帏幄密谋，颇预参议。从将军奚牧略地晋川，拜镇远将军，赐爵平皋子。出为广平太守。恂招集离散，劝课农桑，民归之者千户。迁常山太守。恂开建学校，优显儒士。吏民歌咏之。于时丧乱之后，罕能克厉，惟恂当官清白，仁恕临下，百姓亲爱之，其治为当时第一。太祖闻而嘉叹。太宗即位，赐帛三百匹，征拜太中大夫。神瑞三年卒，年六十九。恂性清俭，不营产业，身死之日，家无余财。太宗悼惜之，赠征虏将军、并州刺史、平皋侯，谥曰宣。

子纯，字道尚，袭爵。镇远将军、平皋子。坐事爵除。

纯弟代，字定燕。陈留、北平二郡太守。卒，赠冠军将军、营州刺史，谥曰惠侯。代所历著清称，有父之遗风。代子长年，中书博士。出为宁远将军、汝南太守。有郡民刘崇之兄弟分析，家贫惟有一牛，争之不决，讼于郡庭。长年见之，凄然曰：「汝曹当以一牛，故致此竞，脱有二牛，（脱，假使。）各应得一，岂有讼理。」即以家牛一头赐之。于是郡境之中各相诫约，咸敦敬让。太和初，卒于家。

子琛，字宝贵，少有孝行。历武骑常侍、羽林监、太子翊军校尉。卒。

子略，武定中，左光禄大夫。

鹿生，济阴乘氏人。乘氏，古县名，治所在今山东菏泽。父寿兴，沮渠牧犍库部郎。生再为济南太守，有治称。显祖嘉其能，特征赴季秋马射，赐以骢马，加以青服，彰其廉洁。前后在任十年。时三齐始附，人怀苟且，蒲博终朝，蒲博，古代的一种博戏。亦泛指赌博。颇废农业。生立制断之，闻者嗟善。后历徐州任城王澄、广陵侯元衍征东、安南二府长史，带淮阳太守、郯城镇将。年七十四，正始中卒。追赠龙骧将军、兖州刺史。

张应，不知何许人。延兴中，为鲁郡太守。应履行贞素，声绩著闻。妻子樵采以自供。高祖深嘉其能，迁京兆太守。所在清白，得吏民之忻心焉。

宋世景，广平人，河南尹翻之第三弟也。少自修立，事亲以孝闻。与弟道玙下帷诵读，下帷，放下室内悬挂的帷幕，引申指闭门苦读。博览群言，尤精经义。族兄弁甚重之。举秀才，对策上第，拜国子助教，迁彭城王勰开府法曹行参军。勰爱其才学，雅相器敬。高祖亦嘉之。迁司徒法曹行参军。

世景明刑理，著律令，裁决疑狱，剖判如流。转尚书祠部郎。彭城王勰每称之曰：「宋世景精识，尚书仆射才也。」台中疑事，右仆射高肇常以委之。世景既才长从政，加之夙勤不怠，兼领数曹，深著称绩。频为左仆射源怀引为行台郎。巡察州镇十有余所，黜陟赏罚莫不咸允。黜陟，人才的进退，官吏的升降。迁徙七镇，别置诸戍，明设亭候，以备北虏。怀大相委重。还而荐之于世宗曰：「宋世景文武才略，当今寡俦，意无人匹敌。清平忠直，亦少其比。陛下若任之以机要，终不减李冲也。」世宗曰：「朕亦闻之。」尚书令、广阳王嘉，右仆射高肇，吏部尚书、中山王英共荐世景为国子博士，寻荐为尚书右丞。王显与宋弁有隙，毁之于世宗，故事寝不报。

寻加伏波将军。行荥阳太守。郑氏豪横，号为难治。济州刺史郑尚弟远庆先为苑陵令，多所受纳，百姓患之。世景下车，召而谓之曰：「与卿亲，宜假借。宽假，宽容。吾未至之前，一不相问，今日之后，终不相舍。」而远庆行意自若。世景绳之以法，远庆惧，弃官亡走。于是僚属畏威，莫不改肃。终日坐于厅事，未尝寝息。县史、三正及诸细民，至即见之，无早晚之节。来者无不尽其情抱，（情怀，胸襟。）皆假之恩颜，屏人密语。民间之事，巨细必知，发奸摘伏，有若神明。尝有一吏，休满还郡，食人鸡豚；又有一幹，受人一帽，又食二鸡。世景叱之曰：「汝何敢食甲乙鸡豚，取丙丁之帽！吏幹叩头伏罪。于是上下震悚，莫敢犯禁。坐弟道玚事除名。」

世景友于之性，过绝于人，及道玚死。哭之哀切，酸感行路，形容毁悴，见者莫不叹愍。岁余，母丧，遂不胜哀而卒。世景尝撰晋书，竟未得就。

子季儒，遗腹生。弱冠，太守崔楷辟为功曹，起家太学博士、明威将军。曾至谯宋之间，为文吊嵇康，甚有理致。后夜寝，室坏压殒，年二十五，时人咸伤惜之。

路邕，阳平清渊人。世宗时，积功劳，除齐州东魏郡太守，有惠政。灵太后诏曰：「邕莅政清勤，善绥民俗。比经年俭，郡内饥馑，群庶嗷嗷，将就沟壑，而邕自出家粟，赈赐贫窘，民以获济。虽古之良守，何以尚兹。宜见沾锡，以垂奖劝。可赐龙厩马一匹、衣一袭、被褥一具。班宣州镇，咸使闻知。」邕以善治民，稍迁至南青州刺史而卒。

阎庆胤，不知何许人。为东秦州敷城太守。东秦州，故址在今陕西陇县东南。在政五年，清勤厉俗。频年饥馑，庆胤岁常以家粟千石赈恤贫穷，民赖以济。其部民杨宝龙等一千余人，申讼美政。有司奏曰：「案庆胤自莅此郡，惠政有闻，又能自以己粟赡恤饥馑，乃有子爱百姓之义。如不少加优赉，无以厉彼贪残。又案齐州东魏郡太守路邕，在郡治能与之相埒，相等。语其分赡又亦不殊，而圣旨优隆赐以衣马，优隆，优待尊崇。求情即理，谓合同赏。」灵太后卒无褒赏焉。

裴佗，字元化，河东闻喜人。其先因晋乱避地凉州。苻坚平河西，东归桑梓，因居解县焉。父景，惠州别驾。

佗容貌魁伟，隤然有器望。隤然，柔顺随和貌。少治春秋杜氏、毛诗、周易，并举其宗致。举秀才，以高第除中书博士，转司徒参军、司空记室、扬州任城王澄开府仓曹参军。入为尚书仓部郎中，行河东郡事。所在有称绩。还，拜尚书考功郎中、河东邑中正。世宗亲临朝堂，拜员外散骑常侍，中正如故。转司州治中，以风闻为御史所弹，寻会赦免。转征虏将军、中散大夫。为赵郡太守，为治有方，威惠甚著，猾吏奸民莫不改肃。所得俸禄，分恤贫穷。转前将军、东荆州刺史，郡民恋仰，倾境饯送，至今追思之。寻加平南将军。蛮酋田盘石、田敬宗等部落万余家，恃众阻险，不宾王命，宾，服从；归顺。前后牧守虽屡征讨，未能降款。佗至州，单使宣慰，示以祸福。敬宗等闻佗宿德，相率归附。于是阖境清晏，寇盗寝息，边民怀之，襁负而至者千余家。寻加抚军将军，又迁中军将军。在州数载，以疾乞还。永安二年卒。遗令不听请赠，不受赙襚。送给丧家钱财衣物。诸子皆遵行之。

佗性刚直，不好俗人交游，其投分者必当时名胜。有名望的才俊之士。清白任真，不事家产，宅不过三十步，又无田园。暑不张盖，寒不衣裘，其贞俭若此。六子。

让之，字士礼。武定末，中书侍郎。让之弟诹之，字士正，早有才学。司徒记室参军。天平末，入于关西。

羊敦，字元礼，太山钜平人，梁州刺史祉弟子也。性尚闲素，学涉书史，以父灵引死王事，除给事中。出为本州别驾。公平正直，见有非法，敦终不判署。后为尚书左侍郎、徐州抚军长史。永安中，转廷尉司直，不拜。拜洛阳令。后为镇南将军、金紫光禄大夫，迁太府少卿，转卫将军、广平太守。治有能名，奸吏跼蹐，秋毫无犯。雅性清俭，属岁饥馑，家馈未至，使人外寻陂泽，采藕根而食之。遇有疾苦，家人解衣质米以供之。然其为治，亦尚威严。朝廷以其清白，赐谷一千斛、绢一百匹。兴和初卒，年五十二。吏民奔哭，莫不悲恸。赠都督徐兖二州诸军事、卫大将军、吏部尚书、兖州刺史，谥曰贞。

武定初，齐献武王以敦及中山太守苏淑在官奉法，清约自居，宜见追褒，以厉天下，乃上言请加旌录。诏曰：「昔五袴兴谣，称颂地方官吏施行善政之词。两歧致咏，两歧，称颂地方官吏改善农业有方，民乐年丰。皆由仁覃千里，覃，广施。化洽一邦。故广平太守羊敦、故中山太守苏淑，并器业和隐，干用贞济，善政闻国，清誉在民。方藉良才，遂登高秩，先后凋亡，朝野伤悼。追旌清德，盖惟旧章，可各赏帛一百匹、谷五百斛，班下郡国，咸使闻知。」

子隐，武定末，开府行参军。

苏淑，字仲和，武邑人也。立性敦谨，颇涉经传。兄寿兴，坐事为阉官。寿兴后为河间太守。赐爵晋阳男。及寿兴将卒，遂冒养淑为子。淑，熙平中袭其爵，除司空士曹参军。寻转太学博士、历威将军、员外散骑侍郎。转奉车都尉，领殿中侍御史。因使于冀州，会高干邕执刺史元嶷据城起义，淑赞成其事。干邕以淑行武邑郡。未几，尔朱汝归疑率兵将至，淑于郡逃还京师。后除左将军、太中大夫、行河阴令。出除乐陵内史。淑在郡绥抚，其有民誉。始迳二周，谢病乞解，有诏听之，民吏老幼诉乞淑者甚众。后历荥阳太守，亦有能名。加中军将军、司徒从事中郎。兴和二年，拜中山太守。三年，卒于郡。淑清心爱下，所历三郡，皆为吏民所思，当时称为良二千石。武定初，赠卫大将军、都官尚书、瀛州刺史，谥曰懿。齐献武王追美清操，与羊敦同见优赏。

子子且，袭。武定中，齐献武王庙丞。

史臣曰阙。

北齐书·循吏传

《北齐书》，「二十四史」之一，唐李百药撰。记载上起北魏分裂前十年左右，接续北魏分裂、东魏立国、北齐取代东魏，下迄北齐亡国，前后约五十余年史实，而以记北齐历史为主。北齐是一个地方性政权，继承了东魏所控制的地盘，占有今黄河下游流域的河北、河南、山东、山西以及苏北、皖北的广阔地区。同时与其并存的王朝有西魏、北周（取代西魏）、南朝梁、南朝陈等。北齐的农业、盐铁业、瓷器制造业都相当发达，是鼎立国家中最富庶的。北齐特别是其后期的统治者，自皇帝至各级官吏，多昏庸残暴，狗马鹰亦得加封官号，赋敛日重，徭役日繁，造成人力竭尽，府库空虚。北齐多以有功之战将出任地方官，「战功诸将，出牧外藩，不识治体，无闻政术」。北齐政府统治下的贪污公行，苛重的赋税，很快摧毁了国家的经济实力。《北齐书·循吏》记载了宋世良、郎基、房豹、路去病等人的事迹。

先王疆理天下，司牧黎元，刑法以禁其奸，礼教以防其欲。故分职命官，共理天下。书云：「知人则哲，能官人安人则惠。」睿哲之君，必致清明之臣，昏乱之朝，多有贪残之吏。高祖拨乱反正，恤隐为怀，故守令之徒，才多称职。仍以战功诸将，出牧外藩，不识治体，无闻政术。非唯暗于前言往行，暗，昏昧，愚昧。乃至始学依判付曹，聚敛无厌，淫虐不已，虽或直绳，终无悛革。悔改。于戏！

此朝廷之大失。大宁以后，风雅俱缺，卖官鬻狱，上下相蒙，降及末年，黩货滋甚。齐氏循良，如辛术之徒非一，多以官爵通显，别有列传。如房仲干之属，在武平之末能，卓尔不群，斯固弥可嘉也。今掇张华原等列于循吏云。

张华原，字国满，代郡人也。少明敏，有器度。高祖开骠骑府，引为法曹参军，迁大丞相府属，仍侍左右。从于信都，深为高祖所亲待。高祖每号令三军，常令宣谕意旨。

周文帝始据雍州也，高祖犹欲以逆顺晓之，使华原入关说焉。周文密有拘留之意，谓华原曰：「若能屈骥足于此，当共享富贵，不尔，命悬今日。」华原曰：「渤海王命世诞生，殆天所纵，以明公蕞尔关右，明公，旧时对有名位者的尊称。便自隔绝，故使华原衔喻公旨。明公不以此日改图，转祸为福，乃欲赐胁，有死而已。」周文嘉其亮正，乃使东还。高祖以华原久而不返，每叹惜之，及闻其来，喜见于色。

累迁为兖州刺史，人怀感附，寇盗寝息。州狱先有囚千余人，华原皆决遣。至年暮，唯有重罪者数十人，华原亦遣归家申贺，依期至狱。

先是州境数有猛兽为暴，自华原临州，忽有六驳食之，驳，传说中能食虎豹的猛兽。咸以化感所致。后卒官，州人大小莫不号慕。

宋世良，字元友，广平人。年十五便有胆气，应募从军北讨，屡有战功。寻为殿中侍御史，诣河北括户，大获浮惰。还见汲郡城旁多骸骨，移书州郡，令悉收瘗。其夜，甘雨滂沱。还，孝庄劳之曰：「知卿所括得丁倍于本帐，若官人皆如此用心，便是更出一天下也。」出除清河太守。世良才识闲明，尤善治术，在郡未几，声问甚高。郡东南有曲堤，成公一姓阻而居之，群盗多萃于此。人为之语曰：「宁度东吴会稽，不历成公曲堤。」世良施八条之制，盗奔他境。民又谣曰：「曲堤虽险贼何益，但有宋公自屏迹。」后齐天保中大赦，郡先无一囚，群吏拜诏而已。狱内穞生，植物落粒自生，野生。桃树、蓬蒿亦满。每日衙门虚寂，无复诉讼者。其冬，醴泉出于界内。及代至，倾城祖道。有老人丁金刚泣而前，谢曰：「已年九十，记三十五政，君非唯善治，清亦彻底。今失贤君，民何济矣。」莫不攀援涕泣。除东郡太守，卒官。世良强学，好属文，撰字略五篇、宋氏别录十卷。与弟世轨俱有孝友之誉。

世轨，幼自严整，好法律，稍迁廷尉卿。洛州民聚结欲劫河桥，吏捕案之，连诸元徒党千七百人。崔暹为廷尉，以之为反，数年不断。及世轨为少卿，判其事为劫。于是杀魁首，馀从坐悉舍焉。时大理正苏珍之亦以平干知名。平干，公正干练。寺中为之语曰：「决定嫌疑苏珍之，视表见里宋世轨。」时人以为寺中二绝。南台囚到廷尉，世轨多雪之。仍移摄御史，将问其滥状，中尉毕义云不送，移往复不止。世轨遂上书，极言义云酷擅。显祖引见二人，亲敕世轨曰：「我知台欺寺久，卿能执理与之抗衡，但守此心，勿虑不富贵。」敕义云曰：「卿比所为诚合死，以志在疾恶，故且一恕。」仍顾谓朝臣曰：「此二人并我骨鲠臣也。」及疾卒，廷尉、御史诸系囚闻世轨死，皆哭曰：「宋廷尉死，我等岂有生路！」

世良从子孝王，学涉，亦好缉缀文藻。缉缀，编辑缀合。形貌短陋，而好臧否人物，时论甚疾之。为段孝言开府参军，又荐为北平王文学。求入文林馆不遂，因非毁朝士，撰别录二十卷，会平齐，改为关东风俗传，更广见闻，勒成三十卷以上之。言多妄谬，篇第冗杂，无著述体。

郎基，字世业，中山人。身长八尺，美须髯，泛涉坟典，尤长吏事。起家奉朝请，累迁海西镇将。梁吴明彻率众攻围海西，基奖励兵民，固守百余日，军粮且罄，戎仗亦尽，乃至削木为箭，剪纸为羽。围解还朝，仆射杨愔迎劳之曰：「卿本文吏，遂有武略。削木剪纸，皆无故事，班墨之思，（班墨，战国时鲁人公输班和墨翟的并称。）何以相过。」后带颍川郡，积年留滞，数日之中，剖判咸尽，而台报下，并允基所陈。条纲既疏，狱讼清息，官民遐迩，皆相庆悦。基性清慎，无所营求，曾语人云：「任官之所，木枕亦不须作，况重于此事。」唯颇令写书。潘子义曾遗之书曰：「在官写书，亦是风流罪过。」基答书曰：「观过知仁，斯亦可矣。」后卒官，枢将还，远近将送，莫不攀辕悲哭。

房豹，字仲干，清河人。祖法寿，魏书有传。父翼宗。豹体貌魁岸，美音仪。释褐开府参军，兼行台郎中，随慕容绍宗。绍宗自云有水厄，遂于战舰中浴，并自投于水，冀以厌当之。（厌，以迷信的方法，镇服或驱避可能出现的灾祸。豹曰：「夫命也在天，岂人理所能延促？公若实有灾眚，恐非禳所能解；若其实无，何禳之有。」绍宗笑曰：「不能免俗，聊复尔耳。」未几而绍宗遇溺，时论以为知微。

迁乐陵太守，镇以凝重，哀矜贫弱。豹阶庭简静，阶庭，台阶前的庭院。囹圄空虚。郡治濒海，水味多卤苦，豹命凿一井，遂得甘泉，遐迩以为政化所致。豹罢归后，井味复咸。齐灭，还乡园自养，频征，辞疾。终于家。

路去病，阳平人也。风神疏朗，仪表瑰异。释褐开府参军。敕用士人为县宰，以去病为定州饶阳令。去病明闲时务，性颇严毅，人不敢欺，然至廉平，为吏民叹服。擢为成安令。京城下有邺、临漳、成安三县，辇毂之下，旧号难治，重以政乱时难，纲维不立，功臣内戚，请嘱百端。想尽或用尽一切办法。去病消息事宜，以理抗答，势要之徒，虽厮养小人莫不惮其风格，亦不至嫌恨。自迁邺以还，三县令治术，去病独为称首。周武平齐，重其能官，与济阴郡守公孙景茂二人不被替代，发诏褒扬。隋大业中，卒于冀氏县令。

隋书·循吏传

《隋书》，唐魏徵等撰。《隋书》是唐代官修正史的代表作，是唐初所修史书中较好的一部，记载了隋朝三十八年的历史。隋代是一个承上启下的时期，它结束了东晋南北朝以来南北分裂的局面，实现了国家的统一。魏晋以来，由于战争和分裂，统治者对封建官吏百般放纵，吏治达到了极其腐败的程度，给隋代留下了严重的隐患。其表现主要在贪污成风、贿赂公行、大肆聚敛三方面。吏治的腐败，引起了严重的社会问题。隋文帝提倡节俭，励精图治，吏治问题有了极大的改善。隋文帝晚年生活奢费，诛废功臣，听信谗言，用法严峻，已启败亡之兆。炀帝即位后滥用人力财力，挥霍无度。国家好大喜功，地方官员争相效尤，终于官逼民反。《隋书·循吏》记载了梁彦光、樊叔略、赵轨、房恭懿、公孙景茂、辛公义、柳俭、郭绚、敬肃、刘旷、王伽、魏德深等十二人的事迹。

古之善牧人者，养之以仁，使之以义，教之以礼，随其所便而处之，因其所欲而与之，从其所好而劝之。如父母之爱子，如兄之爱弟，闻其饥寒为之哀，见其劳苦为之悲，故人敬而悦之，爱而亲之。若子产之理郑国，子贱之居单父，贾琮之牧冀州，文翁之为蜀郡，皆可以恤其灾患，导以忠厚，因而利之，惠而不费。其晖映千祀，声芳不绝，夫何为哉？用此道也。然则五帝、三王不易人而化，皆在所由化之而已。故有无能之吏，无不可化之人。高祖膺运抚图，（膺运，即膺期，承受期运。指受天命为帝王。）除

凶静乱，日旰忘食，思迈前王。然不敦诗书，不尚道德，专任法令，严察临下。吏存苟免，罕闻宽惠，乘时射利者，射利，谋取财利。多以一切求名。既炀帝嗣兴，志存远略，车辙马迹，将遍天下，纲纪弛紊，松弛紊乱。四维不张。其或善于侵渔，强于剥割，绝亿兆之命，遂一人之求者，谓之奉公，即时升擢。其或顾名节，存纲纪，抑夺攘之心，以从百姓之欲者，则谓之附下，旋及诛夷。夫吏之侵渔，得其所欲，虽重其禁，犹或为之。吏之清平，失其所欲，虽崇其赏，犹或不为。况于上赏其奸，下得其欲，求得廉洁，不亦难乎！彦光等立严察之朝，属昏狂之主，执心平允，终行仁恕，余风遗爱，没而不忘，宽惠之音，足以传于来叶。故列其行事，以系循吏之篇尔。

梁彦光，字修芝，安定乌氏人也。祖茂，魏秦、华二州刺史。父显，周邢州刺史。彦光少岐嶷，幼年聪慧。有至性，其父每谓所亲曰：「此儿有风骨，当兴吾宗。」七岁时，父遇笃疾，医云饵五石可愈。时求紫石英不得。彦光忧瘁不知所为，忽于园中见一物，彦光所不识，怪而持归，即紫石英也。亲属咸异之，以为至孝所感。魏大统末，入太学，略涉经史，有规检，规矩法度。造次必以礼。解褐秘书郎，时年十七。周受禅，迁舍人上士。武帝时，累迁小驭下大夫。北周依《周礼》置六官，其夏官府有大驭中大夫，正五命，其副为小驭下大夫。母忧去职，毁瘁过礼。未几，起令视事，帝见其毁甚，嗟叹久之，频蒙慰谕。后转小内史下大夫。建德中，为御正下大夫。从帝平齐，以功授开府、阳城县公，邑千户。宣帝即位，拜华州刺史，进封华阳郡公，增邑五百户，以阳城公转封一子。寻进位上大将军，迁御正上大夫。俄拜柱国、青州刺史，属帝崩，不之官。及高祖受禅，以为岐州刺史，兼领岐州宫监，增邑五百户，通前二千户。甚有惠政，嘉禾连理，出于州境。开皇二年，上幸岐州，悦其能，乃下诏曰：「赏以劝善，义兼训物。彦光操履平直，操履，操守。识用凝远，布政岐下，威惠在人，廉慎之誉，闻于天下。三载之后，自当迁陟，恐其匮乏，且宜旌善。可赐粟五百斛，物三百段，御伞一枚，庶使有感朕心，日增其美。四海之内，凡曰官人，慕高山而仰止，闻清风而自励。」未几，又赐钱五万。后数岁，转相州刺史。彦光前在岐州，其俗颇质，以静镇之，合境大化，奏课连最，为天下第一。及居相部，如岐州法。鄴都杂俗，人多变诈，为之作歌，称其不能理化。上闻而遣之，竟坐免。岁余，拜赵州刺史，彦光言于上曰：「臣前待罪相州，百姓呼为戴帽饧。谓虽戴帽像个人，但柔软如饴糖。比喻软弱无能。臣自分废黜，无复衣冠之望，不谓天恩复垂收采。请复为相州，改弦易调，庶有以变其风俗，上答隆恩。」上从之，复为相州刺史。豪猾者闻彦光自请而来，莫不嗤笑。彦光下车，发摘奸隐，有若神明，于是狡猾之徒，莫不潜窜，合境大骇。

初，齐亡后，衣冠士人多迁关内，衣冠，这里借指世族士绅。唯技巧、商贩及乐户之家移实州郭。由是人情险诐，阴险邪僻。妄起风谣，诉讼官人，万端千变。彦光欲革其弊，乃用秩俸之物，招致山东大儒，每乡立学，非圣哲之书不得教授。常以季月召集之，亲临策试。有勤学异等、聪令有闻者，升堂设馔，其余并坐廊下。有好诤讼、惰业无成者，坐之庭中，设以草具。及大成，当举行宾贡之礼，又于郊外祖道，古代为出行者祭祀路神，并饮宴送行。并以财物资之。于是人皆克励，风俗大改。有滏阳人焦通，性酗酒，事亲礼阙，为从弟所讼。彦光弗之罪，将至州学，令观于孔子庙。于时庙中有韩伯瑜，母杖不痛，哀母力弱，对母悲泣之像，通遂感悟，既悲且愧，若无自容。彦光训谕而遣之。后改过励行，卒为善士。以德化人，皆此类也。吏人感悦，略无诤讼。后数岁，卒官，时年六十。赠冀、定、青、瀛四州刺史，谥曰襄。子文谦嗣。

文谦弘雅有父风，弘雅，高雅。以上柱国嫡子，例授仪同。开皇十五年，拜上州刺史。上州，西魏废帝二年置，治所在上津县（今湖北郧西县西北上津镇），隋大业初废。炀帝即位，转饶州刺史。岁余，为鄱阳太守，称为天下之最。征拜户部侍郎。辽东之役，领武贲郎将，寻以本官兼检校太府、卫尉二少卿。明年，又领武贲郎将，为卢龙道军副。会杨玄感作乱，其弟武贲郎将玄纵先隶文谦，隶，跟从，附属。玄感反，问未至而玄纵逃走，文谦不之觉，坐是配防桂林而卒，时年五十六。

少子文让，初封阳城县公，后为鹰扬郎将。从卫玄击杨玄感于东都，力战而死，赠通议大夫。

樊叔略，陈留人也。父欢，仕魏为南兖州刺史、阿阳侯。属高氏专权，将谋兴复之计，为高氏所诛。叔略时在髫龀，指幼年。遂被腐刑，指宫刑。古代男子阉割生殖器的酷刑。给使殿省。身长九尺，志气不凡，颇为高氏所忌。内不自安，遂奔关西。周太祖见而器之，引置左右。寻授都督，袭爵为侯。大冢宰北周官职，总领百官。宇文护执政，引为中尉。叔略多计数，晓习时事，护渐委信之，兼督内外。累迁骠骑大将军、开府仪同三司。护诛后，齐王宪引为园苑监。时宪素有吞关东之志，叔略因事数进兵谋，宪甚奇之。建德五年，从武帝伐齐，叔略部率精锐，每战身先士卒。以功加上开府，进封清乡县公，邑千四百户。拜汴州刺史，号为明决。宣帝时，于洛阳营建东京，以叔略有巧思，拜营构监，宫室制度，皆叔略所定。功未就而帝崩。尉迥之乱，高祖令叔略镇大梁。迥将宇文威来寇，叔略击走之。以功拜大将军，复为汴州刺史。高祖受禅，加位上大将军，进爵安定郡公。在州数年，甚有声誉。邺都俗薄，号曰难化，朝廷以叔略所在著称，迁相州刺史，政为当时第一。上降玺书褒美之，赐物三百段，粟五百石，班示天下。百姓为之语曰：「智无穷，清乡公。上下正，樊安定。」征拜司农卿，吏人莫不流涕，相与立碑颂其德政。自为司农，凡种植，叔略别为条制，皆出人意表。朝廷有疑滞，公卿所未能决者，叔略辄为评理。虽无学术，有所依据，然师心独见，暗与理合。甚为上所亲委，高颎、杨素亦礼遇之。叔略虽为司农，往往参督九卿事。性颇豪侈，每食必方丈，备水陆。指水中和陆地所产的作物。十四年，从祠太山，行至洛阳，上令录囚徒。具状将奏，晨起，至狱门，于马上暴卒，时年五十九。上悼惜久之，赠亳州刺史，谥曰襄。

赵轨，河南洛阳人也。父肃，魏廷尉卿。轨少好学，有行检。周蔡王引为记室，以清苦闻。迁卫州治中。高祖受禅，转齐州别驾，有能名。其东邻有桑，葚落其家，轨遣人悉拾还其主，诫其诸子曰：「吾非以此求名，意者非机杼之物，不愿侵人。汝等宜以为诫。」在州四年，考绩连最。持节使者郃阳公梁子恭状上，高祖嘉之，赐物三百段，米三百石，征轨入朝。父老相送者各挥涕曰：「别驾在官，水火不与百姓交，是以不敢以壶酒相送。公清若水，请酌一杯水奉饯。」轨受而饮之。既至京师，诏与奇章公牛弘撰定律令格式。时卫王爽为原州总管，上见爽年少，以轨所在有声，授原州总管司马。在道夜行，其左右马逸入田中，暴人禾。轨驻马待明，访禾主酬直而去。原州人吏闻之，莫不改操。后数年，迁硖州刺史，抚缉萌夷，甚有恩惠。寻转寿州总管长史。芍陂旧有五门堰，芜秽不修。轨于是劝课人吏，更开三十六门，灌田五千余顷，人赖其利。秩满归乡里，卒于家，时年六十二。子弘安、弘智，并知名。

房恭懿，字慎言，河南洛阳人也。父谟，齐吏部尚书。恭懿性沉深，有局量，达于从政。仕齐，释褐开府参军事，历平恩令、济阴守，并有能名。会齐亡，不得调。尉迥之乱，恭懿预焉，迥败，废于家。开皇初，吏部尚书苏威荐之，授新丰令，政为三辅之最。上闻而嘉之，赐物四百段，恭懿以所得赐分给穷乏。未几，复赐米三百石，恭懿又以赈贫人。上闻而止之。时雍州诸县令每朔朝谒，上见恭懿，必呼至榻前，访以理人之术。苏威重荐之，超授泽州司马，有异绩，赐物百段，良马一匹。迁德州司马，在职岁余，卢恺复奏恭懿政为天下之最。上甚异之，复赐百段，因谓诸州朝集使曰：「如房恭懿志存体国，爱养我百姓，此乃上天宗庙之所佑助，岂朕寡薄能致之乎！朕即拜为刺史。岂止为一州而已，当今天下模范之，卿等宜师学也。」上又曰：「房恭懿所在之处，百姓视之如父母。朕若置之而不赏，上天宗庙其当责我。内外官人宜知我意。」于是下诏曰：「德州司马房恭懿出宰百里，毗赞二籓，善政能官，标映伦伍。班条按部，实允佥属，委以方岳，声实俱美。可使持节海州诸

毗赞，辅佐，襄助。同辈，流辈。

军事、海州刺史。」未几，会国子博士何妥奏恭懿尉迥之党，不当仕进，威、恺二人朋党，曲相荐举。上大怒，恭懿竟得罪，配防岭南。未几，征还京师，行至洪州，遇患卒。论者于今冤之。

公孙景茂，字元蔚，河间阜城人也。容貌魁梧，少好学，博涉经史。在魏，察孝廉，射策甲科，为襄城王长史，兼行参军。迁太常博士，多所损益，时人称为书库。后历高唐令、大理正，俱有能名。及齐灭，周武帝闻而召见，与语器之，授济北太守。以母忧去职。

开皇初，诏征入朝，访以政术，拜汝南太守。郡废，转曹州司马。在职数年，以老病乞骸骨，优诏不许。俄迁息州刺史，法令清静，德化大行。时属平陈之役，征人在路，有疾病者，景茂撤减俸禄，为饘粥汤药，分赈济之，赖全活者以千数。上闻而嘉之，诏宣告天下。十五年，上幸洛阳，景茂谒见，时年七十七。上命升殿坐，问其年几。景茂以实对。上哀其老，嗟叹久之。景茂再拜曰：「吕望八十而遇文王，臣逾七十而逢陛下。」上甚悦，赐物三百段。诏曰：「景茂修身洁己，耆宿不亏，作牧化人，声绩显著。年终考校，独为称首，宜升戎秩，兼进藩条。可上仪同三司，伊州刺史。」明年，以疾征，吏人号泣于道。及疾愈，复乞骸骨，又不许，转道州刺史。悉以秩俸买牛犊鸡猪，散惠孤弱不自存者。好单骑巡人，家至户入，阅视百姓产业。有修理者，于都会时乃褒扬称述。如有过恶，随即训导，而不彰也。由是人行义让，有无均通，男子相助耕耘，妇人相从纺绩。大村或数百户，皆如一家之务。其后请政事，上优诏听之。仁寿中，上明公杨纪出使河北，见景茂神力不衰，还以状奏。于是就拜淄州刺史，赐以马轝，同「舆」。便道之官。便道，即行。指拜官或受命后不必入朝谢恩，直接赴任。前后历职，皆有德政，论者称为良牧。大业初卒官，年八十七。谥曰康。身死之日，诸州人吏赴丧者数千人，或不及葬，皆望坟恸哭，野祭而去。

辛公义，陇西狄道人也。祖徽，魏徐州刺史。父季庆，青州刺史。公义早孤，为母氏所养，亲授书传。周天和中，选良家子任太学生，以勤苦著称。武帝时，召入露门学，北周学校名。教授皇太子及贵族子弟。令受道义。每月集御前令与大儒讲论，数被嗟异，时辈慕之。建德初，授宣纳中士。从平齐，累迁掌治上士、扫寇将军。高祖作相，授内史上士，参掌机要。开皇元年，除主客侍郎，摄内史舍人事，赐爵安阳县男，邑二百户。每陈使来朝，常奉诏接宴。转驾部侍郎，使往江陵安辑边境。七年，使勾检诸马牧，勾检，检查审核。所获十余万匹。高祖喜曰：「唯我公义，奉国罄心。」从军平陈，以功除岷州刺史。土俗畏病，若一人有疾，即合家避之，父子夫妻不相看养，孝义道绝，由是病者多死。公义患之，欲变其俗。因分遣官人巡检部内，凡有疾病，皆以床舆来，安置厅事。暑月疫时，病人或至数百，厅廊悉满。公义亲设一榻，独坐其间，终日连夕，对之理事。所得秩俸，尽用市药，为迎医疗之，躬劝其饮食，于是悉差，（病除。）方召其亲戚而谕之曰：「死生由命，不关相着。前汝弃之，所以死耳。今我聚病者，坐卧其间，若言相染，那得不死，病儿复差！汝等勿复信之。」诸病家子孙惭谢而去。后人有遇病者，争就使君，其家无亲属，因留养之。始相慈爱，此风遂革，合境之内呼为慈母。后迁牟州刺史，下车，先至狱中，因露坐牢侧，亲自验问。十余日间，决断咸尽，方还大厅。受领新讼，皆不立文案，遣当直佐僚一人，侧坐讯问。事若不尽，应须禁者，公义即宿厅事，终不还閤。人或谏之曰：「此事有程，使君何自苦也！」答曰：「刺史无德可以导人，尚令百姓系于囹圄，岂有禁人在狱而心自安乎？」罪人闻之，咸自款服。后有欲诤讼者，其乡闾父老遽相晓曰：「此盖小事，何忍勤劳使君。」讼者多两让而止。时山东霖雨，自陈、汝至于沧海，皆苦水灾。境内犬牙，独无所损。山出黄银，获之以献。诏水部郎娄崱就公义祷焉。乃闻空中有金石丝竹之响。仁寿元年，追充扬州道黜陟大使。豫章王暕恐其部内官僚犯法，未入州境，预令属公义。公义答曰：「奉诏不敢有私。」及至扬州，皆无所纵舍，暕衔之。及炀帝即位，扬州长史王弘入为黄门侍郎，因言公义之短，竟去官。吏人守阙诉冤，相继不绝。后数岁，帝悟，除内史侍郎。丁母忧。未几，起为司隶大夫，检校右御卫武贲郎将。从征至柳城郡卒，时年六十二。子融。

柳俭，字道约，河东解人也。祖元璋，魏司州大中正、相华二州刺史。父裕，周闻喜令。俭有局量，立行清苦，为州里所敬，虽至亲昵，无敢狎侮。周代历宣纳上士、畿伯大夫。古官名。胡三省《资治通鉴注》：「畿伯，周置，属大司徒。杜佑曰：『周地官之属，每方畿伯，中大夫也；每县小畿伯，则下大夫。』」及高祖受禅，擢拜水部侍郎，封率道县伯。未几，出为广汉太守，甚有能名。俄而郡废。时高祖初有天下，励精思政，妙简良能，出为牧宰，以俭仁明著称，擢拜蓬州刺史。狱讼者庭遣，不为文书，约束佐史，从容而已。狱无系囚。蜀王秀时镇益州，列上其事，迁邛州刺史。在职十余年，萌夷悦服。

蜀王秀之得罪也，俭坐与交通，免职。及还乡里，乘敝车羸马，妻子衣食不赡，见者咸叹服焉。炀帝嗣位，征之。于时以功臣任职，牧州领郡者，并带戎资，唯俭起自良吏。帝嘉其绩，用特授朝散大夫，拜弘化太守，赐物一百段而遣之。俭清节逾励。大业五年入朝，郡国毕集，帝谓纳言苏威、吏部尚书牛弘曰：「其中清名天下第一者为谁？」威等以俭对。帝又问其次，威以涿郡丞郭绚、颍川郡丞敬肃等二人对。帝赐俭帛二百匹，绚、肃各一百匹。令天下朝集使送至郡邸，以旌异焉。论者美之。及大业末，盗贼蜂起，数被攻逼。俭抚结人夷，卒无离叛，竟以保全。及义兵至长安，尊立恭帝，俭与留守李粲缟素于州，南向恸哭。既而归京师，相国赐俭物三百段，就拜上大将军。岁余，卒于家，时年八十九。

郭绚，河东安邑人也。家素寒微。初为尚书令史，后以军功拜仪同，即仪同三司，散官名。三司即三公。汉称太尉、司徒、司空为三司。「仪同三司」谓非三司而仪制同于三公。历数州司马长史，皆有能名。大业初，刑部尚书宇文巡省河北，引绚为副。炀帝将有事于辽东，以涿郡为冲要，访可任者。闻绚有干局，拜涿郡丞，吏人悦服。数载，迁为通守，兼领留守。及山东盗贼起，绚逐捕之，多所克获。时诸郡无复完者，唯涿郡独全。后将兵击窦建德于河间，战死，人吏哭之，数月不息。

敬肃，字弘俭，河东蒲坂人也。少以贞介知名，释褐州主簿。开皇初，为安陵令，有能名，擢拜秦州司马，转豳州长史。仁寿中，为卫州司马，俱有异绩。炀帝嗣位，迁颍川郡丞。大业五年，朝东都，帝令司隶大夫薛道衡为天下群官之状。道衡状称肃曰：「心如铁石，老而弥笃。」时左翊卫大将军宇文述当途用事，其邑在颍川，每有书属肃。肃未尝开封，辄令使者持去。述宾客有放纵者，以法绳之，无所宽贷。由是述衔之。八年，朝于涿郡，帝以其年老有治名，将擢为太守者数矣，辄为述所毁，不行。大业末，乞骸骨，优诏许之。去官之日，家无余财。岁余，终于家，时年八十。

刘旷，不知何许人也。性谨厚，每以诚恕应物。开皇初，为平乡令，单骑之官。人有诤讼者，辄丁宁晓以义理，不加绳劾，各自引咎而去。所得俸禄，赈施穷乏。百姓感其德化，更相笃励，曰：「有君如此，何得为非！」在职七年，风教大洽，狱中无系囚，争讼绝息，囹圄尽皆生草，庭可张罗。及去官，吏人无少长，号泣于路，将送数百里不绝。迁为临颍令，清名善政，为天下第一。尚书左仆射高颎言其状，上召之，及引见，劳之曰：「天下县令固多矣，卿能独异于众，良足美也！」顾谓侍臣曰：「若不殊奖，何以为劝！」于是下优诏，擢拜莒州刺史。

王伽，河间章武人也。开皇末，为齐州行参军，初无足称。后被州使送流囚李参等七十余人诣京师。

时制，流人并枷锁传送。伽行次荥阳，哀其辛苦，悉呼而谓之曰：「卿辈既犯国刑，亏损名教，婴身缧绁，婴，遭受。此其职也。今复重劳援卒，押送罪犯的兵卒。民独不愧于心哉！」参等辞谢。伽曰：「汝等虽犯宪法，枷锁亦大辛苦。吾欲与汝等脱去，行至京师总集，能不违期不？」皆拜谢曰：「必不敢违。」伽于是悉脱其枷，停援卒，与期曰：「某日当至京师，如致前却，吾当为汝受死。」舍之而去。流人咸悦，依期而至，一无离叛。上闻而惊异之，召见与语，称善久之。于是悉召流人，并令携负妻子俱入，赐宴于殿庭而赦之。乃下诏曰：「凡在有生，含灵禀性，咸知好恶，并识是非。若临以至诚，明加劝导，则俗必从化，人皆迁善。往以海内乱离，德教废绝，官人无慈爱之心，兆庶怀奸诈之意，所以狱讼不息，浇薄难治。朕受命上天，安养万姓，思遵圣法，以德化人，朝夕孜孜，意在于此。而伽深识朕意，诚心宣导。参等感悟，自赴宪司。明是率土之人非为难教，良是官人不加晓示，致令陷罪，无由自新。若使官尽王伽之俦，人皆李参之辈，刑厝不用，其何远哉！」于是擢伽为雍令，政有能名。

魏德深，本巨鹿人也。祖冲，仕周为刑部大夫、建州刺史，因家弘农。父毗，郁林令。德深初为文帝挽郎，（出殡时牵引灵柩唱挽歌的人。）后历冯翊书佐、武阳司户书佐，以能迁贵乡长。为政清净，不严而治。会与辽东之役，征税百端，使人往来，责成郡县。于时王纲弛紊，吏多赃贿，所在征敛，下不堪命。唯德深一县，有无相通，不竭其力，所求皆给，百姓不扰，称为大治。于时盗贼群起，武阳诸城多被沦陷，唯贵乡独全。郡丞元宝藏受诏逐捕盗贼，每战不利，则器械必尽，辄征发于人，动以军法从事，如此者数矣。其邻城营造，皆聚于厅事，吏人递相督责，昼夜喧嚣，犹不能济。德深各问其所欲任，随便修营，官府寂然，恒若无事。唯约束长吏，所修不须过胜余县，使百姓劳苦。然在下各自竭心，常为诸县之最。寻转馆陶长，贵乡吏人闻之，相与言及其事，皆歔欷流涕，语不成声。及将赴任，倾城送之，号泣之声，道路不绝。既至馆陶，阖境老幼皆如见其父母。有猾人员外郎赵君实，与郡丞元宝藏深相交结，前后令长未有不受其指麾者。自德深至县，君实屏处于室，未尝辄敢出门。逃窜之徒，归来如市。贵乡父老冒涉艰险，诣阙请留德深，有诏许之。馆陶父老复诣郡相讼，以贵乡文书为诈。郡不能决。会持节使者韦霁、杜整等至，两县诣使讼之，乃断从贵乡。贵乡吏人歌呼满道，互相称庆。馆陶众庶合境悲哭，因而居住者数百家。宝藏深害其能。会越王侗征兵于郡，宝藏遂令德深率兵千人赴东都。俄而宝藏以武阳归李密。德深所领，皆武阳人也，以本土从贼，念其亲戚，辄出都门东向恸哭而反。人或谓之曰：「李密兵马近在金墉，去此二十余里。汝必欲归，谁能相禁，何为自苦如此！」其人皆垂泣曰：「我与魏明府同来，不忍弃去，岂以道路艰难乎！」其得人心如此。后与贼战，没于阵，贵乡、馆陶人庶至今怀之。

时有栎阳令渤海高世衡、萧令彭城刘高、城皋令弘农刘炽，俱有恩惠。大业之末，长吏多赃污，衡、高及炽清节逾厉，风教大洽，狱无系囚，为吏人所称。

史臣曰：古语云，善为水者，引之使平，善化人者，抚之使静。水平则无损于堤防，人静则不犯于宪章。然则易俗移风，服教从义，不资于明察，必藉于循良者也。彦光等皆内怀直道，至诚待物，故得所居而化，所去见思。至于景茂之遏恶扬善，公义之抚视疾病，刘旷之化行所部，德深之爱结人心，虽信臣、杜诗、郑浑、朱邑，不能继也。诗云：「恺悌君子，人之父母。」岂徒言哉！恭懿所在尤异，屡简帝心，追既往之一眚，遂流亡于道路，惜乎！柳俭去官，妻子不赡，赵轨秩满，酌水饯离，清矣！

南史·循吏传

《南史》，唐朝李延寿撰，「二十四史」之一。上起宋武帝刘裕永初元年，下迄陈后主陈叔宝祯明三年。记载南朝宋、齐、梁、陈四国一百七十年史事。《南史》与《北史》为姊妹篇，是由李大师及其子李延寿两代人编撰完成的。本书选取了《南史·循吏》中吉翰、杜骥、申恬、甄法崇、王宏范、郭祖深等六人的事迹。

昔汉宣帝以为「政平讼理，其惟良二千石乎」。前史亦云，今之郡守，古之诸侯也。故长吏之职，号曰亲人。亲近百姓。至于道德齐礼，移风易俗，未有不由之矣。

宋武起自匹庶，知人事艰难，及登庸作宰，留心吏职。而王略外举，未遑内务，奉师之费，日耗千金。播兹宽简，虽所未暇，而黜己屏欲，以俭御身，左右无幸谒之私，闺房无文绮之饰。故能戎车岁驾，邦甸不扰。文帝幼而宽仁，入纂大业，及难兴陕服，六戎薄伐，兴师命将，动在济时。费由府实，事无外扰。自此方内晏安，甿庶蕃息，奉上供徭，止于岁赋，晨出暮归，自事而已。守宰之职以六期为断，虽没世不徙，未及曩时，而人有所系，吏无苟得，家给人足，即事虽难，转死沟渠，于时可免。凡百户之乡，有市之邑，歌谣舞蹈，触处成群，盖宋世之极盛也。暨元嘉二十七年，举境外捍，于是倾资扫蓄，犹有未供，深赋厚敛，天下骚动。自兹迄于孝建，兵连不息。以区区江东，蕞尔迫隘，荐之以师旅，因之以凶荒，向时之盛，自此衰矣。晋世诸帝多处内房，朝宴所临，东西二堂而已。孝武末年，清暑方构，及永初受命，无所改作，所居唯称西殿，不制嘉名，文帝因之，亦有合殿之称。及孝武承统，制度滋长，制度，规模；样式。犬马余菽粟，土木衣绨绣。追陋前规，更造正光、玉烛、紫极诸殿。雕栾绮节，珠窗网户，嬖女幸臣，赐倾府藏，竭四海不供其欲，殚人命未快其心。明皇继祚，弥笃浮侈，恩不恤下，以至横流。莅人之官，迁变岁属，突不得黔，席未暇暖，蒲、密之化，事未易阶。岂徒吏不及古，人乖于昔，盖由为上所扰，致化莫从。

齐高帝承斯奢纵，辅立幼主，思振人瘼，风移百城。为政未期，擢山阴令傅琰为益州刺史，乃损华反朴，恭己南面，导人以躬，意存勿扰。以山阴大邑，狱讼繁滋，建元三年，别置狱丞，与建康为比。永明继运，垂心政术，杖威善断，犹多漏网，长吏犯法，封刃行诛。封刃，又作「封刀」，授予使者诛杀大权。犹如俗称「尚方宝剑」，常以黄绫封裹，故称。郡县居职，以三周为小满。水旱之灾，辄加振恤。十许年中，百姓无犬吠之惊，都邑之盛，士女昌逸，昌盛逸乐。歌声舞节，袨服华妆。桃花渌水之间，渌水，清澈的水。秋月春风之下，无往非适。明帝自在布衣，达于吏事，及居宸扆，借指帝廷、君位。扆，帝王座后的屏风。专务刀笔。指法律案牍。未尝枉法申恩，守宰由斯而震。属以魏军入伐，疆埸大扰，兵车连岁，不遑启居，军国糜耗，从此衰矣。继以昏乱，政由群孽，赋调云起，傜役无度。守宰多倚附权门，互长贪虐，裒刻聚敛，裒刻，裒音póu，苛敛民财。侵扰黎甿。天下摇动，无所措其手足。

梁武在田，知人疾苦，及定乱之始，仍下宽书。东昏时杂调咸悉除省，于是四海之内始得息肩。及践皇极，躬览庶事，日昃听政，求瘼恤隐。乃命輶轩以省方俗，置肺石以达穷人。劳己所先，事唯急病。元年，始去人赀，计丁为布。在身服浣濯之衣，御府无文锦之饰。太官常膳，唯以菜蔬，圆案所陈，不过三盏，盖以俭先海内也。故每选长吏，务简廉平，皆召见于前，亲勖政道。始擢尚书殿中郎到溉为建安内史，左户侍郎刘颬爲晋安太守。溉等居官，并以廉洁着。又着令：小县有能，迁为大县令，大县有能，迁为二千石。于是山阴令丘仲孚有异绩，以为长沙内史，武康令何远清公，以为宣城太守。剖符为吏者，往往承风焉。斯亦近代奖劝之方也。

案前史各立循吏传，序其德美，今并掇采其事，以备此篇云。

吉翰字休文，冯翊池阳人也。初为龙骧将军刘道怜参军，随府转征虏左军参军，随道怜北征广固，赐爵建城县五等侯。参宋武帝中军军事、临淮太守。复为道怜骠骑中兵参军，从事中郎。为将佐十余年，清谨勤正，甚为武帝所知赏。

元嘉中，历位梁、南秦二州刺史，徙益州刺史，加督。在任着美绩，甚得方伯之体，方伯，殷周时代一方诸侯之长。后泛称地方长官。汉以来之刺史，唐之采访使、观察使，明、清时用作对布政使的尊称。论者称之。

累迁徐州刺史、监徐兖二州豫州之梁郡诸军事，时有死罪囚，典签意欲活之，因翰八关斋呈事，翰省讫，语令且去，明可更呈。明旦，典签不敢复入，呼之乃来。取昨所呈事视讫，谓曰：「卿意当欲宥此囚死命。昨于斋坐见其事，亦有心活之。但此囚罪重，不可全贷，既欲加恩，卿便当代任其罪。」因命左右收典签付狱杀之，原此囚生命。原，宽恕。其刑政类如此。自下畏服，莫敢犯禁。卒于官。

杜骥字度世，京兆杜陵人也。高祖预，晋征南将军。曾祖耽，避难河西，因仕张氏。苻坚平凉州，父祖始还关中。

兄坦颇涉史传，宋武帝平长安，随从南还。元嘉中，位青、冀二州刺史，晚度北人，南朝常以伧荒遇之，伧荒，晋南北朝时，南人讥北地荒远、北人粗鄙，故称。虽复人才可施，每爲清途所隔，坦恒以此慨然。尝与文帝言及史籍，上曰：「金日磾忠孝淳深，汉朝莫及，恨今世无复此辈人。」坦曰：「日磾之美，诚如圣诏，假使出乎今世，养马不暇，岂办见知。」上变色曰：「卿何量朝廷之薄也。」坦曰：「请以臣言之，臣本中华高族，亡曾祖因晋氏丧乱，播迁凉土，直以南度不早，便以荒伧赐隔。日磾胡人，身为牧圉，便超入内侍，齿列名贤。圣朝虽复拔才，臣恐未必能也。」上默然。

北土旧法，问疾必遣子弟。骥年十三，父使候同郡韦华。华子玄有高名，见而异之，以女妻焉。累迁长沙王义欣后军录事参军。

元嘉七年，随到彦之入河南，加建武将军。魏撤河南戍悉归河北，彦之使骥守洛阳。洛阳城废久，又无粮食，及彦之败退，骥欲弃城走，虑爲文帝诛。初，武帝平关、洛，致锺虡旧器南还。虡，音jù，古时悬钟鼓木架的两侧立柱。一大钟坠洛水中，至是帝遣将姚耸夫领千五百人迎致之。时耸夫政率所领牵钟于洛水，骥乃遣使绐音dài，欺骗。之曰：「虏既南度，洛城势弱，今修理城池，并已坚固，军粮又足，所乏者人耳。君率众见就，共守此城，大功既立，取钟无晚。」耸夫信之，率所领就骥。及至城不可守，又无粮食，于是引众去，骥亦委城南奔。白文帝：「本欲以死固守，姚耸夫入城便走，人情沮败，不可复禁。」上怒，使建威将军郑顺之杀耸夫于寿阳。耸夫，吴兴武康人，勇果有气力，宋偏裨小将莫及。

十七年，骥为青、冀二州刺史，在任八年，惠化着于齐土。自义熙至于宋末，刺史唯羊穆之及骥为吏人所称咏。后征为左军将军，兄坦代为刺史，北土以为荣焉。

坦长子琬为员外散骑侍郎，文帝尝有函诏敕坦，琬辄开视。信未及发，又追取之，敕函已发，大相推检。审问追查。上遣主书诘责骥，主书，官名。主文书之官。并检开函之主。骥答曰：「开函是臣第四息季文，息，亲生子女。伏待刑坐。」上特原不问。卒官。

第五子幼文薄于行，明帝初，以军功封邵阳县男，寻坐巧妄夺爵。后以发太尉庐江王祎谋反事，拜给事黄门侍郎。废帝元徽中为散骑常侍。幼文所莅贪横，家累千金。与沈勃、孙超之居止接近，又并与阮佃夫厚善。佃夫既死，废帝深疾之。帝微行，夜辄在幼文门墉间听其弦管，积久转不能平，于是自率宿卫兵诛幼文、勃、超之等。兄叔文为长水校尉，亦诛。

申恬字公休，魏郡魏人也。曾祖钟，为石季龙司徒。宋武帝平广固，恬父宣、宣从父兄永皆得归晋，并以干用见知。武帝践阼，拜太中大夫。宣元嘉初，历兖、青二州刺史。恬兄谟与朱修之守滑台。魏克滑台见虏。后得还，为竟陵太守。

恬初为骠骑刘道怜长兼行参军。宋受命，辟东宫殿中将军，度还台，直省十年，不请休急。历下邳、北海二郡太守，所至皆有政绩。又为北谯、梁二郡太守。郡境边接任榛，屡被寇抄。恬到任，密知贼来，乃伏兵要害，出其不意，悉皆禽殄。

元嘉十二年，迁督鲁东平济北三郡诸军事、泰山太守，威惠兼着，威惠，声威和恩泽。吏人便之。二十一年，冀州移镇历下，以恬爲冀州刺史，加督。明年，加济南太守。孝武践阼，为青州刺史，寻加督。齐地连岁兴兵，百姓雕弊，恬防御边境，劝课农桑，二三年间，遂皆优实。

性清约，频处州郡，妻子不免饥寒，世以此称之。后拜豫州刺史，以疾征还，道卒。死之日，家无遗财。

子寔，南谯太守。谟子元嗣，海陵太守。元嗣弟谦，临川内史。

永子坦，孝建初为太子右卫率，徐州刺史。大明元年，魏攻兖州，孝武遣太子左卫率薛安都、东阳太守沈法系北捍，至兖州，魏军已去。坦建议任榛亡命，屡犯边人，今军出无功，宜因此翦扑，剪灭。上从之。亡命先已闻知，举村逃走，安都、法系坐白衣领职，白衣，古代官府中的小史。坦弃市，群臣为请莫得。将行刑，始兴公沈庆之入市抱坦恸哭曰：「卿无罪，为朝廷所枉诛，我入市亦当不久。」市官以白上，乃原生命，系尚方。寻被宥，复为骁骑将军。疾卒。

子令孙，明帝时爲徐州刺史，讨薛安都。行至淮阳，即与安都合。弟阐时爲济阴太守，戍睢陵城，奉顺不同安都，安都攻围不能克。会令孙至，遣往睢陵说阐，阐降，杀之。令孙亦见杀。

甄法崇，中山人也。父匡，位少府卿，以清闻。法崇，宋永初中为江陵令，在任严整，县境肃然。于时，南平缪士通为江安令卒官，至其年末，法崇在听事，士通前见。法崇知其已亡，愕然未言。坐定，云：「卿县人宋雅见负米千余石不还，令儿穷弊不自存，故自诉。」法崇因命口受为辞，因逊谢下席。而法崇为问，宋家狼狈输送。太守王华闻而叹美之。

法崇孙彬。彬有行业，乡党称善。尝以一束苎就州长沙寺库质钱，后赎苎还，于苎束中得五两金，以手巾裹之，彬得，送还寺库。道人惊云：「近有人以此金质钱，时有事不得举而失。檀越乃能见还，檀越，梵语音译。施主。辄以金半仰酬。」往复十余，彬坚然不受，因谓曰：「五月披羊裘而负薪，此典故出自《韩诗外传》，春秋时，吴国的延陵季子到齐国游历，在路上看到一堆金子，叫一个披裘的人拿去，此人说：我暑天还穿皮衣，难道是拾金的人吗！比喻人志向高洁。岂拾遗金者邪。」卒还金。梁武帝布衣而闻之，及践阼，以西昌侯藻为益州刺史，乃以彬为府录事参军，带郫县令。将行，同列五人，帝诫以廉慎。至彬，独曰：「卿昔有还金之美，故不复以此言相属。」由此名德益彰。及在蜀，藻礼之甚厚云。

王洪范，上谷人也。宋泰始中，魏克青州，洪范得别驾清河崔祖欢女，仍以为妻。仍，乃，于是。祖欢女说洪范南归。宋桂阳王之难，随齐高帝镇新亭，常以身捍矢。高帝曰：「我自有楯，卿可自防。」答曰：「天下无洪范何有哉，苍生方乱，岂可一日无公。」帝甚赏之。

后为晋寿太守，多昧赃贿，为州所按。大惧，弃郡奔建邺。高帝辅政，引为腹心。建武初，爲青、冀二州刺史，悔为晋寿时货贿所败，货贿，用财物买通他人。更励清节。先是青州资鱼盐之货，或强借百姓麦地以种红花，多与部下交易，以祈利益。洪范至，一皆断之。启求侵魏，得黄郭、盐仓等数戍。后遇败，死伤涂地，深自咎责。乃于谢禄山南除地，广设茵席，杀三牲，招战亡者魂祭之。人人呼名，躬自沃酹，仍恸哭不自胜，因发病而亡。洪范既北人而有清正，州人呼爲「虏父使君」，虏父，古时贱视北人的称呼。言之咸落泪。

郭祖深，襄阳人也。梁武帝初起，以客从。后随蔡道恭在司州。陷北还，上书言境上事，不见用。选为长兼南梁郡丞，徙后军行参军。帝溺情内教，溺情，囿于情；沉陷于感情。朝政纵弛，祖深舆榇诣阙上封事，舆榇，载棺以随。表示决死或有罪当死。其略曰：

大梁应运，功高百王，慈悲既弘，宪律如替。替，松弛；怠惰。愚辈罔识，褫慢斯作。各竞奢侈，贪秽遂生。颇由陛下宠勋太过，驭下太宽，故廉洁者自进无途，贪苛者取入多径，直弦者沦溺沟壑，曲鉤者升进重遝。饰口利辞，竞相推荐，讷直守信，坐见埋没。劳深勋厚，禄赏未均，无功侧入，反加宠擢。昔宋人卖酒，犬恶致酸，陛下之犬，其甚矣哉。

臣闻人为国本，食为人命，故礼曰国无六年之储，谓非其国也。推此而言，农为急务。而郡县苛暴，不加劝奖，今年丰岁稔，犹人有饥色，设遇水旱，何以救之？陛下昔岁尚学，置立五馆，南朝梁修制五礼的机构。行吟坐咏，诵声溢境。比来慕法，普天信向，家家斋戒，人人忏礼，不务农桑，空谈彼岸。夫农桑者今日济育，功德者将来胜因，岂可堕本勤末，置迩效赊也。今商旅转繁，游食转众，耕夫日少，杼轴日空。陛下若广兴屯田，贱金贵粟，勤农桑者擢以阶级，惰耕织者告以明刑。如此数年，则家给人足，廉让可生。

夫君子小人，智计不同，君子志于道，小人谋于利。志于道者安国济人，志于利者损物图己。道人者害国小人也，忠良者捍国君子也。

臣见疾者诣道士则劝奏章，僧尼则令斋讲，俗师则鬼祸须解，医诊则汤熨散丸，皆先自为也。臣谓为国之本，与疗病相类，疗病当去巫鬼，寻华、扁，为国当黜佞邪，用管、晏。今之所任，腹背之毛耳。论外则有勉、舍，说内则有云、旻。云、旻所议则伤俗盛法，勉、舍之志唯愿安枕江东。主慈臣恇，畏怯，恐惧。息谋外甸，使中国士女南望怀冤，若贾谊重生，岂不恸哭。臣今直言犯颜，罪或容宥，而乖忤贵臣，则祸在不测。所以不惮鼎镬区区必闻者，正以社稷计重而蝼蚁命轻。使臣言入身灭，臣何所恨。

夫谋臣良将，何代无之，贵在见知，要在用耳。陛下皇基兆运二十余载，臣子之节，谏争是谁？执事皆同而不和，答问唯唯而已。入对则言圣旨神衷，出论则云谁敢逆耳。过实在下而谪见于上，遂使圣皇降诚，躬自引咎，宰辅晏然，曾无谦退。且百僚卿士，少有奉公，尸禄竞利，不尚廉洁。累金积镪，侍列如仙，不田不商，何故而尔？法者人之父母，惠者人之仇雠，法严则人思善，德多则物生恶，恶不可长，欲不可纵。伏愿去贪浊，进廉平，明法令，严刑罚，禁奢侈，薄赋敛，则天下幸甚。谨上封事二十九条，伏愿抑独断之明，少察愚瞽。时帝大弘释典，将以易俗，故祖深尤言其事，条以为：

都下佛寺五百余所，穷极宏丽。僧尼十余万，资产丰沃。所在郡县，不可胜言。道人又有白徒，尼则皆畜养女，皆不贯人籍，天下户口几亡其半。而僧尼多非法，养女皆服罗纨，其蠹俗伤法，抑由于此。请精加检括，若无道行，四十已下，皆使还俗附农。罢白徒养女，听畜奴婢。婢唯着青布衣，僧尼皆令蔬食。如此，则法兴俗盛，国富人殷。不然，恐方来处处成寺，家家剃落，尺土一人，非复国有。

朝廷擢用勋旧，为三陲州郡，不顾御人之道，唯以贪残为务。迫胁良善，害甚豺狼。江、湘人尤受其弊。自三关以外，是处遭毒。而此勋人投化之始，但有一身，及被任用，皆募部曲。而扬、徐之人，逼以众役，多投其募，利其货财。皆虚名上簿，止送出三津，名在远役，身归乡里。又惧本属检问，于是逃亡他境，侨户之兴，良由此故。又梁兴以来，发人征役，号为三五。晋时征人服兵役，在部分地区实行五丁抽三制，后因称发人征役为「三五」。及投募将客，主将无恩，存恤失理，多有物故，辄刺叛亡。或有身殒战场，而名在叛目，监符下讨，称爲逋叛，录质家丁。合家又叛，则取同籍，同籍又叛，则取比伍，比伍又叛，则望村而取。一人有犯，则合村皆空。虽肆眚时降，肆眚，宽赦罪人。荡涤惟始，而监符犹下旧日，限以严程。上不任信下，转相督促。台使到州，州又遣押使至郡，州郡竞急切，同趣下城。令宰多庸才，望风畏伏。于是敛户课，荐其筐篚，指财产。使人纳重货，许立空文。其百里微欲矫俗，则严科立至，自是所在恣意贪利，以事上官。又「请断界首将生口入北，及关津废替，须加纠擿」；又言「庐陵年少，不宜镇襄阳」；左仆射王暕在丧，被起为吴郡，曾无辞让」。其言深刻。又「请复郊四星」。帝虽不能悉用，然嘉其正直，擢为豫章钟陵令，员外散骑常侍。

普通七年，改南州津为南津校尉，以祖深为之。加云骑将军，秩二千石。使募部曲二千。及至南州，公严清刻。由来王侯势家出入津，不忌宪纲，侠藏亡命。侠藏，仗义窝藏。祖深搜检奸恶，不避强御，动致刑辟。奏江州刺史邵陵王、太子詹事周舍赃罪。远近侧足，莫敢纵恣。淮南太守畏之如上府。

常服故布襦，素木案，食不过一肉。有姥饷一早青瓜，祖深报以疋帛。后有富人效之以货，鞭而徇众。朝野惮之，绝于干请。所领皆精兵，令行禁止。有所讨逐，越境追禽。江中尝有贼，祖深自率讨之，列阵未敢进，仍令所亲人先登，不时进，斩之。遂大破贼，威振远近，长江肃清。

论曰：善政之于人，犹良工之于埴也，埴，粘土。用功寡而成器多焉。

汉世户口殷盛，刑务简阔，郡县之职，外无横扰，劝赏威刑，事多专断，尺一诏书，希经邦邑。吏居官者或长子孙，皆敷德政以尽人和，兴义让以存简久。故龚、黄之化，易以有成。降及晚代，情伪繁起，人减昔时，务殷前世。立绩垂风，难易百倍。若以上古之化，御此世之人，今吏之良，抚前代之俗，则武城弦歌，将有未暇，淮阳卧镇，如或可勉。未必今才陋古，盖化有醇薄者也。

北史·循吏传

《北史》唐朝李延寿撰，「二十四史」之一。是汇合并删节记载北朝历史的《魏书》《北齐书》《周书》而编成的纪传体史书。记述从北魏登国元年到隋义宁二年的历史。《南史》是宋、齐、梁、陈四个皇朝的历史，《北史》是北魏、东魏、西魏、北齐、北周、隋六个皇朝的历史，它们分别把南朝和北朝（包括隋朝）看作一个大的历史阶段，故可视为一定意义上的通史。本书选取了《北史·循吏》中张膺、明亮、杜纂、窦瑗、孟业、苏琼等人的事迹。

先王疆理天下，司牧黎元，刑法以禁其奸，礼教以防其欲，虽为政以德，理实殊涂，百虑一致，在斯而已。书云「知人则哲」，又云「无旷庶官」，言非其人为空官也。睿哲之后，必致清明之臣；昏乱之朝，多有贪残之吏。嗜欲所召，影响从之。故五帝三王，不易人而化，皆在所由化之而已。盖有无能之吏，无不可御之人焉。自罢侯置守，历年永久，统以方牧，仍世相循，所以宽猛为用，庇人调俗。但廉平常迹，声有难高；适时应务，招响必速。是故搏击为侯，起不旋踵；懦弱贻咎，录用无时。此则已然于前世矣！后之为吏，与世沈浮，叔季浇漓，奸巧多绪，居官莅职，道各不同，故往籍述其贤能，以彰惩劝之道。

案魏立良吏传有张恂、鹿生、张膺、宋世景、路邕、阎庆胤、明亮、杜纂、裴佗、窦瑗、羊敦、苏淑。齐立循吏传有张华原、宋世良、郎基、孟业、崔伯谦、苏琼、房豹、路去病。周书不立此篇。隋循吏传有梁彦光、樊叔略、赵轨、房恭懿、公孙景茂、辛公义、柳俭、刘旷、王伽、魏德深。其张恂、鹿生、宋世景、裴佗、羊敦、宋世良、郎基、崔伯谦、房豹、赵轨、房恭懿，各附其家传，其余皆依时代编辑，以备循吏篇云。

张膺，不知何许人也。延兴中，为鲁郡太守。履行贞素，妻女樵采自供。孝文深嘉之。迁京兆太守，清白著称，得吏人之忻心焉。忻，心喜。

明亮，字文德，平原高昌人也。有识干，历员外常侍。延昌中，宣武临朝堂，亲自黜陟，授亮勇武将军。亮进曰：「臣本官常侍，是第三清；今授臣勇武，其号至浊。且文武又殊，请更改授。」帝曰：「九流之内，人咸君子，卿独欲乖众，妄相清浊，所请未可。」亮曰：「今江左未宾，书轨宜一，方为陛下投命前驱，拓定吴会。官爵，陛下之所轻；贱命，微臣之所重。陛下方收所重，何惜所轻？」因请改授平远将军。帝曰：「运筹用武，然后远人始平。卿但用武平之，何患不得平远乎？」亮乃陈谢而退。除阳平太守。清白爱人，甚有惠政。转汲郡太守，为政如前，誉宣远近。卒，二郡人吏迄今追思之。

杜纂，字荣孙，常山九门人也。少以清苦自立。时县令齐罗丧亡，无亲属收殓，纂以私财殡葬，由是郡县标其门闾。后居父丧尽礼。郡举孝廉，稍除积弩将军，从征新野。及南阳平，以功赐爵井陉男。赏帛五百匹，数日之中，散之知友，时人称之。历武都、汉阳二郡太守，并以清白为名。明帝初，拜清河内史。性俭约，尤爱贫老，问人疾苦，至有对之泣涕。劝督农桑，亲自检视，勤者赏以物帛，惰者加以罪谴。犯罪而受谴；罪责。吊死问生，甚有恩纪。除东益州刺史，无御边威略，群氐反叛，以失人和征还。迁太中大夫。正光末，清河人房通等三百人颂纂德政，乞重临郡，诏许之。孝昌中，为葛荣围逼。以郡降，荣以为常山太守。荣灭，卒于家。

纂所历任，好行小惠，蔬食弊衣，多涉诬矫。虚伪做作；虚假不实。而轻财洁己，终无受纳，为百姓所思，号为良守。天平中，赠定州刺史。

窦瑗，字世珍，辽西阳洛人也。自言本出扶风平陵，汉大将军武曾孙崇为辽西太守，遂家焉。曾祖堪，慕容氏渔阳太守。祖表，冯弘城周太守，冯弘，十六国时期北燕国君主。入魏。父冏，举秀才，早卒。普泰初，瑗启以身阶级为父请赠，诏赠平州刺史。瑗年十七，便荷帙从师，游学十载，始为御史。后兼太常博士，拜太原王尔朱荣官，荣留为北道大行台左丞。以拜荣官，赏新昌男。从荣东平葛荣，封容城县伯。瑗乞以容城伯让兄叔珍，诏听以新昌男转授之。叔珍由是位至太山太守。尔朱世隆等立长广王晔为主，南赴洛阳。至东郭外，世隆等遣瑗奏废之，瑗执鞭独入禁内，奏愿行尧、舜事，晔遂禅广陵。由是除给事黄门侍郎。

孝武帝时，为廷尉卿。及释奠开讲，瑗与温子升、魏季景、李业兴并为擿句。天平中，除广宗太守，政有清白之称。广宗人情凶戾，累政咸见告讼。唯瑗一人，终始全洁。转中山太守，声誉甚美，为吏人所怀。及齐神武班书州郡，称瑗政绩，以为劝励。后授平州刺史，在州政如临郡。又为神武丞相府右长史。瑗无军府断割才，（断割，裁决。）不甚称职。又行晋州事。及还邺，上表曰：「臣伏读麟趾新制至三公曹第六十六条：『母杀其父，子不得告，告者死。』三返覆之，未得其门。何者？案律：『子孙告父母、祖父母者，死。』又汉宣云：『子匿父，孙匿大父母，皆勿论。』盖谓父母、祖父母小者攘羊，甚者杀害之类，恩须相隐，律抑不言，法理如是，足见其直，未必指母杀父，止子不言也。今母杀父而子不告，便是知母而不知父，识比野人，义近禽兽。且母之于父，作合移天，（出嫁。古代封建礼法以为女子在家尊父为天，出嫁则尊夫为天。）既杀己之天，复杀子之天，二天顿毁，岂容顿默？此母之罪，义在不赦；下手之日，母恩即离。仍以母道不告，鄙臣所以致惑。如或有之，可临时议罪，何用豫制斯条，用为训诫？恐千载之下，谈者喧哗，以明明大朝，有尊母卑父之论。以臣管见，实所不取。」诏付尚书。三公郎封君义立判云：「母杀其父，子复告母，母由告死，便是子杀。天下未有无母之国，不知此子，将欲何之？既于法无违，于事非害，宣布有司，谓不宜改。」瑗复难云：「局判云『母由告死，便是子杀。天下未有无母之国，不知此子，将欲何之。』瑗案典律，未闻母杀其父而子有隐母之义。既不告母，便是与杀父同。天下可有无父之国，此子独得有所之乎？」事虽停寝。除大宗正卿。宗室及其寒士，相与轻之，瑗案法推正，甚见仇疾。官虽通显，贫窘如初，清尚之操，为时所重。领本州大中正，兼廷尉卿，卒官。赠太仆卿、济州刺史，谥曰明。

孟业，字敬业，钜鹿安国人也。家本寒微，少为州吏，性廉谨。同僚诸人，侵盗官绢，分三十匹与业，拒而不受。行台郎中郭秀相礼接，方欲荐之，会秀卒。

魏彭城王韶，齐神武之婿也，拜定州刺史，除业为典签。长史刘仁之谓业曰：「我处其外，君居其内，同心戮力，庶有济乎？」未几，仁之入为中书令，临路启韶云：「殿下左右可信任者，唯有孟业，愿专任之，余人不可信也。」又与业别，执手曰：「令我出都，君便失援，恐君在后，不自保全，唯正与直，愿君自勉。」业唯有一马，瘦死。韶以业贫，令州府官人，同食马肉，欲令厚相酬偿。业固辞不敢。韶乃戏业曰：

「卿邀名人也。」对曰：「业为典签，州中要职，诸人欲相贿赠，止患无方便耳。今唤食肉，恐致聚敛，有损声名，所以仰违明教。」后未旬日，韶左右王四德、董惟金并以马死托肉，为长史裴英起密启。神武有书与韶，大致诮让。责问。业寻被谮，出外行县事。后神武书责韶云：「典签姓孟者，极能用心，何乃令出外也！」及韶代下，业亦随还，赠送一无所受。仁之后为西兖州，临别谓吏部郎中崔暹曰：「贵州人士，唯有孟业，铨举之次，不可忘也。」暹问业曰：「君往在定州，有何政，使刘西兖如此钦叹？」业答曰：「唯知自修也。」韶为并州刺史，业复为典签，仍兼长史。

齐天保初，清河王岳拜司州牧，召为法曹。业形貌短小，及谒见，岳心鄙其眇小，笑而不言。后寻业断决处，谓曰：「卿断决之明，可谓有过躯貌之用。」补河间王国郎中令。清贫自守，未曾有失。文宣谓侍中裴英起曰：「卿识河间王郎中孟业不？一昨见其国司文案，似是好人。」对曰：「昔与臣同事魏彭城王元韶。其人清忠正直，世所希有。」帝曰：「如公言者，比来便是大屈。」除中书舍人。文宣初唯得姓名，及因奏事，见其羸老，又质性敦朴，无升降之容，加之平缓，寡于方便。有一道士由吾道荣以术艺被迎，将入内，业为通名。忽于众中抗声奏云：「由吾道士不食五谷。」帝命推而下之。又令点检百官，敷奏失所，帝遣人以马鞭击业头，至于流血。然亦体其衰老，非力所堪。

皇建二年，累迁东郡太守，以宽惠著名。其年夏，五官张凝因出使，得麦一茎五穗，其余或三穗四穗共一茎者，合郡咸以政化所感，因即申上。至秋，复有东燕县人班映祖，送嘉禾一茎九穗。河清三年，敕人间养驴，催买甚切。业曰：「吾既为人父母，岂可坐看此急。令宜权出库钱，贷人取办，后日有罪，吾自当之。」后为宪司所劾。被摄之日，郡人皆泣而随之，迭相吊慰。送业度关者，有数百人，至黎阳郡西，方得辞决。攀援号哭，悲动行路。诣阙诉冤者非一人，敕乃放还。郡中父老，扣河迎接。

武成亲戎，自洛还邺，道由东郡。业具牛酒，率人吏拜谒路旁，自称：「粪土臣孟业，伏惟圣驾亲行，有征无战，谨上微礼。」便与人吏俱唱万岁，导引前入，帝大嘉之。后除广平太守，年既老，理政不如在东郡时。武平九年，为太中大夫，加卫将军，寻卒。

业志守质素，不尚浮华。为子结婚，为朝肺腑吒罗氏。其子以荫得为平原王段孝先相府行参军，乃令作今世服饰绮襦纨袴。吒罗家又恃姻娅，有婚姻关系的亲戚。炫曜矜夸。业知而不禁，素望颇贬。

苏琼，字珍之，长乐武强人也。父备，仕魏，至卫尉少卿。琼幼时随父在边，尝谒东荆州刺史曹芝，芝戏问曰：「卿欲官不？」对曰：「设官求人，非人求官。」芝异其对，署为府长流参军。齐文襄以仪同开府，引为刑狱参军，每加勉劳。并州尝有强盗，长流参军张龙推其事，所疑贼徒，并已拷伏，失物家并识认，唯不获盗赃。文襄付琼，更令穷审，乃别推得元景融等十余人，并获赃验。文襄大笑，语前妄引贼者曰：「尔辈若不遇我好参军，几致枉死。」除南清河太守。郡多盗贼，及琼至，奸盗止息。或外境奸非，辄从界中行过者，无不捉送。零陵县人魏双成，住处与畿内武城交错，失牛，疑其村人魏子宾，列送至郡。一经穷问，知宾非盗，而便放之。双成云：「府君放贼去，百姓牛何处可得？」琼不理其语，密遣访获盗者。从此畜牧不收，云：「但存府君。」其邻郡富家，将财物寄置界内以避盗。冀州绛幕县人成氏大富，为贼攻急，告曰：「我物已寄苏公矣。」贼遂去。平原郡有妖贼刘黑苟，构结徒侣，通于沧海。琼所部人，连接村居，无相染累。邻邑于此伏其德绩。郡中旧贼一百余人，悉充左右，人间善恶及长吏饮人一杯酒，无不即知。

琼性清慎，不发私书。道人道研为济州沙门统，资产巨富，在郡多出息，常得郡县为征。及欲求谒，度知其意，每见则谈问玄理。研虽为债数来，无由启口。其弟子问其故，研曰：「每见府君，径将我入青云间，何由得论地上事。」师徒还归，遂焚责券。郡人赵颍，官至乐陵太守，年余八十，致事归。五月中，得新瓜一双，自来奉。颍恃年老，苦请，遂便为留。乃致于事梁上，竟不割。人闻受赵颍饷瓜，欲贡新果，至门，问知颍瓜犹在，相顾而去。有百姓乙普明，兄弟争田，积年不断，各相援据，乃至百人。琼召普明兄弟，对众人谕之曰：「天下难得者兄弟，易求者田地。假令得地失兄弟心，如何？」因而下泪，诸证人莫不洒泣。普明兄弟叩头，乞外更思，分异十年，遂还同住。

每年春，总集大儒卫觊隆、田元凤等讲于郡学，朝吏文案之暇，悉令受书。时人指吏曹为学生屋。禁断淫祠，婚姻丧葬，皆教令俭而衷礼。又蚕月预下绵绢度样于部内，其兵赋次第，并立明式。至于调役，事必先办，郡县吏长，恒无十杖稽失。当时州郡，无不遣人至境，访其政术。

天保中，郡界大水，人灾，绝食者千余家。琼普集郡中有粟家，自从贷粟，悉以给付饥者。州计户徵租，复欲推其贷粟，纲纪谓琼曰：「虽矜饥馁，恐罪累府君。」琼曰：「一身获罪且活千室，何所怨乎？」遂上表陈状，使检皆免，人户保安。此等相抚兒子，咸言「府君生汝」。在郡六年，人庶怀之，遂无一人经州。前后四表，列为尤最。遭忧解职，故人赠遗，一无所受。寻起为司直、廷尉正，朝士嗟其屈，尚书辛术曰：「既直且正，名以定体，不虑不申。」初，琼任清河太守，裴献伯为济州刺史。献伯酷于用法，琼恩于养人。房延祐为乐陵郡，过济州。裴问其外声，延祐云：「唯闻太守善，刺史恶。」裴云：「得人誉者非至公。」答云：「若尔，黄霸、袭遂，君之罪人也。」后有敕，州各举清能。裴以前言，恐为琼陷，琼申其枉滞，议者尚其公平。毕仪云为御史中丞，以猛暴任职，理官忌惮，莫敢有违。琼推察务在得情，雪者甚众。寺署台案，始自于琼。迁三公郎中。赵州及清河、南中有人频告谋反，前后皆付琼推检，事多申雪。尚书崔昂谓琼曰：「若欲立功名，当更思余理。仍数雪反逆，身命何轻？」琼正色曰：「所雪者冤枉，不放反逆。」昂大惭。京师为之语曰：「断决无疑苏珍之。」

皇建中，赐爵安定县男、徐州行台左丞，行徐州事。徐州城中五级寺忽被盗铜像一百躯。有司征检，四邻防宿及踪迹所疑，逮系数十人。琼一时放遣，寺僧怨诉不为推贼。琼遣僧，谢曰「但且还寺，得像自送。」尔后十日，抄贼姓名及赃处所，径收掩，悉获实验。贼徒款引，道俗叹伏。旧制，以淮禁不听商贩辄度。淮南岁俭，启听淮北取籴。后淮北人饥，复请通籴淮南，遂得商估往还，彼此兼济，水陆之利，通于河北。

后为大理卿而齐亡，仕周，为博陵太守。隋开皇初卒。

论曰：为政之道，宽猛相济，犹寒暑迭代，俱成岁功者也。然存夫简久，必藉宽平，大则致鼓腹之欢，小则有息肩之惠。故诗曰：「虽无德与汝，式歌且舞。」张膺等皆有宽仁之心，至诚待物，化行所属，爱结人心，故得所去见思，所居而化。诗所谓「恺悌君子，人之父母」，岂徒然哉！

旧唐书·循吏传

《旧唐书》，后晋刘昫等编。它原名《唐书》，宋代欧阳修、宋祁等编写的《新唐书》问世后，才改称《旧唐书》。唐朝是中国历史上统一时间长，国力强盛的朝代之一。唐统治者主张以治吏为重点，通过治吏最终达到治民。与此同时，为进一步加强中央集权，从法律制度上保证国家的长治久安，统治者从法律角度提出了「以法治吏」的吏治思想。唐朝通过整顿吏治，既提高了封建国家的统治效能，又对保障社会经济的繁荣发展起了重要作用。唐太宗李世民登基后开创了「贞观之治」。唐代吏治立法上的一个鲜明特点是，国家的主要法律种类都一致地重视吏治立法，国家的吏治成为整个法制体系的重要组成部分，国家所有的法律形式协同配合起来，确立起吏治立法的整体机制。唐代地方吏治的弊端是官多，阶位密，唐代官员有流内、视流内、流外之别，又有职事官与散官、勋官之别，又有正官、试官、员外官之别。机构重叠，冗员众多，影响了行政效率。唐代的地方吏治与西汉相比，略显逊色。本书选取了《旧唐书·良吏》中记载的李君球等人的事迹。

汉宣帝曰：「使政平讼息，民无愁叹，与我共理，其惟良二千石乎！」故汉代命官，重外轻内，郎官出宰百里，郡守入作三公。世祖中兴，尤深吏术，慎选名儒为辅相，不以吏事责功臣；政优则增秩赐金，绩负则论输左校。选任之道，皇汉其优。

隋政不纲，彝伦斯紊。天子事巡游而务征伐，具僚逞侧媚而窃恩权。具僚，官员；百官。是时朝廷无正人，方岳无廉吏。跨州连郡，莫非豺虎之流；佩紫怀黄，腰间佩挂紫色印绶，怀里揣着黄金官印。悉奋爪牙之毒。以至土崩不救，旋踵而亡。

武德之初，余风未殄。太宗皇帝削平乱迹，湔洗污风，唯思稼穑之艰，不以珠玑为宝。以是人知耻格，俗尚贞修，太平之基，率由兹道。洎天后、玄宗之代，贞元、长庆之间，或以卿士大夫涖方州，或以御史、郎官宰畿甸，行古道也，所病不能。

自武德已还，历年三百，其间岳牧，不乏循良。今录其政术有闻，为之立传，所冀表吏师而儆不恪也。

李君球，齐州平陵人也。父义满，属隋乱，纠合宗党，保固村闾，外盗不敢侵逼，以功累授齐郡通守。武德初，远申诚款，诏以其宅为谭州，仍拜为总管，封平陵郡公。

君球少任侠，颇涉书籍。贞观中，齐州都督齐王据州城举兵作乱，君球与兄子行均守县城。事平，太宗闻而嘉之，擢授游击将军，仍改其本县为全节县。君球累补左骁卫、义全府折冲都尉。

龙朔三年，高宗将伐高丽，君球上疏谏曰：

臣闻心之病者，不能缓声；柔缓的乐声或歌声。事之急者，不能安言；言谈从容不迫。性之慈者，不能隐情。且食君之禄者，死君之事。今臣食陛下之禄矣，其敢爱身乎？臣闻司马法曰：「国虽大，好战必亡；天下虽安，忘战必危。」兵者，凶器，战者，危事，故圣主明王重行之也。爱人力之尽，恐府库之殚，惧社稷之危，生中国之患。故古人云：「务广德者昌，务广地者亡。」昔秦始皇好战不已，至于失国，是不爱其内而务其外故也。汉武远讨朔方，殆乎万里，广拓南海，分为八郡；终于户口减半，国用空虚。至于末年，方垂哀痛之诏，自悔其失。

彼高丽者，辟侧小丑，潜藏山海之间，得其人不足以彰圣化；弃其地不足以损天威。何至乎疲中国之人，倾府库之实，使男子不得耕耘，女子不得蚕织！陛下为人父母，不垂恻隐之心，倾其有限之赀，贪于无用之地。设令高丽既灭，即不得不发兵镇守，少发则兵威不足，多发则人心不安，是乃疲于转戍，万姓无聊生也。万姓无聊，即天下败矣！天下既败，陛下何以自安？故臣以为征之不如不征，灭之不如不灭。

书奏不纳。

寻迁蔚州刺史。未行，改为兴州刺史。累迁扬州大都督府长史。政尚严肃，人吏惮之，盗贼屏迹，高宗频降书劳勉。时有吐谷浑犯塞，以君球素有威重，转为灵州都督。寻卒官。

崔知温，许州鄢陵人。祖枢，司农卿。父义真，陕州刺史。知温初为左千牛。「左右千牛卫」是大唐南衙「十六卫」之二，不领府兵，专责「掌执御刀宿卫侍从」，是皇帝内围贴身卫兵。麟德中，累转灵州都督府司马。州界有浑、斛薛部落万余帐，数侵掠居人，百姓咸废农业，习骑射以备之。知温表请徙于河北，斛薛不愿迁移。时将军契苾何力为之言于高宗，遂寝其奏。寝，搁置。知温前后十五上诏，竟从之，于是百姓始就耕获。后斛薛入朝，因过州谢曰：「前蒙奏徙河北，实有怨心。然牧地膏腴，水草不乏，部落日富，始荷公恩。」拜伏而去。

知温四迁兰州刺史。会有党项三万余众来寇州城，城内胜兵既少，众大惧，不知所为。知温使开城门延贼，贼恐有伏，不敢进。俄而将军权善才率兵来救，大破党项之众。善才因其降，欲尽坑之，以绝后患，知温曰：「弗逆克奔，古人之善战。诛无噍类，（指活着的人。）祸及后昆。又溪谷峥嵘，草木幽蔚，万一变生，悔之何及！」善才然其计。又欲分降口五百人以与知温。知温曰：「向论安危之策，乃公事也，岂图私利哉！」固辞不受。党项余众由是悉来降附。

知温累迁尚书左丞，转黄门侍郎、同中书门下三品，兼修国史。永隆二年七月，迁中书令。永淳三年三月卒，年五十七，赠荆州大都督。子泰之，开元中官至工部尚书。

少子谔之。谔之，神龙初为将作少匠，预诛张易之有功，封博陵县侯，赐实封二百户。开元初，累迁少府监。

知温兄知悌。知悌，高宗时官至户部尚书。

高智周，常州晋陵人。少好学，举进士。累补费县令，与丞、尉均分俸钱，政化大行，人吏刊石以颂之。寻授秘书郎、弘文馆直学士，预撰瑶山玉彩、文馆辞林等。三迁兰台大夫。时孝敬在东宫，智周与司文郎中贺凯、司经大夫王真儒等，俱以儒学诏授为侍读。总章元年，请假归葬其父母，因谓所亲曰：「知进而不知退，取患之道也。」乃称疾去职。

俄起授寿州刺史，政存宽惠，百姓安之。每行部，必先召学官。见诸生，试其讲诵，访以经义及时政得失，然后问及垦田狱讼之事。咸亨二年，召拜正谏大夫，兼检校礼部侍郎。寻迁黄门侍郎、同中书门下三品，兼修国史。俄转御史大夫，累表固辞烦剧之任，高宗嘉其意，拜右散骑常侍。又请致仕，许之。永淳二年十月，卒于家，年八十二，赠越州都督府。

智周少与乡人蒋子慎善，同诣善相者，曰：「明公位极人臣，而胤嗣微弱；蒋侯官禄至薄，而子孙转盛。」子慎后累年为建安尉卒，其子绘来谒智周。智周已贵矣，曰：「吾与子父有故，子复有才。」因以女妻之。永淳中，为缑氏尉、郑州司兵卒。

绘子捷，举进士。开元中，历台省，仕至湖、延二州刺史。子贵，赠扬州大都督。

捷子冽、涣，并进士及第。冽，历礼、吏、户部三侍郎，尚书左丞；

涣，天宝末给事中，永泰初右散骑常侍。高氏殄灭已久，殄灭，灭绝。果符相者之言。初，洌兄弟在父艰，庐于墓侧，植松柏千余株，又同时荣贵，人推其友爱。

洌子链，涣子铢，亦进士举。

韦机，雍州万年人。祖元礼，隋浙州刺史。父恪，洛州别驾。机，贞观中为左千牛胄曹，充使往西突厥，册立同俄设为可汗。会石国反叛，石国位于中亚，现在的乌兹别克斯坦共和国首都塔什干市，唐代此地有九个君主均氏昭武，称昭武九姓，石国为其中之一。路绝，三年不得归。机裂裳录所经诸国风俗物产，裂裳，撕裂衣裳。名为西征记。及还，太宗问蕃中事，机因奏所撰书。太宗大悦，擢拜朝散大夫，累迁至殿中监。

显庆中为檀州刺史。边州素无学校，机敦劝生徒，创立孔子庙，图七十二子及自古贤达，皆为之赞述。会契苾何力东讨高丽，军众至檀州，而滦河泛涨，师不能进，供其资粮，数日不乏。何力全师还，以其事闻。高宗以为能，超拜司农少卿，兼知东都营田，甚见委遇。信任；礼遇。有宦者于苑中犯法，机杖而后奏。高宗嗟赏，赐绢数十疋，谓曰：「更有犯者，卿即鞭之，不烦奏也。」

上元中，迁司农卿，检校园苑。造上阳宫，并移中桥从立德坊曲徙于长夏门街，时人称其省功便事。有道士朱钦遂为天后所使，驰传至都，所为横恣。机因之，因密奏曰：「道士假称中宫驱使，依倚形势，臣恐亏损皇明，为祸患之渐。」高宗特发中使慰谕机，而钦遂配流边州，天后由是不悦。

仪凤中，机坐家人犯盗，为宪司所劾，免官。永淳中，高宗幸东都，至芳桂宫驿，召机，令白衣检校园苑。（白衣，旧指受处分官员的身分。）将复本官，为天后所挤而止，俄令检校司农少卿事，会卒。

子余庆。余庆官至右骁卫兵曹，早卒。余庆子岳。

岳亦以吏干著名，则天时，累转汝州司马。会则天幸长安，召拜尚舍奉御，从驾还京，因召见。则天谓曰：「卿是韦机之孙，勤干固有家风也。卿之家事，朕悉知之。」因问家人名，赏慰良久。寻拜太原尹。岳素不习武，固辞边任。由是忤旨，左迁宋州长史，历海、虢二州刺史，所在皆著威名。睿宗时，入为殿中少监，甚承恩顾。及窦怀贞、李晋等伏诛，以岳尝与交往，为姜皎所陷，左迁渠州别驾，稍迁陕州刺史。开元中，卒于颍州别驾。岳子景骏。

权怀恩，雍州万年人，周荆州刺史、千金郡公景宣玄孙也。其先自天水徙家焉。祖弘寿，大业末为临汾郡司仓书佐。高祖镇晋阳，引判留守事。以从义师之功，累转秦王府长史，太宗遇之甚厚。又从平王世充，拜太仆卿。累封卢国公卒，谥曰恭。父知让，袭爵，官至博州刺史。

怀恩初以荫授太子洗马。「洗马」即在马前驰驱之意，为太子的侍从官。咸亨初，累转尚乘奉御，袭爵卢国公。时有奉乘安毕罗善于调马，甚为高宗所宠。怀恩奏事，遇毕罗在帝左右戏无礼，怀恩退而杖之四十。高宗知而嗟赏之，谓侍臣曰：「怀恩乃能不避强御，真良吏也。」即日拜万年令。为政清肃，令行禁止，前后京县令无及之者。后历庆、莱、卫、邢四州刺史，洛州长史。

怀恩姿状雄毅，勇武刚毅。束带之后，妻子不敢仰视。所历皆以威名御下，人吏重足而立。俄出为宋州刺史。时汴州刺史杨德干亦以严肃与怀恩齐名。至是怀恩路由汴州，德干送之出郊，怀恩见新桥中途立木以禁车过者，谓德干曰：「一言处分岂不得，何用此为？」德干大惭，时议以为不如怀恩也。转益州大都督府长史，寻卒。

侄楚璧，官至左领军卫兵曹参军。开元十年，驾在东都，楚璧乃与故兵部尚书李迥秀男齐损、从祖弟金吾淑、陈仓尉、卢玢及京城左屯营押官长上折冲周履济、杨楚剑、元令琪等举兵反。立楚璧兄子梁山，年十五，诈称襄王男，号为光帝。拥左屯营兵百余人，梯上景风门，逾城而入，踞长乐恭礼门。入宫城，求留守、刑部尚书王志愔，不获。属天晓，屯营兵自相翻覆，尽杀梁山等。传首东都，楚璧并坐籍没。登记所有的财产，加以没收。

怀恩叔祖万纪。万纪性强正，好直言。贞观中，为治书侍御史，以公事奏劾魏征、温彦博等，太宗以为不避豪贵，甚礼之。迁尚书左丞，封冀氏男，再转齐王祐府长史。祐既失德，数匡正之，竟为祐所杀，语在祐传。祐既死，赠万纪齐州都督、武都公，谥曰敬。

子玄福，高宗时为兵部侍郎。

冯元常，相州安阳人，自长乐徙家焉，北齐右仆射子琮曾孙也。举明经。高宗时，累迁监察御史，为剑南道巡察使，兴利除害，蜀土赖焉。永淳中，为尚书左丞。元常清鉴有理识，甚为高宗之所赏。尝密奏「中宫权重，宜稍抑损」，高宗虽不能用，深以其言为然。则天闻而甚恶之。及临朝，四方承旨，多献符瑞。嵩阳令樊文进瑞石，则天命于朝堂示百官。元常奏言：「状涉谄伪，不可诬罔士庶。」则天不悦，出为陇州刺史。

俄而天下岳牧集乾陵会葬，则天不欲元常赴陵所，中途改授眉州刺史。剑南先时光火贼夜掠居人，（光火贼，明火执仗的强盗。）昼潜山谷。元常至，喻以恩信，许其首露，仍切加捕逐，贼徒舍器杖，面缚自陈者相继。又转广州都督，便道之任，不许诣都。

寻属安南首领李嗣仙杀都护刘延祐，剽陷州县，敕元常讨之。率士卒济南海，先驰檄示以威恩，喻以祸福。嗣仙徒党多相率归降，因纵兵诛其魁首，安慰居人而旋。虽屡有政绩，则天竟不赏之。寻为酷吏周兴所陷，追赴都，下狱死。

元常闺门雍肃，（和睦庄重。）雅有礼度，虽小功之丧，未尝寝于私室，甚为士类所称。

从父弟元淑，则天时为清漳令，政有殊绩，百姓号为神明。又历浚仪、始平二县令，皆单骑赴职，未尝以妻子之官。所乘马，午后则不与刍，云令其作斋。身及奴仆，每日一食而已。俸禄之余，皆供公用，并给与贫士。人或讥其邀名，元淑曰：「此吾本性，不为苦也。」中宗时，降玺书劳勉，仍令史官编其事迹。卒于祠部郎中。

蒋俨，常州义兴人。贞观中，为右屯卫兵曹参军。太宗将征辽东，募使高丽者，众皆畏惮。俨谓人曰：「主上雄略，华夷畏威，高丽小蕃，岂敢图其使者。纵其凌虐，亦是吾死所也。」遂出请行。及至高丽，莫离支置于窟室中，胁以兵刃，终不屈挠。会高丽败，得归。太宗奇之，拜朝散大夫。再迁幽州司马。以善政为巡察使刘祥道所荐，擢为会州刺史。再迁殿中少监，数陈意见，高宗每优纳之。再转蒲州刺史。蒲州户口殷剧，前后刺史，多不称职。俨下车未几，令行禁止，称为良牧。

永淳元年，拜太仆卿；以父名卿，固辞，乃除太子右卫副率。时征隐士田游岩为太子洗马，在宫竟无匡辅。匡正辅助。俨乃贻书以责之曰：「足下负巢、由之峻节，傲唐、虞之圣主。养烟霞之逸气，守林壑之遁情，有年载矣！故能声出区宇，名流海内。主上屈万乘之重，申三顾之荣，遇子以商山之客，待子以不臣之礼。将以辅导储贰，渐染芝兰耳。皇太子春秋鼎盛，圣道未周，拾遗补阙，臣子恒务。仆以不才，犹参廷谍，诚以素非德望，位班卒伍，言以人废，不蒙采掇。足下受调护之寄，是可言之秋；唯唯而无一谈，悠悠以卒年岁。向使不飡周粟，仆何敢言！禄及亲矣，将何酬塞？想为不达，谨书起予。」游岩竟不能答。

俨寻检校太常卿。文明中，封义兴县子，历右卫大将军、太子詹事，以年老致仕。垂拱三年卒于家，年七十八。文集五卷。

王方翼，并州祁人也，高宗王庶人高宗废后王氏从祖兄也。祖裕，武德初隋州刺史。裕妻即高祖妹同安大长公主也。太宗时，以公主属尊年老，特加敬异，数幸其第，赏赐累万。方翼父仁表，贞观中为岐州刺史。仁表卒，妻李氏为主所斥，居于凤泉别业。时方翼尚幼，乃与佣保齐力勤作，苦心计。功不虚弃，数年辟田数十顷，修饰馆宇，列植竹木，遂为富室。公主卒后，归长安。友人赵持满犯罪被诛，暴尸于城西，亲戚莫敢收视。方翼叹曰：「栾布之哭彭越，大义也；周文之掩朽骼，至仁也。绝友之义，蔽主之仁，何以事君？」乃收其尸，具礼葬之。高宗闻而嘉叹，由是知名。

永徽中累授安定令。诛大姓皇甫氏，盗贼止息，号为善政。五迁肃州刺史。时州城荒毁，又无壕堑，数为寇贼所乘。方翼发卒浚筑，引多乐水环城为壕。又出私财造水碾硙，利用水力启动的石磨。税其利以养饥馁，宅侧起舍十余行以居之。属蝗俭，收成不好。诸州贫人死于道路，而肃州全活者甚众，州人为立碑颂美。

会吏部侍郎裴行俭西讨遮匐，西突厥十姓可汗阿史那都支的别帅。奏方翼为副，兼检校安西都护。又筑碎叶镇城，立四面十二门，皆屈曲作隐伏出没之状，五旬而毕。西域诸胡竞来观之，因献方物。

永隆中，车簿反叛，车簿，西突厥贵族。围弓月城。今新疆霍城西北。方翼引兵救之，至伊丽河。贼前来拒，因纵击。大破之，斩首千余级。俄而二姓咽曲悉发众十万，与车簿合势，以拒方翼。屯兵热海，与贼连战，流矢贯臂，徐以佩刀截之，左右莫有觉者。既而所将蕃兵怀贰，谋执方翼以应贼。方翼密知之，悉召会议，佯出军资以赐之。续续引去，便令斩之。会大风，又振金鼓以乱其声，遂诛七千余人。因遣裨将分道讨袭咽曲等。贼既无备，因是大溃，擒首领突骑施等三百人，西域遂定。以功迁夏州都督。属牛疫，无以营农，方翼造人耕之法，施关键（机关，机械装置。），使人推之，百姓赖焉。

永淳二年，诏征方翼，将议西域之事，于奉天宫谒见，赐食与语。方翼衣有旧时血渍之处，高宗问其故，方翼具对热海苦战之状。高宗使袒视其疮，叹曰：「吾亲也。」赏赐甚厚。俄属绥州白铁余举兵反，乃诏方翼副程务挺讨之。贼平，封太原郡公。

则天临朝，以方翼是庶人近属，阴欲除之。及程务挺被诛，以方翼与务挺连职素善，追赴都下狱，遂流于崖州而死。

子宝、珣、瑨，并知名。宝、瑨，开元中皆为中书舍人；珣，至秘书监。

薛季昶，绛州龙门人也。则天

初，上封事，密封的奏章。解褐拜监察御史。频按制狱称旨，累迁御史中丞。万岁通天元年，夏官郎中侯味虚统兵讨契丹不利，奏言「贼徒炽盛，常有蛇虎导其军」。则天命季昶按验其状，便为河北道按察使。季昶先驰至军，斩味虚以闻。又有藁城尉吴泽者，贪虐纵横，尝射杀驿使，截百姓子女发以为髢，音dí，假发。州将不能制，甚为人吏所患。季昶又杖杀之。由是威震远近，州县望风慑惧。然后布以恩信，旌扬善吏。有汴州孝女李氏，年八岁，父卒，柩殡在堂十余载，每日哭临无限。及年长，母欲嫁之。遂截发自誓，请在家终养。及丧母，号毁殆至灭性，家无丈夫，自营棺椁，州里钦其至孝，送葬者千余人。葬毕，庐于墓侧，蓬头跣足，负土成坟，手植松柏数百株。季昶列上其状，有制特表门闾，赐以粟帛。

久视元年，季昶自定州刺史入为雍州长史，威名甚著，前后京尹，无及之者。俄迁文昌左丞，历魏、陕二州刺史。长安末，为洛州长史，所在皆以严肃为政。

神龙初，以预诛张易之兄弟功，加银青光禄大夫，拜户部侍郎。时季昶劝敬晖等因兵势杀武三思。晖等不从，竟以此败，语在晖传。季昶亦因是累贬，自桂州都督授儋州司马。初，季昶与昭州首领周庆立及广州司马光楚客不协。及将之儋州，惧庆立见杀，将往广州，又恶楚客，乃叹曰：「薛季昶行事至是耶！」因自制棺，仰药而死。

睿宗即位，下制曰：「故儋州司马薛季昶，刚干义烈。早承先顾，驱策中外，绩誉昭宣；有庄、汤之推举，同汲黯之强直。属丑正操衡，除其异己，横加窜责，卒至殂亡。言念忠冤，有怀嘉悼。可赠左御史大夫，仍同敬晖等例，与一子官。」

张知謇，蒲州河东人也，徙家于岐。少与兄知玄、知晦，弟知泰、知默五人，励志读书，皆以明经擢第。仪质瑰伟，眉目疏朗，晓于玄理，清介自守，故当时名公争引荐之，递历畿赤。唐代京城所治之县为赤县，京之旁邑为畿县，合称「畿赤」。知謇、知泰、知默，调露后又历台省。

知謇，天授后历房、和、舒、延、德、定、稷、晋、洛、宣、贝十一州刺史，所涖有威严，人不敢犯。通天中，知泰为洛州司马，知默为秋官郎中。知謇自德州入计，则天重其才干，又目其状貌过人，命画工写之，以赐其本。曰：「人或有才，未必有貌，卿家昆弟，可谓两绝。」时人称之。寻以知泰为夏官、地官侍郎，益州长史，中台右丞。

初，知謇为房州时，中宗以庐陵王安置房州，制约甚急。制约，限制约束。知謇与董玄质、崔敬嗣相次为刺史，皆保护，供拟丰赡，中宗德之。及神龙元年，中宗践极，自贝州追知謇为左卫将军，加云麾将军，封范阳郡公。知泰自兵部侍郎授右御史大夫，加银青光禄大夫，进封渔阳郡公。须发华皓，同贵于朝，时望甚美之。

知泰以忤武三思，出并州刺史、天平军使，仍带本官。寻又为魏州刺史。景龙二年卒，优诏褒赠，谥曰定。时知謇为洛州长史、东都副留守。又历左、右羽林大将军，同、华州刺史，大理卿致仕。开元中卒，年八十。

知謇敏于从政，性亮直，不喜有请托求进、无才而冒位者。故子侄经义不精，不许论举。知默尝与来俊臣、周兴等同掌诏狱，陷于酷吏，子孙禁锢。知泰，开元中累赠刑部尚书、特进。

知玄子景升，知泰子景佚，开元中皆至大官，门列棨戟。有缯衣或油漆的木戟。古代官吏所用的仪仗，出行时作为前导，后亦列于门庭。

杨元琰，虢州阌乡人，隋礼部尚书希曾孙也。初生时，数岁不能言，相者曰：「语迟者神定，此必成大器也。」及长，伟姿仪，以器局见称。器局，器量；度量。初为平棘令，号为善政。载初中，累迁安南副都护，又历蕲、蒲、晋、魏、宣、许六州刺史，凉、梁二都督，荆府长史。前后九度清白升进，累降玺书褒美。

长安中，张柬之代元琰为荆州长史，与元琰泛江中流，言及则天革命，议诸武擅权之状，元琰发言慷慨，有匡复之意。及柬之知政事，奏引元琰为右羽林将军。至都，柬之谓曰：「记昔江中之言乎？今日之授，意不细也。」乃结元琰与李多祚等，定计诛张易之兄弟。及事成，加云麾将军，封弘农郡公，食实封五百户，仍赐铁券，恕十死。

俄而张柬之、敬晖等为武三思所构，元琰觉变，奏请削发出家，仍辞官爵实封。中宗不许。敬晖闻而笑曰：「向不知奏请出家，合赞成其事，剃却胡头，岂不妙也。」元琰多须类胡，晖以此言戏之。元琰曰：「功成名遂，不退将危。此由衷之请，不徒然也。」晖知其意，瞿然不悦。

及晖等得罪，元琰竟以先觉获全。寻加金紫光禄大夫，转卫尉卿。明年，李多祚等被诛，元琰以曾与多祚同立功，亦被系狱问状。赖中书侍郎萧至忠保明之，竟得免罪，又转光禄卿。景云中，抗疏请削在身官爵，回赠父官。中宗许之，乃追赠其父越州长史。睿宗即位，三迁刑部尚书，改封魏国公。开元初，拜太子宾客致仕。六年，卒于家，年七十九。

子仲嗣，密州刺史；仲昌，吏部郎中。

倪若水，恒州藁城人也。开元初，历迁中书舍人、尚书右丞，出为汴州刺史。政尚清静，人吏安之。又增修孔子庙堂及州县学舍，劝励生徒，儒教甚盛，河、汴间称咏不已。

四年，玄宗令宦官往江南采䴔䴖等诸鸟，路由汴州。若水知之，上表谏曰：「方今九夏时忙，三农作苦，三农，古谓居住在平地、山区、水泽三类地区的农民。后泛称农民。田夫拥耒，蚕妇持桑。而以此时采捕奇禽异鸟，供园池之玩，远自江、岭，达于京师，水备舟船，陆倦担负，饭之以鱼肉，间之以稻粱。道路观者，岂不以陛下贱人贵鸟也！陛下方当以凤皇为凡鸟，麒麟为凡兽，即䴔䴖、鸂鶒，曷足贵也？陛下昔潜龙藩邸，备历艰虞。今氛昆廓清，氛，比喻寇乱。高居九五，玉帛子女，充于后庭，职贡珍奇，盈于内府，过此之外，复何求哉？臣承国厚恩，超居重任。草芥贱命，常欲杀身以效忠；葵藿微心，葵藿，单指葵。葵性向日。古人多用以比喻下对上赤心趋向。常愿隳肝以报主。瞻望庭阙，敢布腹心，直言忤旨，甘从鼎镬。」手诏答曰：「朕先使人取少杂鸟，其使不识朕意，采鸟稍多。卿具奏其事，辞诚忠恳，深称朕意。卿达识周材，义方敬直，故辍纲辖之重，委以方面之权。果能闲邪存诚，守节弥固，骨鲠忠烈，遇事无隐。言念忠谠，深用嘉慰。使人朕已量事决罚，禽鸟并令放讫。今赐卿物四十段，用答至言。」

寻入拜户部侍郎。七年，复授尚书右丞，卒。

李濬，陇西人，祖世武。睿宗即位，加银青光禄大夫。上在东宫，选为太子中允。官名。《汉书·百官公卿表》载詹事掌皇后、太子之事，属官有太子率更、家令丞、仆、中盾。中盾后改称「中允」。又出为麟州刺史，政有能名。开元初，置诸道按察使，盛选能吏，授浚润州刺史、江东按察使，累封真源县子。州人孙处玄以学行著名，浚特加礼异，累表荐之，仍令子麟与之结交。处玄竟称疾不起。浚寻拜虢、潞二州刺史，又拜益州长史、剑南节度使，摄御史大夫。所历皆以诚信待物，称为良吏。及去职，咸有遗爱。八年卒官，赠户部尚书，谥曰成。子麟，自有传。

阳峤，河南洛阳人，其先自北平徙焉，北齐右仆射休之玄孙也。仪凤中应八科举，八科，封建时代科举取士的八种科目。授将陵尉，将陵，縣名，故址在今陵县赵寨镇。累迁詹事司直。长安中，桓彦范为左御史中丞，袁恕己为右御史中丞，争荐峤，请引为御史。内史杨再思素与峤善，知峤不乐搏击之任，谓彦范等曰：「闻其不情愿，如何？」彦范曰：「为官择人，岂待情愿。唯不情愿者，尤须与之，所以长难进之风，抑躁求之路。」再思然其言，擢为右台侍御史。景龙末，累转国子司业。峤恭谨好学，有儒者之风。又勤于政理，循循善诱。及在学司，时人以为称职。奏修先圣庙及讲堂，因建碑前庭，以纪崇儒之事。

睿宗即位，拜尚书右丞。时分建都督府以统外台，精择良吏，以峤为泾州都督府，寻停不行。又历魏州刺史，充兖州都督、荆州长史，为本道按察使，所在以清白闻。魏州人诣阙割耳，请峤重临其郡，又除魏州刺史。入为国子祭酒，累封北平伯，荐尹知章、范行恭、赵玄默等为学官，皆称名儒。时学徒渐弛，峤课率经业，稍行鞭箠，学生怨之，颇有喧谤，乃相率乘夜于街中殴之。上闻而令所由杖杀无理者，由是始息。

峤素友悌，抚孤侄如己子。常谓人曰：「吾虽位登方伯，而心不异于曩时一尉耳。」识者甚称叹之。寻以年老致仕，卒于家，谥曰敬。

宋庆礼，洺州永年人。举明经，授卫县尉。则天时，侍御史桓彦范受诏于河北断塞居庸、岳岭、五回等路，断塞，堵塞，谓地处偏僻。以备突厥，特召庆礼以谋其事。庆礼雅有方略，彦范甚礼之。寻迁大理评事，仍充岭南采访使。时崖、振等五州首领，更相侵掠，荒俗不安，承前使人，惧其炎瘴，莫有到者。庆礼躬至其境，询问风俗，示以祸福。于是安堵，遂罢镇兵五千人。开元中，累迁贝州刺史，仍为河北支度营田使。

初，营州都督府置在柳城，控带奚、契丹。则天时，都督赵文翙政理乖方，两蕃反叛，攻陷州城，其后移于幽州东二百里渔阳城安置。开元五年，奚、契丹各款塞归附，玄宗欲复营州于旧城。侍中宋璟固争以为不可，独庆礼甚陈其利。乃诏庆礼及太子詹事姜师度、左骁卫将军邵宏等充使，更于柳城筑营州城，兴役三旬而毕。俄拜庆礼御史中丞，兼检校营州都督。开屯田八十余所，追拔幽州及渔阳、淄青等户，并招辑商胡，为立店肆。数年间，营州仓廪颇实，居人渐殷。

庆礼为政清严，而勤于听理，所历之处，人吏不敢犯。然好兴功役，多所改更。尝于边险置穽立枪，以邀贼路，邀，阻拦，截击。议者颇嗤其不切事也。七年卒，赠工部尚书。太常博士张星议曰：「宋庆礼大刚则折，至察无徒，有事东北，所亡万计，所谓害于而家，凶于而国。案谥法，好巧自是曰『专』，请谥曰『专』。」礼部员外郎张九龄驳曰：

庆礼在人苦节，为国劳臣，一行边陲，三十年所。户庭可乐，彼独安于传递；稼穑为艰，又能实于军廪。莫不服劳辱之事而匪懈其心，守贞坚之规而自尽其力，有一于此，人之所难。况营州者，镇彼戎夷，扼喉断臂，逆则制其死命，顺则为其主人，是称乐都，其来尚矣。往缘赵翙作牧，驭之非才，自经隳废，便长寇孽。故二十年间，有事东鄙，僵尸暴骨，败将覆军，盖不可胜纪。

大明临下，圣谋独断，恢祖宗之旧，复大禹之迹。以数千之役徒，无甲兵之强卫，指期遂往，禀命而行。于是量畚筑，（盛土和捣土的工具。）执沴鼓，亲总其役，不愆所虑。俾柳城为金汤之险，林胡生腹心之疾，盖为此也。寻而罢海运，收岁储，边亭晏然，河朔无扰。与夫兴师之费，转输之劳，较其优劣，孰为利害？而云「所亡万计」，一何谬哉！及契丹背诞之日，惧我掎角之势，虽鼠穴自固，而驹牧无侵，盖张皇彼都系赖之力也！安有践其迹以制其实，贬其谥以徇其虚，采虑始之谤声，忘经远之权利，义非得所，孰谓其可？请以所议，更下太常，庶素行之迹可寻，易名之典不坠者也。

星复执前议，庆礼兄子辞玉又诣阙称冤，乃谥曰敬。

姜师度，魏人也。明经举。神

龙初，累迁易州刺史、兼御史中丞，为河北道监察兼支度营田使。师度勤于为政，又有巧思，颇知沟洫之利。始于蓟门之北，涨水为沟，以备奚、契丹之寇。又约魏武旧渠，（约，指防水、拦水的堤坝。这里指修筑，浚通。）傍海穿漕，号为平虏渠，以避海艰，粮运者至今利焉。寻加银青光禄大夫，累迁大理卿。景云二年，转司农卿。

开元初，迁陕州刺史。州西太原仓控两京水陆二运，常自仓车载米至河际，然后登舟。师度遂凿地道，自上注之，便至水次，所省万计。六年，以蒲州为河中府，拜师度为河中尹，令其缮缉府寺。

先是，安邑盐池渐涸，师度发卒开拓，疏决水道，置为盐屯，公私大收其利。再迁同州刺史，又于朝邑、河西二县界，就古通灵陂，择地引雒水及堰黄河灌之，以种稻田，凡二千余顷，内置屯十余所，收获万计。特加金紫光禄大夫，寻迁将作大匠。

明年，左拾遗刘彤上言：「请置盐铁之官，收利以供国用，则免重赋贫人，使穷困者获济。」疏奏，令宰相议其可否，咸以为盐铁之利，甚裨国用。遂令师度与户部侍郎强循并摄御史中丞，与诸道按察使计会，以收海内盐铁。其后颇多沮议者，沮议，非议；异议。事竟不行。

师度以十一年病卒，年七十余。师度既好沟洫，所在必发众穿凿，虽时有不利，而成功亦多。先是，太史令傅孝忠善占星纬，时人为之语曰：「傅孝忠两眼看天，姜师度一心穿地。」传之以为口实。

强循者，凤州人。亦以吏干知名，官至大理卿。

又有和逢尧者，岐州岐山人。性诡谲，狡诈；狡黠。有辞辩。睿宗时，突厥默啜请尚公主，许之。逢尧以御史中丞摄鸿胪卿充使报命。既至虏庭，默啜遣其大臣谓逢尧曰：「敕书送金镂鞍，检乃银胎金涂，岂是天子意，为是使人换却。如此虚假，公主必应非实。请还信物，罢和亲之事。」遂策马而去。逢尧大呼，命左右引马回，谓曰：「汉法重女婿，令送鞍者，只取平安长久之义，何必以金银为升降耶？若尔，乃是可汗贪金而轻银，岂是重人而贵信？」默啜闻之，曰：「承前汉使，不敢如此，不可轻也。」遂设宴备礼。逢尧又说默啜令裹头著紫衫，南面再拜，遣子随逢尧入朝。

逢尧以奉使功，骤迁户部侍郎。

寻以附会太平公主，左迁朗州司马。开元中，累转柘州刺史，卒于官。

潘好礼，贝州宗城人。少与乡人孟温礼、杨茂谦为莫逆之友。好礼举明经，累授上蔡令，理有异绩，擢为监察御史。开元三年，累转邠王府长史。俄而邠王出为滑州刺史，以好礼兼邠王府司马，知滑州事。王欲有所游观，好礼辄谏止之。后王将鹰犬与家人出猎，好礼闻而遮道请还。王初不从，好礼遂卧于马前，呼曰：「今正是农月，王何得非时将此恶少狗马践暴禾稼，纵乐以损于人！请先蹋杀司马，然后听王所为也！」王惭惧，谢之而还。

好礼寻迁豫州刺史，为政孜孜，而繁于细事，人吏虽惮其清严，亦厌其苛察。其子请归乡预明经举，好礼谓曰：「国法须平，汝若经业未精，则不可妄求也。」乃自试其子。经义未通，好礼大怒，集州僚笞而枷之，立于州门以徇于众。俄坐事左迁温州别驾卒。好礼常自以直道，不附于人。又未尝叙累阶勋，服用粗陋，形骸土木，议者亦嫌其邀名。

杨茂谦者，清河人。窦怀贞初为清河令，甚重之。起家应制举，拜左拾遗，出为临洺令。时洺州称茂谦与清漳令冯元淑、肥乡令韦景骏，皆有政理之声。茂谦以清白闻，擢为秘书郎。时窦怀贞为相，数称荐之，由是历迁大理正、御史中丞。开元初，出为魏州刺史、河北道按察使，与司马张怀玉本同乡曲，初善而末隙，遂相纠讦，坐贬桂州都督。寻转广州都督，以疾卒。

杨瑒，华阴人。高祖缙，陈中书舍人，以辞学知名。陈亡，始自江左徙关中。祖琮，绛州刺史。瑒初为麟游令，时御史大夫窦怀贞检校造金仙、玉真二观，移牒近县，征百姓所隐逆人资财，隐，隐藏；逆，叛逆。以充观用。瑒拒而不受，怀贞怒曰：「焉有县令卑微，敢拒大夫之命乎？」瑒曰：「所论为人冤抑，不知计位高卑。」怀贞壮其对。又中宗时，韦庶人中宗皇后，被杀后追贬为庶人上表请以年二十二为丁限。及韦氏败，省司举征租调。瑒执曰：「韦庶人临朝当国，制书非一，或进阶卿士，或赦宥罪人，何独于已役中男，重征丁课，恐非保人之术。」省司遂依瑒所执，一切免之。瑒由是知名，擢拜殿中侍御史。

开元初，迁侍御史。时崔日知为京兆尹，贪暴犯法。瑒与御史大夫李杰将纠劾之。杰反为日知所构，瑒廷奏曰：「纠弹之司，若遭恐胁，以成奸人之谋，御史台固可废矣。」上以其言切直，遽令杰依旧视事，贬日知为歙县丞。瑒历迁御史中丞、户部侍郎。上曾于延英殿召中书门下与诸司尚书及瑒议户口之事，延英殿是大明宫内宫的宫殿之一，中唐以后，下朝之后的时间里皇帝如果认为有事情需要商量时，会让大臣到延英殿议事。瑒因奏人间损益，甚见嗟赏。时御史中丞宇文融奏括户口，议者或以为不便，敕百僚省中集议。时融方在权要，公卿已下，多雷同融议，瑒独与尽理争之。寻出为华州刺史。

十六年，迁国子祭酒，表荐：「沧州人王迥质、瀛州人尹子路、汴州人白履忠，皆经学优长，德行纯茂，堪为后生师范，请追授学官，令其教授，以奖儒学之路。」及追至，追，招引；征召。迥质起家拜谏议大夫，仍为皇太子侍读；履忠以年老，不任职事，拜朝散大夫，放归家；子路直弘文馆教授。瑒又奏曰：「窃见今之举明经者，主司不详其述作之意，曲求其文句之难，每至帖试，必取年头月日，孤经绝句。且今之明经，习左传者十无一二。若此久行，臣恐左氏之学，废无日矣。臣望请自今已后，考试者尽帖平文，以存大典。又仪礼及公羊、穀梁，殆将废绝，若无甄异，恐后代便弃。望请能通周、仪礼、公羊、穀梁者，亦量加优奖。」于是下制：「明经习左氏及通周礼等四经者，出身免任散官。有官名而无固定职事之官。」遂著于式。准则，法度。指言行所依据的原则。由是生徒为瑒立颂于学门之外。再迁大理卿，以老疾辞职。二十三年，拜左散骑常侍。寻卒。赠户部尚书，谥曰贞。

瑒常叹仪礼废绝，虽士大夫不能行之。其家子女婚冠及有吉凶之会，皆按据旧文，更为仪注，使长幼遵行焉。

崔隐甫，贝州武城人，散骑侍郎儦之曾孙也。祖济，太子洗马。父元彦，太平令。隐甫，开元初再迁洛阳令，理有威名。九年，自华州刺史转太原尹，人吏刊石颂其美政。十二年，入为河南尹。十四年，代程行谌为御史大夫。时中书令张说当朝用事，隐甫与御史中丞宇文融、李林甫劾其犯状，说遂罢知政事。

隐甫在职强正，无所回避。自贞观年李乾祐为御史大夫，别置台狱，有所鞫讯，便辄系之。由是自中丞、侍御史已下，各自禁人，牢扉常满。牢扉，狱门。借指监狱。隐甫引故事，奏以为不便，遂掘去之。又宪司故事，大夫已下至监察御史，竞为官政，略无承禀。隐甫一切督责，事无大小，悉令谘决；稍有忤意者，便列上其罪，前后贬黜者殆半，群僚侧目。是冬，敕隐甫校外官考。旧例皆委细参问，经春未定。隐甫召天下朝集使，一时集省中，一日校考便毕，时人伏其敏断。帝尝谓曰：「卿为御史大夫，海内咸云称职，甚副朕之所委也。」

隐甫既与张说有隙，俄又递为朋党，帝闻而恶之，特免官，令归侍母。岁余，复授御史大夫。迁刑部尚书，母忧去官。二十一年，起复太原尹，仍为河东采访处置使。复为刑部尚书，兼河南尹。二十四年，车驾还京，以隐甫为东都留守，为政严肃，甚为人吏之所叹服。寻卒。

李尚隐，其先赵郡人，世居潞州之铜鞮，近又徙家京兆之万年。弱冠明经累举，补下邽主簿。时姚珽为同州刺史，甚礼之。景龙中，为左台监察御史。时中书侍郎、知吏部选事崔湜及吏部侍郎郑愔同时典选，掌管选拔人才授官的事务。倾附势要，逆用三年员阙，官职空缺。士庶嗟怨。寻而相次知政事，尚隐与同列御史李怀让于殿廷劾之，湜等遂下狱推究，竟贬黜之。时又有睦州刺史冯昭泰，诬奏桐庐令李师等二百余家，称其妖逆，诏御史按覆之。诸御史惮昭泰刚愎，皆称病不敢往。尚隐叹曰：「岂可使良善陷枉刑而不为申明哉！」遂越次请往，竟推雪李师等，奏免之。俄而崔湜、郑愔等复用，尚隐自殿中侍御史出为伊阙令，怀让为魏县令。湜等既死，尚隐又自定州司马擢拜吏部员外郎，怀让自河阳令擢拜兵部员外郎。尚隐累迁御史中丞。时御史王旭颇用威权，为士庶所患。会为仇者所讼，尚隐按之，无所容贷，获其奸赃钜万，旭遂得罪。尚隐寻转兵部侍郎，再迁河南尹。

尚隐性率刚直，言无所隐，处事明断。其御下，豁如也。又详练故事，近年制敕，皆暗记之，所在称为良吏。

十三年夏，妖贼刘定高夜犯通洛门，尚隐坐不能觉察所部，左迁桂州都督。临行，帝使谓之曰：「知卿公忠，然国法须尔。」因赐杂彩百匹以慰之。俄又迁广州都督，仍充五府经略使。及去任，有怀金以赠尚隐者，尚隐固辞之，曰：「吾自性分，不可改易，非为慎四知也。四知，天知，神知，我知，子知。后多用为廉洁自持、不受非义馈赠的典故。」竟不受之。累转京兆尹，历蒲、华二州刺史，加银青光禄大夫，赐爵高邑伯，入为大理卿，代王鉷为御史大夫。

时司农卿陈思问多引小人为其属吏，隐盗钱谷，积至累万。尚隐又举按之，思问遂流岭南而死。尚隐三为宪官，御史台或都察院所属的官员。因掌持刑宪典章，故称。辄去朝廷之所恶者，时议甚以此称之。二十四年，拜户部尚书、东都留守。二十八年，转太子宾客。寻卒，年七十五，谥曰贞。

吕諲，蒲州河东人。志行修整，勤于学业。少孤贫，不能自振。里人程楚宾家富于财，諲娶其女，楚宾及子震皆重其才，厚与资给，遂游京师。天宝初，进士及第，调授宁陵尉，本道采访使韦陟嘉其才，辟为支使。陇右、河西节度使哥舒翰奏充度支判官，累兼卫佐、太子通事舍人。諲性谨守，勤于吏职，虽同僚追赏，而塊然视事，不离案簿，翰益亲之，累兼虞部员外郎、侍御史。

禄山之乱，哥舒翰败，肃宗即位

于灵武，諲驰赴行在。内官朱光辉、李遵骤荐有才，帝深遇之，超拜御史中丞，进奏无不允从。幸凤翔，迁武部侍郎，赐金紫之服。十月，克复两京，诏諲与三司官详定陷贼官陈希烈已下数百人罪戾轻重。諲用法太深，君子薄之。

乾元二年三月，以本官同中书门下平章事，知门下省事。七月，丁母忧免。十月，起复授本官，兼充度支使，迁黄门侍郎。上元元年正月，加同中书门下三品，赐门戟。既立于第门，或谓諲曰：「吉庆之事，不宜凶服受之。」諲遂权释缞麻，当中而拜，人皆笑其失礼。累加银青光禄大夫，东平男。

諲既为相，用妻父程楚宾为卫尉少卿，子震为员外郎。中官马上言出纳诏命，中官，官内、朝内之官。諲昵之。有纳赂于上言求官者，諲补之蓝田尉。五月，上言事泄笞死，以其肉令从官食之，諲坐贬太子宾客。

七月，授諲荆州大都督府长史、兼御史大夫，充澧、朗、忠、硖五州节度观察处置等使。諲至治所，上言请于江陵置南都。九月，敕改荆州为江陵府，永平军团练三千人，以遏吴、蜀之冲。又析江陵置长宁县。

又请割潭、衡、连、道、邵、柳、涪等七州隶江陵府。

先是，张惟一为荆州长史，已为防御使，陈希昂为司马。希昂，衡州酋帅，家兵千人在部下，自为籓卫。有牟遂金仕至将军，为惟一亲将，与希昂积憾。率兵入惟一衙，索遂金之首，惟一惧，即令斩首与之。自是军政归于希昂。及譔至，奏追希昂赴上都，除侍御史，出为常州刺史、本州防御使。希昂路由江陵，譔伏甲击杀之，部下皆斩，积尸于府门。府中慑服，始奏其罪。

又妖人申奉芝以左道事李辅国，擢为谏议大夫。辅国奏于道州界置军，令奉芝为军校，诱引群蛮，纳其金帛，赏以绯紫，用囊中敕书赐衣以示之，人用听信。军人例衣硃紫，作剽溪洞，吏不敢制，已积年矣。潭州刺史庞承鼎忿之，因奉芝入奏，至长沙，絷之。首赃巨万，及左道文记，一时搜获，遣使奏闻。辅国党奉芝，奏召奉芝赴阙。既得召见，具言承鼎曲加诬陷。诏鞫承鼎诬罔之罪，令荆南府按问。譔令判官、监察御史严郢鞫之。譔上疏论其事，肃宗怒，流郢于建州。承鼎竟得雪，后奉芝竟以赃败流死。人重譔之守正，其刚断不挠，皆此类也。

初諲作相，与同列李揆不协。及諲被斥二年，以善政闻，揆恶之，因言置军湖南不便，又使人往荆、湖，密伺諲过。伺，等候。諲知之，乃上疏论揆，揆坐贬袁州长史。

諲素羸疾，元年建卯月卒，赠吏部尚书，有司谥曰肃。故吏度支员外郎严郢请以二字曰「忠肃」，博士独孤及坚议以「肃」为当，从之。諲在台司无异称，及理江陵三年，号为良守。初郡人立祠，諲殁后岁余，江陵将吏合钱十万，于府西爽垲地大立祠宇，爽垲，高爽干燥。四时祠祷之。

萧定，字梅臣，江南兰陵人，左仆射、宋国公瑀曾孙也。父恕，虢州刺史，以定赠工部尚书。定以荫授陕州参军、金城丞，以吏事清干闻。给事中裴遵庆奏为选补黜陟使判官。回改万年主簿，回改，翻悔，改口。累迁侍御史、考功员外郎、左右司二郎中。为元载所挤，出为秘书少监，兼袁州刺史，历信、湖、宋、睦、润五州刺史，所涖有政声。

大历中，有司条天下牧守课绩，唯定与常州刺史萧复、豪州刺史张镒为理行第一。其勤农桑，均赋税，逋亡归复，户口增加，定又冠焉。寻迁户部侍郎、太常卿。朱泚之逆，变姓名藏匿里闾。京师平，首蒙旌擢，除太子少师。兴元元年卒，年七十七，加赠太子太师。

蒋沇，莱州胶水人，吏部侍郎钦绪之子也。性介独好学，早有名称。以孝廉累授洛阳尉、监察御史。与兄演、溶，弟清，俱以干局吏事擅能名于天宝中。长史韩朝宗、裴迴咸以推覆检勾之任委之，检勾，稽查，检察。处事平允，剖断精当，动为群僚楷式。乾元后，授陆浑、盩厔、咸阳、高陵四县令。当军旅之后，疮痍未平，沇竭心绥抚，所至安辑。副元帅郭子仪每统兵由其县，必诫军吏曰：「蒋沇令清而严干，供亿故当有素，士众得蔬饭见馈则足，无挠清政。」其为名人所知如此。

稍迁长安令、刑部郎中、兼侍御史，领渭桥河运出纳使。时元载秉政，廉洁守道者多不更职，沇以故滞于郎位，久不徙官。

大历十二年，常衮以群议称沇屈，擢拜御史中丞、东都副留守。寻迁刑部侍郎、删定副使。改大理卿，持法明审，号为称职。

建中元年冬，銮驾幸奉天，沇奔行在，为贼候骑所拘执，欲以伪职诱之，因绝食称病，潜窜里闾间。京师平，首蒙旌擢，拜右散骑常侍。寻以疾终，年七十四，追赠工部尚书。

薛珏，字温如，河中宝鼎人。祖宝胤，邠州刺史。父纮，蒲州刺史。珏少以门荫授懿德太子庙令，累授乾陵台令。无几，拜试太子中允，兼渭南尉，奏课第一。间岁，复以清名尤异闻，迁昭德令。县人请立碑纪政，珏固让不受。迁楚州刺史、本州营田使。

先是，州营田宰相遥领使，刺史得专达，俸钱及他给百余万，田官数百员，奉厮役者三千户，岁以优授官者复十余人。珏皆条去之，十留一二，而租入有赢。为观察使诬奏，（观察使，中国古代官名，原称采访使。唐玄宗设，原为一种监察官，近于御史，后变成军事、行政的官职。）左授硖州刺史，迁陈州刺史。

建中初，上分命使臣黜陟官吏，使淮南李承以珏楚州之去烦政简，使山南赵赞以珏硖州之廉清，使河南卢翰以珏之肃物，皆以陟状闻，加中散大夫，赐紫。宣武军节度使刘玄佐署奏兼御史大夫、汴宋都统行军司马。无几，李希烈自汴州走，除珏汴州刺史，迁河南尹，入为司农卿。

当是时，诏天下举可任刺史、县令者，殆有百人。有诏令与群官询考，及延问人间疾苦，及胥吏得失，取其有恻隐、通达事理者条举，什才一二。宰相将以辞策校之。珏曰：「求良吏不可兼责以文学，宜以圣君爱人之本为心。」执政卒无难之，皆叙进官，颇多称职。

贞元五年，拜京兆尹。珏刚严明察，练达法理，以勤身率下，失于纤巧，无文学大体。八年，坐窦参改太子宾客。无几，除岭南节度观察使。以疾卒，年七十四，废朝一日，赠工部尚书。有子存庆，自有传。

任迪简，京兆万年人。举进士。初为天德军使李景略判官。性重厚，尝有军宴，行酒者误以醯进。迪简知误，以景略性严，虑坐主酒者，乃勉饮尽之，而伪容其过，以酒薄白景略，请换之，于是军中皆感悦。及景略卒，众以迪简长者，议请为帅。监军使闻之，拘迪简于别室，军众连呼而至，发户扃取之。表闻，德宗使察焉，具以军情奏，除丰州刺史、天德军使，自殿中授兼御史大夫，再加常侍。追入，拜太常少卿、汝州刺史、左庶子。

及张茂昭去易定，以迪简为行

军司马。既至，属虞候杨伯玉以府城叛，俄而众杀之。迪简兵马使张佐元又叛，迪简杀之，乃得入。寻加检校工部尚书，充节度使。

初，茂昭奢荡不节，公私殚罄。迪简至，欲飨士，无所取给，乃以粝食与士同之。身居戟门下凡周月，军吏感之，请归堂寝，迪简乃安其位。三年，以疾代，除工部侍郎，至京，竟不能朝谢。改太子宾客卒，赠刑部尚书。

范传正，字西老，南阳顺阳人也。父伦，户部员外郎，与郡人李华敦交友之契。传正举进士，又以博学宏辞及书判皆登甲科，授集贤殿校书郎、渭南尉，拜监察、殿中侍御史。自比部员外郎出为歙州刺史，转湖州刺史，历三郡，以政事修理闻。擢为宣歙观察使，受代至京师，宪宗闻其里第过侈，薄之，因拜光禄卿。以风恙卒，赠左散骑常侍。

传正精悍有立，好古自饬。及为廉察，颇事奢侈，厚以财货问遗权贵，视公蓄如私藏，幸而不至甚败。褐衣时游西边，褐衣，粗布衣服。古代贫贱者所穿。著西陲要略三卷。

袁滋，字德深，陈郡汝南人也。弱岁强学，以外兄道州刺史元结有重名，往来依焉。每读书，玄解旨奥，结甚重之。无何，黜陟使赵赞以处士荐，授试校书郎。何士干镇武昌，辟为从事，累官詹事府司直。部有邑长，下吏诬以盗金，滋察其冤，竟出之。御史中丞韦绍闻之，荐为侍御史，转工部员外郎。

贞元十九年，韦皋始通西南蛮夷，酋长异牟寻贡琛请使，异牟寻（754年－808年），阁罗凤之孙，南诏第三代国王，779年至808年在位。贡琛，进贡宝物。朝廷方命抚谕，选郎吏可行者，皆以西南遐远惮之。滋独不辞，德宗甚嘉之，以本官兼御史中丞，持节充入南诏使。未行，迁祠部郎中，使如故。来年夏，使还，擢为谏议大夫。俄拜尚书右丞，知吏部选事。出为华州刺史、兼御史中丞、潼关防御使、镇国军使。以宽易清简为政。百姓有至自他境者，皆给地以居，名其居曰义合里。专以慈惠为本，人甚爱之。然百姓有过犯者，皆纵而不理。擒盗辄舍，或以物偿之。征拜金吾卫大将军，耆耋鳏寡遮道不得进。杨于陵代其任，宣言谓百姓曰：「于陵不敢易袁公之政。」然后罗拜而诀。

上始监国，与杜黄裳俱为相，拜中书侍郎、平章事。会韦皋殁，刘辟拥兵擅命，滋持节安抚。行及中路，拜检校吏部尚书、平章事、剑南西川节度使，百姓立生祠祷之。征拜户部尚书，连为荆襄二帅，改彰义军节度、随唐邓申光等州观察使。逆贼吴元济与官军对垒者数年，滋竟以淹留无功，贬抚州刺史。未几，迁湖南观察使卒，年七十，赠太子少保。

滋工篆籀书，雅有古法。因使行，著云南记五卷。尝读刘晖悲甘陵赋，叹其褒善惩恶虽失春秋之旨，然其文不可废，因著甘陵赋后序。

子都，仕至翰林学士。

薛苹，河东宝鼎人也。少以吏事进，累官至长安令，拜虢州刺史。朝廷以尤课擢为湖南观察使，又迁浙江东道观察使，以理行迁浙江西道观察使。廉风俗，守法度，人甚安之。理身俭薄，尝衣一绿袍，十余年不易，因加赐朱绂，然后解去。

苹历三镇，凡十余年，家无声乐，俸禄悉以散诸亲族故人子弟。除左散骑常侍致仕。时有年过悬车而不知止者，唯苹年至而无疾请告，角巾东洛，角巾，方巾，有棱角的头巾。为古代隐士冠饰。时甚高之。卒，年七十四，赠工部尚书。

阎济美，登进士第。累历台省，

有长者之誉。自婺州刺史为福建观察使，复为润州刺史、浙西观察使。所至以简淡为理，两地之人，常赋之外，不知其他。入拜右散骑常侍。华州刺史、潼关防御、镇国军使，入为秘书监。以年及悬车，上表乞骸骨，以工部尚书致仕。后以恩例，累有进改。及殁于家，年九十余。

赞曰：圣人造世，才杰济时。在理致治，无为而为。坑鹕非议，简易从规。乐只君子，邦家之基。

新唐书·循吏传

《新唐书》，欧阳修等撰。与《旧唐书》比较，由于时代不同，新唐书在编撰体例方面也有自己的特点。首先是《新唐书》对志、表两部分十分重视，《新唐书》增加了以往史书所没有的备卫志、选举志、兵志。《新唐书》还在列传中保存了一些旧唐书所未载的史料。自安史之乱以后，史料散失不少，穆宗以下又无官修实录，所以为唐后期人物立传，采用了不少小说、笔记、传状、碑志、家谱、野史等资料。同时，还增加了不少唐代晚期人物的列传。关于少数民族的种族、部落的记载，《新唐书》比《旧唐书》多而且详。《新唐书·循吏》记载了韦仁寿等人的事迹。

治者，君也；求所以治者，民也；推君之治而济之民，吏也。故吏良则法平政成，不良则王道驰而败矣。在尧、舜时，曰「九德咸事」也，「百工惟时」也；在周文、武时，曰「棫朴，能官人也」，「南山有台，乐得贤也」；是循吏之效也。尧、舜，五帝之盛帝，文、武，三王之显王，不能去是而治，后世可乎哉？

唐兴，承隋乱离，刬祓荒茶，（刬祓，铲除。）始择用州刺史、县令。太宗尝曰：「朕思天下事，丙夜不安枕，（丙夜，三更或半夜的时候。）永惟治人之本，莫重刺史，故录姓名于屏风，卧兴对之，得才否状，辄疏之下方，以拟废置。」又诏内外官五品以上举任县令者。于是官得其人，民去叹愁、就妥安。都督、刺史，其职察州县，间遣使者循行天下，劾举不职。始，都督、刺史皆天子临轩册授。临轩，皇帝不坐正殿而御前殿。后不复册，然犹受命日对便殿，赐衣物，乃遣。玄宗开元时，已辞，仍诣侧门候进止，所以光宠守臣，以责其功。初，刺史准京官得佩鱼，品卑者假绯、鱼。开元中，又锢废酷吏，惩无良，群臣化之，革苛娆之风，娆，烦扰；扰乱。争以惠利显。复诏：三省侍郎缺，择尝任刺史者；郎官缺，择尝任县令者。至宰相名臣，莫不孜孜言长人不可轻授亟易。是以授受之间，虽不能皆善，而所得十五。故协气嘉生，薰为太平，垂祀三百，与汉相埒。致之之术，非循吏谓何？故条次治宜，以著厥庸。若将相大臣兼以勋阀著者，名见本篇，不列于兹。

韦仁寿，京兆万年人。隋大业末，为蜀郡司法书佐，断狱平，得罪者皆自以韦君所论，死无恨。高祖入关，遣使者徇定蜀，承制擢仁寿嶲州都督府长史。南宁州纳款，朝廷岁遣使抚接，至率贪沓，贪婪。边人苦之，多叛去。帝素闻仁寿治理，诏检校南宁州都督，寄治越巂，诏岁一按行尉劳。仁寿将兵五百人，循西洱河，西洱河古称叶榆水、海尾河，澜沧江支流。开地数千里，称诏置七州十五县，酋豪皆来宾见，即授以牧宰，威令简严，人人安悦。将还，酋长泣曰：「天子藉公镇抚，奈何欲去我？」仁寿以池壁未立为解，诸酋即相率筑城起廨，甫旬略具。仁寿乃告以实曰：「吾奉诏第抚循，庸敢擅留？」夷夏父老乃悲啼祖行，遣子弟随贡方物，天子大悦。仁寿请徙治南宁州，假兵遂抚定，诏可，敕益州给兵护送。刺史窦轨疾其功，訹言山獠方叛，訹，恫吓。未可以远略，不时遣。岁余，卒。

陈君宾，陈鄱阳王伯山子也。仕隋为襄国通守。武德初，挈郡听命，封东阳郡公，迁邢州刺史。贞观初，徙邓州。州承丧乱后，百姓流冗，君宾加意劳徕，不期月，皆还自业。明年，四方霜潦，独君宾所治有年，丰年。储仓充羡，充足有余。蒲、虞二州民就食其境。太宗下诏劳之曰：「去年关内六州谷不登，糇粮少，令析民房逐食。闻刺史与百姓识朕此怀，务相安养，还有赢粮，出布帛赠遗行者。此知水旱常数，更相拯赡，礼让兴行，海内之人皆为兄弟，变浇薄之风，朕顾何忧？已命有司录刺史以下功最；百姓养户，免今年调物。」是岁，入为太府少卿，转少府少监，坐事免。起为虔州刺史，卒。

张允济，青州北海人。仕隋为武阳令，以爱利为行。元武民以牸牛依妇家者，久之，孳十余犊，将归，而妇家不与牛。民诉县，县不能决，乃诣允济，允济曰：「若自有令，吾何与为？」民泣诉其抑，（冤屈，冤枉。）允济因令左右缚民，蒙其首，过妇家，云捕盗牛者，命尽出民家牛，质所来，妇家不知，遽曰：「此婿家牛，我无豫。」即遣左右撤蒙，曰：「可以此牛还婿家。」妇家叩头服罪，元武吏大惭。允济过道旁，有姥庐守所莳葱，因教曰：「第还舍，脱有盗，当告令。」姥谢归。俄大亡葱，允济召十里内男女尽至，物色验之，果得盗者。有行人夜发，遗袍道中，行十余里乃寤，人曰：「吾境未尝拾遗，可还取之。」既而得袍。举政尤异，迁高阳郡丞，郡缺太守，独统郡事，吏下畏悦。贼帅王须拔攻郡，于是粮屈，吏食槐叶藁节，无叛者。贞观初，累迁刑部侍郎，封武城县男，擢幽州刺史，卒。

时又有李桐客者，亦以治称。初仕隋，为门下录事。炀帝在江都，以四方日乱，谋徙都丹阳，召群臣议。左右希意，（迎合他人意旨。）以为江左且望幸，若巡狩勒石纪功，复禹旧迹，顾不其然。桐客独曰：「吴会卑湿而陋，不足奉万乘、给三军，吴人力屈，无以堪命，且逾越险阻，非社稷福。」御史劾以讪毁，几得罪而免。为宇文化及胁，将至黎阳，又陷窦建德。贼平，授秦王府法曹参军。贞观初，累为通、巴二州刺史，治尚清平，民呼为慈父。桐客，冀州衡水人。

李素立，赵州高邑人。曾祖义深，仕北齐为梁州刺史。父政藻，为隋水部郎，使淮南，死于盗。素立仕武德初，擢监察御史。民犯法不及死，高祖欲杀之，素立谏曰：「三尺法，天下所共有，一动摇，则人无以措手足。方大业经始，奈何辇毂下先弃刑书乎？」帝嘉纳，由是恩顾特异。以亲丧解官，起授七品清要，（清贵而重要。）有司拟雍州司户参军，帝曰：「要而不清。」复拟秘书郎，帝曰：「清而不要。」乃授侍御史。贞观中，转扬州大都督府司马。

初，突厥铁勒部内附，即其地为瀚海都护府，诏素立领之。于是，阙泥熟别部数梗边，素立以不足用兵，遣使谕降，夷人感其惠，率马牛以献，素立止受酒一杯，归其余。乃开屯田，立署次，虏益畏威。历太仆、鸿胪卿，累封高邑县侯。出为绵州刺史。永徽初，徙蒲州，将行，还所余储籺并什器于州，（籺，音hé，米麦的粗屑。亦泛指粗糙的食物。）赍家书就道。会卒，高宗特废朝一日，谥曰平。

孙至远，始名鹏。而素立方奉使，谓家人曰：「古有待事名子，吾此役可命子孙矣。」遂以名之。少秀晤，（秀美聪慧。）能治尚书、左氏春秋，未见杜预释例而作编记，大趣略同。复撰周书，起后稷至赧，为传纪，令狐德棻许其良史。始调蒲州参军，累补乾封尉。上元时，制策高第，授明堂主簿。以丧解官，既除，调鸿胪主簿。奏戎狄簿领，高宗悦，擢监察御史里行。忤贵幸，外迁，久乃历司勋、吏部员外郎中。迁天官侍郎，知选事，疾令史受贿谢，多所绌易，吏肃然敛手。有王忠者，被放，吏谬书其姓为「士」，欲拟讫增成之，至远曰：「调者三万，无士姓，此必王忠。」吏叩头服罪。至远之知选，以内史李昭德进，人或劝其往谢，答曰：「公以公用我，奈何欲谢以私？」卒不诣。故昭德衔之，出为壁州刺史。卒，年四十八。

至远父休烈，亦有文，终鄢令，年四十九。世叹其父子材不尽云。至远见桓彦范，力言其贤。卢从愿尚少，高以评目。许弟从远且贵，豫言其位，以验所至。苏颋，其出也，少失母，至远爱视甚谨，以女妻之。友兄弟，事寡姊有礼，世称其德。

从远清密有学，神龙初，历中书令、太府卿，累封赵郡公，谥曰懿。兄弟皆德望相埒。又从父游道，武后时冬官尚书、同凤阁鸾台三品。

至远子畬，字玉田，少聪警。初历汜水主簿，遇事蜂锐，办事敏锐。虽厮竖，一阅辄记姓名、居业。黜陟使路敬潜荐其清白，擢右台监察御史里行。台废，授监察御史，累转国子司业。事母谨，累世同居，长幼有礼。畬妻物故，时母病，恐悲伤，约家人无以哭闻母所，朝夕省侍无忧色。母终，毁而卒。

从远子巖，年十余岁，会中宗祀明堂，以近臣子弟执笾豆，巖进止中礼，授右宗卫兵曹参军。历洛阳尉，累迁兵部郎中。发扶风兵应姚、巂，称旨，迁谏议大夫，封赞皇县伯。终兵部侍郎。巖善草隶。为参军时制一裘，服终身。

薛大鼎，字重臣，蒲州汾阴人。父粹，为隋介州长史，与汉王谅同反，诛。大鼎贯为官奴，流辰州，用战功得还。高祖兵兴，谒见龙门，因说帝绝龙门，军永丰仓就食，传檄远近，据天府，示豪桀，为拊背扼喉计，帝奇之。时诸将已决策先攻河东，故议置。授大将军府察非掾。出为山南道副大使，开屯田以实仓廪。赵郡王孝恭讨辅公祏，以大鼎为饶州道军师，引兵度彭蠡湖，以功迁浩州刺史。累徙沧州。无棣渠久廞塞，淤塞。大鼎浚治属之海，商贾流行，里民歌曰：「新沟通，舟楫利。属沧海，鱼盐至。昔徒行，今骋驷。美哉薛公德滂被！」又疏长芦、漳、衡三渠，泄污潦，水不为害。是时，郑德本在瀛州，贾敦颐为冀州，皆有治名故河北称「铛脚刺史」。沧、瀛、冀三州位于黄河以北，成「铛（古代一种大锅，有三足）足」之势，河北人民并称他们三人是「铛脚刺史」。永徽中，迁银青光禄大夫，行荆州大都督长史。卒，谥曰恭。

子克构，有器识，永隆初，历户部郎中。族人黄门侍郎顗，黄门侍郎，又称黄门郎，秦代初置，即给事于宫门之内的郎官，是皇帝近侍之臣，可传达诏令。以弟绍尚太平公主，问于克构，答曰：「室有傲妇，善士所恶。夫惟淑德，以配君子，无患可矣。」顗不敢沮，沮，同「阻」，阻拦，阻遏。而绍卒诛。陈思忠居父丧，诏夺服，客往吊，思忠辞以辰日不见。克构曰：「事亲者，避嫌可也；既孤矣，则无不哭。」世服其言。天授中，迁麟台监。坐弟为酷吏所陷，流死岭南。

贾敦颐，曹州冤句人。古县名。一作宛朐或宛句，故城在今山东菏泽市西南。贞观时，数历州刺史，资廉洁。入朝，常尽室行，车一乘，敝甚，羸马绳羁，道上不知其刺史也。久之，为洛州司马，以公累下狱，太宗贳之，有司执不贳，帝曰：「人孰无过，吾去太甚者。若悉绳以法，虽子不得于父，况臣得事其君乎？」遂获原。徙瀛州刺史，州濒滹沱、滱二水，岁湓溢，坏室庐，浸洳数百里。敦颐为立堰庸，水不能暴，百姓利之。时弟敦实为饶阳令，政清静，吏民嘉美。旧制，大功之嫌不连官，朝廷以其兄弟治行相高，故不徙以示宠。永徽中，迁洛州。洛多豪右，占田类逾制，敦颐举没者三千余顷，以赋贫民，发奸擿伏，下无能欺。卒于官。

咸亨初，敦实为洛州长史，亦宽惠，人心怀向。洛阳令杨德干矜酷烈，杖杀人以立威，敦实喻止，曰：「政在养人，伤生过多，虽能，不足贵也。」德干为衰减。始，洛人为敦颐刻碑大市旁，及敦实入为太子右庶子，人复为立碑其侧，故号「常棣碑」。历怀州刺史，有美迹。永淳初致仕，病笃，子孙迎医，敦实不肯见，曰：「未闻良医能治老也。」卒，年九十余。子膺福，左散骑常侍、昭文馆学士，以窦怀贞党诛。

德干历泽、齐、汴、相四州刺史，有威严，时语曰：「宁食三斗炭，不逢杨德干。」天授初，子神让与徐敬业起兵，皆及诛。

田仁会，雍州长安人。祖轨，隋幽州刺史，封信都郡公。父弘袭封，至陵州刺史。仁会擢制举，仕累左武候中郎将。太宗征辽东，而薛延陀以数万骑掩河内，诏仁会与执失思力率兵击败之，尾逐数百里，延陀几生得，玺书嘉尉。永徽中，为平州刺史，岁旱，自暴以祈，而雨大至，谷遂登。人歌曰：「父母育我兮田使君，挺精诚兮上天闻，中田致雨兮山出云，仓廪实兮礼义申，愿君常在兮不患贫。」五迁胜州都督，境有夙贼，依山剽行人，仁会发骑捕格，追捕格杀。夷之。城门夜开，道无寇迹。入为太府少卿，迁右金吾将军。所得禄，估有赢，辄入之官，人以为尚名。然资强挚疾恶，强挚，刚猛。昼夜循行，有丝毫奸必发，廷中谪罚日数百，京师无贵贱举惮之。有女巫传鬼道惑众，自言能活死人，市里尊神，仁会劾徙于边。转右卫将军，以年老乞骸骨。卒，年七十八，谥曰威。

子归道，明经及第，累擢通事舍人内供奉、左卫郎将。突厥默啜请和，武后诏将军阎知微册可汗号，持节往。默啜又遣使谢，知微遇诸道，即与绯袍银带，因表使者即到，请备礼廷赐。归道谏曰：「虏背惠积年，今悔过入朝，解辫削衽宜待天旨。而知微擅赐，使朝廷何以加之？宜敕初服，须天子命。小国使者，不足备礼迓之。」迓，迎接。后从焉。默啜将至单于都护府，诏归道摄司宾卿往劳。默啜请六胡州及都护府地不得，大怨望，执归道将害之。归道色不挠，詈且让，为陈祸福，默啜亦悔。会有诏赐默啜粟三万石，彩五万段，农器三千，且许结婚，于是更以礼遣归道。既还，具陈默啜不臣状，请备边。已而果反，乃擢归道夏官侍郎，益亲信。

迁左金吾将军、司膳卿，押千骑宿卫玄武门。桓彦范等诛二张，而归道不豫闻，及索骑士，拒不应。事平，彦范欲诛之，以辞直，免还私第。然中宗壮其守，召拜太仆少卿，迁殿中少监、右金吾将军。卒，赠辅国大将军，追封原国公，谥曰烈，帝自为文以祭。

子宾庭，开元时至光禄卿。

裴怀古，寿州寿春人。仪凤中，上书阙下，补下邽主簿，迁监察御史。姚、巂道蛮反，命怀古驰驿往怀辑之，申明诛赏，归者日千计。俄缚首恶，遂定南方，蛮夏立石著功。恒州浮屠为其徒诬告祝诅不道，祝诅，祝告鬼神，使加祸于别人。武后怒，命按诛之。怀古得其枉，为后申诉，不听，因曰：「陛下法与天下画一，岂使臣杀无辜以希盛旨哉？即其人有不臣状，臣何情宽之？」后意解，得不诛。

阎知微之使突厥，怀古监其军。默啜胁知微称可汗，又欲官怀古，不肯拜，将杀之。辞曰：「守忠而死与毁节以生孰愈？请就斩，不避也。」遂囚军中，因得亡，而素尫弱，尪，孱弱；瘦弱。不能骑，宛转山谷间，仅达并州。时长史武重规纵暴，左右妄杀人取赏，见怀古至，急执之。有果毅尝识怀古，疾呼曰：「裴御史也。」遂免。迁祠部员外郎。

姚、巂酋等叩阙下，愿得怀古镇安远夷，拜姚州都督，以疾辞。始安贼欧阳倩众数万，剽没州县，以怀古为桂州都督招尉讨击使，未逾岭，逆以书谕祸福，贼迎降，自陈为吏侵而反。怀古知其诚，以为示不疑，可破其谋，乃轻骑赴之。或曰：「獠夷难亲，备之且不信，况易之哉！」答曰：「忠信可通神明，况裔人耶！」身至壁抚谕，倩等大喜，悉归所掠出降，虽诸洞素翻覆者，亦牵连根附，岭外平。

徙相州刺史、并州大都督长史，所至吏民怀爱。神龙中，召为左羽林大将军，未至官，还为并州。人知其还，携扶老稚出迎。崔宣道始代为长史，亦野次。止宿于野外。怀古不欲厚愧宣道，使人驱迎者还，而来者愈众，得人心类如此。俄转幽州都督，绥怀两蕃，将举落内属，会以左威卫大将军召，而孙佺代之，而佺不知兵，遂败其师。卒于官。

怀古清介审慎，在幽州时，韩琬

以监察御史监军，称其「驭士信，临财廉，国名将」云。

韦景骏，司农少卿弘机孙。中明经。神龙中，历肥乡令。县北濒漳，连年泛溢，人苦之。旧防迫漕渠，虽峭岸，随即坏决。景骏相地势，益南千步，因高筑鄣，水至堤趾辄去，其北燥为腴田。又维艚以梁其上，而废长桥，功少费约，后遂为法。方河北饥，身巡闾里，劝人通有无，教导抚循，县民独免流散。及去，人立石著其功。后为贵乡令，有母子相讼者，景骏曰：「令少不天，常自痛。尔幸有亲，而忘孝邪？教之不孚，令之罪也。」因呜咽流涕，付授《孝经》，使习大义。于是母子感悟，请自新，遂为孝子。当时治有名者：景骏与清漳令冯元淑、临洺令杨茂谦三人。

景骏后数年为赵州长史，道出肥乡，民喜，争奉酒食迎犒，有小儿亦在中。景骏曰：「方儿曹未生，而吾去邑，非有旧恩，何故来？」对曰：「耆老为我言，学庐、馆舍、桥鄣皆公所治，意公为古人，今幸亲见，所以来。」景骏为留终日。后迁房州刺史。州穷险，有蛮夷风，无学校，好祀淫鬼，景骏为诸生贡举，通隘道，作传舍，罢祠房无名者。景骏之治民，求所以便之，类如此。转奉天令，未行，卒。

茂谦擢制举，授左拾遗内供奉，为吏介而勤，历秘书郎。始窦怀贞雅重其材，及执政，荐为大理正、左台御史中丞。开元初，出为魏州刺史、河北道按察使。与司马张怀玉同乡，长相善，洎晚有隙，（洎，至，到。）掉讦短长，左迁桂州都督。徙广州。卒。

景骏子述，自有传。

李惠登，营州柳城人，为平卢军裨将。安禄山乱，从董秦泛海，略定沧、棣等州。轻兵远斗，贼不支，战辄北。史思明反，惠登陷贼，以计挺身走山南，依来瑱，表试金吾卫将军。李希烈反，属以兵二千，使屯隋州，惠登挈州以归，即拜刺史。州数被乱，野如艺，人无处业。惠登虽朴素无学术，而视人所谓利者行之，所谓害者去之，率心所安，暗与古合。政清静，居二十年，田亩辟，户口日增，人歌舞之。于是节度使于頔状其绩，诏加御史大夫，升隋为上州。俄检校国子祭酒，卒，赠洪州都督。

罗珦，越州会稽人。宝应初，诣阙上书，授太常寺太祝。曹王皋领江西、荆襄节度使，常署幕府，迁累副使。皋卒，军乱，劫府军，珦取首恶十余人斩以徇，环棘廷中，俾投所劫库物，一日皆满，乃贳余党。召为奉天令。中官出入系道，吏缘以犯禁，珦搒笞之，虽死不置，自是屏息。擢庐州刺史。民间病者，舍医药，祷淫祀，珦下令止之。修学宫，政教简易，有芝草、白雀。淮南节度使杜佑上治状，赐金紫服。再迁京兆尹，请减平籴半，以常赋充之，人赖其利。以老病求解，徙太子宾客，累封襄阳县男。卒，谥曰夷。

子让，字景宣，以文学蚤有誉。举进士、宏辞、贤良方正，皆高第，为咸阳尉。父丧，几毁灭。服除，布衣粝饭，不应辟署十余年。淮南节度使李鄘即所居敦请置幕府，除监察御史，位给事中，累迁福建观察使，兼御史中丞。有仁惠名。或以婢遗让者，问所从，答曰：「女兄九人皆为官所卖，留者独老母耳。」让惨然，为爇券，爇，烧，焚烧。召母归之。入为散骑常侍，拜江西观察使。卒，年七十一，赠礼部尚书。

韦丹，字文明，京兆万年人，周大司空孝宽六世孙。高祖琨，以洗马事太子承乾，谏不听。太宗才之，擢给事中。高宗在东宫，为中舍人，封武阳县侯。孝敬为太子，琨以右中护为詹事。卒，赠秦州都督，谥曰贞。

丹蚤孤，从外祖颜真卿学，擢明经，调安远令，以让庶兄，入紫阁山事从父能。复举五经高第，历咸阳尉，张献甫表佐邠宁幕府。顺宗为太子，以殿中侍御史召为舍人。新罗国君死，诏拜司封郎中往吊。司封郎中，唐代吏部官职，从五品上，掌封命、朝会、赐予之事。故事，使外国，赐州县十官，卖以取赀，号「私觌官」。丹曰：「使外国，不足于资，宜上请，安有贸官受钱？」即具疏所宜费，帝命有司与之，因著令。未行，而新罗立君死，还为容州刺史。教民耕织，止惰游，兴学校，民贫自鬻者，赎归之，禁吏不得掠为隶。始城州，周十三里，屯田二十四所，教种茶、麦，仁化大行。迁河南少尹，未至，徙义成军司马。以谏议大夫召，有直名。

刘辟反，议者欲释不诛，丹上疏，以为「孝文世，法废人慢，当济以威，今不诛辟，则可使者唯两京耳」。宪宗褒美。会辟围梓州，乃授丹剑南东川节度使，代李康。至汉中，上言康守方尽力，不可易。召还议蜀事。辟去梓，因以让高崇文，乃拜晋慈隰州观察使，封咸阳郡公。阅岁，自陈所治三州，非要害地，不足张职，为国家费，不如属之河东，帝从之。

徙为江南西道观察使。丹计口受俸，委余于官，罢八州冗食者，收其财。始，民不知为瓦屋，草茨竹椽，久燥则戛而焚。丹召工教为陶，聚材于场，度其费为估，不取赢利。人能为屋者，受材瓦于官，免半赋，徐取其偿；逃未复者，官为为之；贫不能者，畀以财；畀，赐与。身往劝督。置南北市，为营以舍军，岁中旱，募人就功，厚与直，给其食。为衢南北夹两营，东西七里。以废仓为新厩，马息不死。筑堤捍江，长十二里，窦以疏涨。凡为陂塘五百九十八所，灌田万二千顷。有吏主仓十年，丹覆其粮，亡三千斛，丹曰："吏岂自费邪？"籍其家，尽得文记，乃权吏所夺，召诸吏曰："若恃权取于仓，罪也。与若期，一月还之。"皆顿首谢，及期无敢违。有卒违令当死，释不诛，去，上书告丹不法，诏丹解官待辨。会卒，年五十八。验卒所告，皆不实，丹治状愈明。

大和中，裴谊观察江西，上言为

丹立祠堂，刻石纪功，不报。宣宗读元和实录，见丹政事卓然，它日与宰相语：「元和时治民孰第一？」周墀对：「臣尝守江西，韦丹有大功，德被八州，殁四十年，老幼思之不忘。」乃诏观察使纥干蒦上丹功状，命刻功于碑。

子宙，推荫累调河南府司录参军，李珏表河阳幕府。宣宗谓宰相墀曰：「丹有子否？」以宙对。帝曰：「与好官。」乃拜侍御史，三迁度支郎中。

卢钧节度太原，表宙为副。是时，回鹘已破诸部，入塞下，剽杀吏民。钧欲得信重吏视边，宙请往。自定襄、雁门、五原，绝武州塞，略云中，逾句注，遍见酋豪，镌谕之；视亭障守卒，增其禀；粮食。约吏不得擅以兵侵诸戎，犯者死，于是三部六蕃诸种皆信悦。召拜吏部郎中。出为永州刺史。州方灾歉，乃斥官下什用所以供刺史者，得九十余万钱，为市粮饷。俗不知法，多触罪，宙为书制律，并种植为生之宜，户给之。州负岭，转饷艰险，每饥，人辄莩死，宙始筑常平仓，收谷羡余以待乏。罢冗役九百四十四员。县旧置吏督赋，宙俾民自输，家十相保，常先期。

湘源生零陵香，岁市上供，人苦之，宙为奏罢。民贫无牛，以力耕，宙为置社，二十家月会钱若干，探名得者先市牛，以是为准，久之，牛不乏。立学官，取仕家子弟十五人充之。初，俚民婚，出财会宾客，号「破酒」，昼夜集，多至数百人，贫者犹数十；力不足，则不迎，至淫奔者。宙条约，使略如礼，俗遂改。邑中少年，常以七月击鼓，群入民家，号「行盗」，皆迎为办具，谓之「起盆」，后为解素，（解除吃素之戒，开荤。）喧呼疻斗。（疻，殴人致肿而无创瘢。）宙至，一切禁之。还为大理少卿。久之，拜江西观察使，政简易，南方以为世官。迁岭南节度使。南诏陷交趾，抚兵积备，以干闻。加检校尚书左仆射、同中书门下平章事。咸通中卒。

宙弟岫，字伯起，亦有名。宙在岭南，以从女妻小校刘谦，或谏止之，岫曰：「吾子孙或当依之。」谦后以功为封州刺史，生二子，即隐、龚。卢携举进士，陋甚，岫独谓携必大用。携执政，岫自泗州刺史擢福建观察使云。

卢弘宣，字子章。元和中，擢进士第。郑权帅襄阳，辟署幕府。李愬代权，又二人交憾。（相互憎恨。）弘宣始谒恕，恕敕左右谨卫，既与语，见其冲远，不觉洗然。裴度留守东都，表为判官，迁累给事中。驸马都尉韦处仁拜虢州刺史，弘宣谓非所任，还诏不下。

开成中，山南、江西大水，诏弘宣与吏部郎中崔瑨分道赈恤，使有指。还，迁京兆尹、刑部侍郎。拜剑南东川节度使。时岁饥，盗赘结，酋豪自王，伪署官吏，发敖廥招亡命，廥，粮仓。联蓬、泸、嘉、荣诸州，訹蛮落摇乱，訹，受诱惑；诱惑。根株磐炽。弘宣下檄胁谕，胁，逼迫，威吓；谕，教导；教诲。贼党稍降，其黠强者署军中，孱无能还之农。魁长逃入峡中，吏捕诛之。徙义武节度使。弘宣性宽厚，政目简省，人便安之，然犯者不甚贷。河朔故法，偶语军中则死，弘宣使除之。初，诏赐其军粟三十万斛，贮飞狐，弘宣计輓费不能满直，敕吏守之。明年春，大旱，教民随力往取，时幽、魏饥甚，独易、定自如。至秋，悉收所贷，军食以饶。历工部尚书、秘书监，以太子少傅致仕。卒，年七十七，赠尚书右仆射。弘宣患士庶人家祭无定仪，乃合十二家法，损益其当，次以为书。

子告，字子有，及进士第，终给

事中。

薛元赏，亡里系所来。太和初，自司农少卿，出为汉州刺史。时李德裕为剑南西川节度使，会维州降，德裕受之以闻，牛僧孺沮其议，执还之。元赏上书极言可因抚之，溃虏膺腹，心腹之地。不可失。不省。段文昌代德裕，状元赏治当最。迁累司农卿、京兆尹。出为武宁节度使，罢泗口猥税，杂滥的税收。人以为便。俄徙邠宁。

会昌中，德裕当国，复拜京兆尹。都市多侠少年，以黛墨镵肤，黛墨，青黑色的颜料。镵肤，刺皮肤，文身。夸诡力，剽夺坊闾。元赏到府三日，收恶少，杖死三十余辈，陈诸市，余党惧，争以火灭其文。元赏长吏事，能推言时弊，件白之。禁屯怙势扰府县，元赏数与争，不少纵，由是军暴折戢，百姓赖安。就加检校吏部尚书。阅岁，进工部尚书，领诸道盐铁转运使。德裕用元赏弟元龟为京兆少尹，知府事。宣宗立，罢德裕，而元龟坐贬崖州司户参军，元赏下除袁王傅。久之，复拜昭义节度使，卒。

何易于，不详何所人及所以进。为益昌令。县距州四十里，刺史崔朴常乘春与宾属泛舟出益昌旁，索民挽繂，粗绳索。易于身引舟，朴惊问状，易于曰：「方春，百姓耕且蚕，惟令不事，可任其劳。」朴愧，与宾客疾驱去。盐铁官榷取茶利，诏下，所在毋敢隐。易于视诏书曰：「益昌人不征茶且不可活，矧厚赋毒之乎？」命吏阁诏，吏曰：「天子诏何敢拒？吏坐死，公得免窜邪？」对曰：「吾敢爱一身，移暴于民乎？亦不使罪尔曹。」即自焚之。观察使素贤之，不劾也。民有死丧不能具葬者，以俸敕吏为办。召高年坐，以问政得失。凡斗民在廷，易于丁宁指晓枉直，杖楚遗之，楚，荆条做成的棒。不以付吏，狱三年无囚。督赋役不忍迫下户，或以俸代输。馈给往来，传符外一无所进，故无异称。以中上考，迁罗江令。刺史裴休尝至其邑，导侍不过三人，廉约盖资性云。

宋史·循吏传

《宋史》修于元末，由丞相脱脱和阿鲁图先后主持修撰，铁木儿塔识、贺惟一、张起巖、欧阳玄等七人任总裁官，是二十四史中最庞大的一部官修史书。宋朝是中国历史上承五代十国、下启元朝的时代，分为北宋和南宋。宋太祖惩于五代时「贪吏恣横，民不聊生」，对贪官污吏深恶痛绝，严加惩治，「凡罪罚悉从轻减，独于治赃吏最严」。宋初，政治出现了五代以后较清明的时代，经济文化都有了快速的发展，「中华文化肇极于赵宋之世」。不过，宋朝是由割据而走向统一的，没有经过全国性的农民战争，因此宋朝最高统治者首先和着重考虑的是怎样不致削弱专制主义皇权，怎样不再出现分裂割据的局面。他们考虑的不是通过「治吏」而去「治民」，而是只着眼于「治吏」，防止和限制官吏权力过大，因此采取各种「内重外轻」「内外相维」的办法限制、牵制官吏的权力，加强对官吏的监察。另一方面则多让他们得到做官的好处，甚至养起来，不让他们捣乱和造反，在历朝历代中，宋代的官员待遇是比较好的。宋朝的冗兵、冗官、冗费是很突出的，官僚机制从一开始就松弛、昏暗，以后越来越坏。宋徽宗在位二十七年，是北宋政治史上最污浊黑暗的年代。朱勔因花石纲而大得徽宗宠幸，他怙权恃势，招贿成市，那些买官跑官的麕集其门，时称东南小朝廷。徽宗时代混乱的政治局面，最终葬送了北宋，北宋亡于金。南宋权臣擅权的问题比较严重，秦桧、韩侂胄、史弥远、贾似道先后专权，编制权力网，心腹党羽、城狐社鼠布满朝野，怠忽朝政，纵情声色，置国家命运于不顾，贾似道赢得了「蟋蟀宰相」

的千古骂名。《宋史·循吏》记载了陈靖等人的事迹。

宋法有可以得循吏者三：太祖之世，牧守令录，牧守，州郡的长官。州官称牧，郡官称守。令录，宋代指县令录事、参军一级的地方官吏。躬自召见，问以政事，然后遣行，简择之道精矣；监司察郡守，郡守察县令，各以时上其殿最，殿最，古代考核政绩或军功，下等称为「殿」，上等称为「最」。又命朝臣专督治之，考课之方密矣；吏犯赃遇赦不原，防闲之令严矣。

承平之世，州县吏谨守法度以修其职业者，实多其人。其间必有绝异之绩，然后别于赏令，或自州县善最，唐代官吏考功之法，分四善，二十七最，合善最以分等次。善指德操，最指才能称职。他日遂为名臣，则抚子之长又不足以尽其平生，抚子，子通字，对百姓的安抚体恤。故始终三百余年，循吏载诸简策者十二人。作循吏传。

陈靖，字道卿，兴化军莆田人。军，宋代行政区域名。宋置全国为十八路，下设州、府、军、监。好学，颇通古今。父仁壁，仕陈洪进为泉州别驾。洪进称臣，豪猾有负险为乱者，靖徒步谒转运使杨克巽，陈讨贼策。召还，授阳翟县主簿。契丹犯边，王师数不利，靖遣从子上书，求入奏机略。诏就问之，上五策，曰：明赏罚；抚士众；持重示弱，待利而举；帅府许自辟士；而将帅得专制境外。太宗异之，改将作监丞，未几，为御史台推勘官。

时御试进士，多擢文先就者为高等，士皆习浮华，尚敏速。靖请以文付考官第甲乙，评定优劣。俟唱名，或果知名士，即置上科。丧父，起复秘书丞，直史馆，判三司开拆司。三司开拆司，宋三司所属机构。掌接受皇帝宣敕及诸州申报文书，发放以付盐铁、度支、户部，兼掌发放、审查、催促、处理有关机构文件。淳化四年，使高丽还，提点在京百司，提点，中国宋代时期的一种官职名称，主管刑狱。迁太常博士。

太宗务兴农事，诏有司议均田法，靖议曰：「法未易遽行也。宜先命大臣或三司使为租庸使，或兼屯田制置，仍择三司判官选通知民事者二人为之贰。两京东西千里，检责荒地及逃民产籍之，募耕作，赐耕者室庐、牛犁、种食，不足则给以库钱。别其课为十分，责州县劝课，给印纸书之。分殿最为三等：凡县管垦田，一岁得课三分，二岁六分，三岁九分，为下最；一岁四分，二岁七分，三岁至十分，为中最；一岁五分，未及三岁盈十分者，为上最。其最者，令佐免选或超资；殿者，即增选降资。每州通以诸县田为十分，视殿最行赏罚。候数岁，尽罢官屯田，悉用赋民，然后量人授田，度地均税，约井田之制，为定以法，颁行四方，不过如此矣。」太宗谓吕端曰：「朕欲复井田，顾未能也，靖此策合朕意。」乃召见，赐食遣之。

他日，帝又语端。曰：「靖说虽是，第田未必垦，课未必入，请下三司杂议。」于是诏盐铁使陈恕等各选判官二人与靖议，以靖为京西劝农使，命大理寺丞皇甫选、光禄寺丞何亮副之。选等言其功难成，帝犹谓不然。既而靖欲假缗钱二万试行之，陈恕等言：「钱一出，后不能偿，则民受害矣。」帝以群议终不同，始罢之，出靖知婺州，再迁尚书刑部员外郎。

真宗即位，复列前所论劝农事，又言：「国家御戎西北，御戎，军事行动。而仰食东南，东南食不足，则误国大计。请自京东、西及河北诸州大行劝农之法，以殿最州县官吏，岁可省江、淮漕百余万。」复诏靖条上之，靖请刺史行春，县令劝耕，孝悌力田者赐爵，置五保以检察奸盗，五保，古代户籍制度。百姓以五户为伍而相保，故名「五保」。籍游惰之民以供役作。又下三司议，皆不果行。

历度支判官，为京畿均田使，出为淮南转运副使兼发运司公事，徙江南转运使。极论前李氏横赋于民凡十七事，诏为罢其尤甚者。徙知谭州，历度支、盐铁判官。祀汾阴，为行在三司判官。又历京西、京东转运使，知泉、苏、越三州，累迁太常少卿，进太仆卿、集贤院学士，知建州，徙泉州，拜左谏诉大夫。初，靖与丁谓善，谓贬，党人皆逐去，提点刑狱、侍御史王耿乃言靖老疾，不宜久为乡里官，于是以秘书监致仕，卒。

靖平生多建画，而于农事尤详，尝取淳化、咸平以来所陈表章，目曰劝农奏议，录上之，然其说泥古，多不可行。

张纶，字公信，颍州汝阴人。少倜傥任气。举进士不中，补三班奉职，宋时武职，分东、西、横三班。入仕者先为三班借职，转三班奉职，以次递迁，最高可至节度使。《宋史·职官志》：「武臣三班借职至节度使叙迁之制：……三班借职，三班奉职，右班殿直，左班殿直，右侍禁，左侍禁，西头供奉官，东头供奉官，内殿崇班……节度使。」迁右班殿直。从雷有终讨王均于蜀，有降寇数百据险叛，使纶击之，纶驰报曰：「此穷寇，急之则生患，不如谕以向背。」有终用其说，贼果弃兵来降。以功迁右侍禁、庆州兵马监押，擢阁门祗候，益、彭、简等州都巡检使。所部卒纵酒掠居民，纶斩首恶数人，众乃定。徙荆湖提点刑狱，迁东头供奉官、提点开封府界县镇公事。

奉使灵夏还，会辰州溪峒彭氏蛮内寇，辰州，今怀化市沅陵县，位于湖南省西北部，沅水中游。以知辰州。纶至，筑蓬山驿路，贼不得通，乃遁去。徙知渭州。改内殿崇班、知镇戎军。奉使契丹，安抚使曹玮表留之，不可。蛮复入寇，为辰州、澧鼎等州缘边五溪十峒巡检安抚使，谕蛮酋祸福，购还所掠民，遣官与盟，刻石于境上。

久之，除江、淮制置发运副使。时盐课大亏，乃奏除通、泰、楚三州盐户宿负，官助其器用，盐入优与之直，由是岁增课数十万石。复置盐场于杭、秀、海三州，岁入课又百五十万。居二岁，增上供米八十万。疏五渠，导太湖入于海，复租米六十万。开长芦西河以避覆舟之患，又筑漕河堤二百里于高邮北，旁锢钜石为十？，石制的蓄水和泄水设施。以泄横流。泰州有捍海堰，延袤百五十里，久废不治，岁患海涛冒民田。纶方议修复，论者难之，以为涛患息而畜潦之患兴矣。纶曰：「涛之患十九，而潦之患十一，获多而亡少，岂不可邪？」表三请，愿身自临役。命兼权知泰州，卒成堰，复逋户二千六百，州民利之，为立生祠。

居淮南六年，累迁文思使、昭州刺史。文思使，宋代文思院武官，文思院在宋代负责宫廷及朝廷诸司的统一制作，拥有众多机构和多重职能。契丹隆绪死，为吊慰副使。历知秦、瀛二州，两知沧州，再迁东上阁门使，执掌礼仪的使职官，属大内诸使司之一，分为「东上阁门使」「西上阁门使」。掌供奉朝会，赞引亲王、宰相、百官、蕃客朝见，呈递奏章、传宣诏命等。真拜乾州刺史，真拜，实授官职。徙知颍州，卒。纶有材略，所至兴利除害。为人恕，喜施予，在江、淮，见漕卒冻馁道死者众，叹曰：「此有司之过，非所以体上仁也。」推奉钱市絮襦千数，衣其不能自存者。

邵晔，字日华，其先京兆人。唐末丧乱，曾祖岳挈族之荆南谒高季兴，不见礼，遂之湖南。彭玕刺全州，辟为判官。会贼鲁仁恭寇连州，即署岳国子司业、知州事，遂家桂阳。祖崇德，道州录事参军。父简，连山令。

晔幼嗜学，耻从辟署。征聘委任。太平兴国八年，擢进士第，解褐，授邵阳主簿，改大理评事、知蓬州录事参军。时太子中舍杨全知州，性悍率蒙昧，部民张道丰等三人被诬为劫盗，悉置于死，狱已具，晔察其枉，不署牍，白全当核其实。全不听，引道丰等抵法，号呼不服，再系狱按验。既而捕获正盗，道丰等遂得释，全坐削籍为民。晔代还引对，太宗谓曰："尔能活吾平民，深可嘉也。"赐钱五万，下诏以全事戒谕天下。授晔光禄寺丞，使广南采访刑狱。俄通判荆南，赐绯鱼。迁著作佐郎、知忠州。历太常丞、江南转运副使，改监察御史。以母老乞就养，得知朗州。入判三司磨勘司，迁工部员外郎、淮南转运使。

景德中，假光禄卿，充交阯安抚国信使。会黎桓死，其子龙钺嗣立，兄龙全率兵劫库财而去，其弟龙廷杀钺自立，龙廷兄明护率扶兰砦兵攻战。晔驻岭表，以事上闻，改命为缘海安抚使，许以便宜设方略。晔贻书安南，谕朝廷威德，俾速定位。明护等即时听命，奉龙廷主军事。

初，诏晔俟其事定，即以黎桓礼物改赐新帅。晔上言：「怀抚外夷，当示诚信，不若俟龙廷贡奉，别加封爵而宠赐之。」真宗甚嘉纳。使还，改兵部员外郎，赐金紫。初受使，假官钱八十万，市私觌物，及为安抚，已偿其半，余皆诏除之。尝上邕州至交州水陆路及宜州山川等四图，颇详控制之要。

俄判三司三勾院，坐所举季随犯赃，晔当削一官，上以其远使之勤，止令停任。大中祥符初，起知兖州，表请东封，优诏答之。及遣王钦若、赵安仁经度封禅，仍判州事，就命晔为京东转运使。封禅礼毕，超拜刑部郎中，复判三勾院，出为淮南、江、浙、荆湖制置发运使。四年，改右谏议大夫、知广州。州城濒海，每蕃舶至岸，常苦飓风，晔凿内濠通舟，飓不能害。俄遘疾卒，年六十三。

崔立，字本之，开封鄢陵人。祖周度，仕周为泰宁军节度判官。慕容彦超叛，周度以大义责之，遂见杀。立中进士第。为果州团练推官，役兵辇官物，辇，载运；运送。道险，乃率众钱，率，聚敛；征收。佣舟载归。知州姜从革论如率敛法，当斩三人，立曰：「此非私己，罪杖尔。」从革初不听，卒论奏，诏如立议。真宗记之，特改大理寺丞，知安丰县。大水坏期斯塘，立躬督缮治，逾月而成。进殿中丞，历通判广州、许州。

会滑州塞决河，调民出刍楗，河工以埽料所筑之柱桩。命立提举受纳。立计其用有余，而下户未输者尚二百万，悉奏弛之。知江阴军，属县有利港久废，立教民浚治，既成，溉田数千顷，及开横河六十里，通运漕。累迁太常少卿，历知棣、汉、相、潞、兖、郓、泾七州。兖州岁大饥，募富人出谷十万余石振饿者，所全活者甚众。

立性淳谨，尤喜论事。大中祥符间，帝既封禅，士大夫争奏上符瑞，献赞颂，立独言：「水发徐州，旱连江、淮，无为烈风，金陵火，天所以警骄惰、戒淫泆也，区区符瑞，尚何足为治道言哉？」前后上四十余事。以右谏议大夫知耀州，改知濠州，迁给事中。告老，进尚书工部侍郎致仕，卒。识韩琦于布衣，以女妻之，人尝服其鉴云。

鲁有开，字元翰，参知政事宗道从子也。好礼学，通左氏春秋。用宗道荫，知韦城县。曹、濮剧盗横行旁县间，闻其名不敢入境。知确山县，大姓把持官政，有开治其最甚者，遂以无事。兴废陂，溉民田数千顷。富弼守蔡，荐之，以为有古循吏风。

知金州，有蛊狱，当死者数十人，有开曰：「欲杀人，衷谋之足矣，安得若是众邪？」讯之则诬。天方旱，狱白而雨。知南康军，代还。熙宁行新法，王安石问江南如何，曰：「法新行，未见其患，当在异日也。」以所对乖异，出通判杭州。

知卫州，水灾，人乏食，擅贷常平钱粟与之，常平钱粟，旧时官方预储供借贷的钱粮。且奏乞蠲其息。徙冀州，增堤，或谓：「郡无水患，何以役为？」有开曰：「豫备不虞，古之善计也。」卒成之。明年河决，水果至，不能冒堤而止。朝廷遣使河北，民遮诵有开功状，召为膳部郎中，元祐中，历知信阳军、洺滑州，复守冀，官至中大夫，卒。

张逸，字大隐，郑州荥阳人。进士及第，为试秘书省校书郎。知襄州邓城县，有能名。积州谢泌将荐逸，先设几案，置章其上，望阙再拜曰：「老臣为朝廷得一良吏。」乃奏之。他日引对，真宗问所欲何官，逸对曰：「母老在家，愿得近乡一幕职官，归奉甘旨足矣。」授澶州观察推官，数日，以母丧去。服除，引对，帝又固问之，对曰：「愿得京官。」特改大理寺丞。帝雅贤泌，再召问逸者，用泌荐也。

知长水县，时王嗣宗留守西京，厚遇之，及徙青神县，贫不自给，嗣宗假奉半年使办装。既至县，兴学校，教生徒。后邑人陈希亮、杨异相继登科，逸改其居曰桂枝里。县东南有松柏滩，夏秋暴涨多覆舟，逸祷江神，不逾月，滩为徙五里，时人异之。再迁太常博士、知尉氏县。擢监察御史，提点益州路刑狱，开封府判官。使契丹，为两浙转运使。徙陕西，未赴，又徙河东，居数月，复徙陕西。以龙图阁待制知梓州。

累迁尚书兵部郎中，知开封府。有僧求内降免田税，而逸固执不许。仁宗曰：「有司能守法，朕何忧也。」又言：「顷禁命妇干禁中恩，命妇，受有封号的妇女。比来稍通女谒，通过宫中嬖宠的女子干求请托。愿令官司纠劾。」从之。

以枢密直学士知益州。逸凡四至蜀，谙其民风。华阳驺长杀人，驺，古时掌管养马并管驾车的人。诬道旁行者，县吏受财，狱既具，乃使杀人者守囚。

逸曰：「囚色冤，守者气不直，岂守者杀人乎？」囚始敢言，而守者果服，立诛之，蜀人以为神。会岁旱，逸使作堰壅江水，溉民田，自出公租减价以振民。初，民饥多杀耕牛食之，犯者皆配关中。逸奏：「民杀牛以活将死之命，与盗杀者异，若不禁之，又将废穑事。今岁少稔，请一切放还，复其业。」报可。未几，卒于官。

吴遵路，字安道。父淑，见文苑传。第进士，累官至殿中丞，为秘阁校理。章献太后称制，政事得失，下莫敢言。遵路条奏十余事，语皆切直，（恳切率直。）忤太后意，出知常州。尝预市米吴中，以备岁俭，已而果大乏食，民赖以济，自他州流至者亦全十八九。累迁尚书司封员外郎，权开封府推官，改三司盐铁判官，加直史馆，为淮南转运副使。会罢江、淮发运使，遂兼发运司事。尝于真楚泰州、高邮军置斗门十九，以畜泄水利。又广属郡常平仓储畜至二百万，以待凶岁。凡所规画，后皆便之。

迁工部郎中，坐失按蕲州王蒙正故入部吏死罪，降知洪州。徙广州，辞不行。是时发运司既复置使，乃以为发运使，未至，召修起居注。元昊反，建请复民兵。除天章阁待制、河东路计置粮草。受诏料拣河东乡民可为兵者，诸路视以为法。进兵部郎中、权知开封府，驭吏严肃，属县无追逮。

时宋庠、郑戬、叶清臣皆宰相吕夷简所不悦，遵路与三人雅相厚善，夷简忌之，出知宣州。上御戎要略、边防杂事二十篇。徙陕西都转运使，迁龙图阁直学士、知永兴军，被病犹决事不辍，手自作奏。及卒，仁宗闻而悼之，诏遣官护丧还京师。

遵路幼聪敏，既长，博学知大体。母丧，庐墓蔬食终制。性夷雅慎重，夷雅，平和闲雅。寡言笑，善笔札。写作；书写。其为政简易不为声威，立朝敢言，无所阿倚。平居廉俭无他好，既没，室无长物，其友范仲淹分奉赒其家。赒，接济；救济。

子瑛，为尚书比部员外郎，不待老而归。

赵尚宽，字济之，河南人，参知政事安仁子也。知平阳县。邻邑有大囚十数，破械夜逸，杀居民，将犯境，尚宽趣尉出捕，曰：「盗谓我不能来，方怠惰，易取也。宜亟往，毋使得散漫，且为害。」尉既出，又遣徼巡兵蹑其后，悉获之。

知忠州，俗畜蛊杀人，尚宽揭方书市中，教人服药，募索为蛊者穷治，置于理，大化其俗。转运使持盐数十万斤，谭民易白金，期会促，尚宽发官帑所储副其须，徐与民为市，不扰而集。

嘉祐中，以考课第一知唐州。唐素沃壤，经五代乱，田不耕，土旷民稀，赋不足以充役，议者欲废为邑。尚宽曰："土旷可益垦辟，民稀可益招徕，何废郡之有？"乃按视图记，得汉召信臣陂渠故迹，益发卒复疏三陂一渠，溉田万余顷。又教民自为支渠数十，转相浸灌。而四方之民来者云布，尚宽复请以荒田计口授之，及贷民官钱买耕牛。比三年，榛莽复为膏腴，增户积万余。尚宽勤于农政，治有异等之效，三司使包拯与部使者交上其事，仁宗闻而嘉之，下诏褒焉，仍进秩赐金。留于唐凡五年，民像以祠，而王安石、苏轼作新田、新渠诗以美之。

徙同、宿二州，河中府神勇卒苦大校贪虐，刊匿名书告变，尚宽命焚之，曰："妄言耳。"众乃安。已而奏黜校，分士卒隶他营。又徙梓州。尚宽去唐数岁，田日加辟，户日益众，朝廷推功，自少府监以直龙图阁知梓州。积官至司农卿，卒，诏赐钱五十万。

高赋字正臣，中山人。以父任为右班殿直。复举进士，改奉礼郎，四迁太常博士。历知真定县，通判剑刑石州、成德军。知衢州，俗尚巫鬼，民毛氏、柴氏二十余家世蓄蛊毒，值闰岁，害人尤多，与人忿争辄毒之。赋悉擒治伏辜，服罪；承担罪责而死。蛊患遂绝。

徙唐州，州田经百年旷不耕，前守赵尚宽菑垦不遗力，菑，初耕的田地。亦泛指农田。而榛莽者尚多。赋继其后，益募两河流民，计口给田使耕，作陂堰四十四。再满再留，比其去，田增辟三万一千三百余顷，户增万一千三百八十，岁益税二万二千二百五十七。玺书褒谕，宣布治状以劝天下，两州为生立祠。擢提点河东刑狱，又加直龙图阁、知沧州。程昉欲于境内开西流河，绕州城而北注三塘泊。赋曰：「沧城近河，岁增堤防，犹惧奔溢，矧妄有开凿乎？」昉执不从，后功竟不成。

历蔡、潞二州，入同判太常寺，进集贤院学士。在朝多所建明，尝言：「二府大臣或僦舍委巷，僦，租赁。

散处京城，公私非便。宜仿前代丞相府，于端门前列置大第，俾居之。」又言：「仁宗朝为兖国公主治第，用钱数十万缗。今有五大长公主，若悉如前比，其费无艺。愿讲求中制，裁为定式。」请诸道提点刑狱司置检法官，庶专平谳，使民不冤。乞于禁中建阁，绘功臣像，如汉云台、唐凌烟之制。言多施行。以通议大夫致仕，退居襄阳，卒年八十四。

程师孟，字公辟，吴人。进士甲科。累知南康军、楚州，提点夔路刑狱。泸戎数犯渝州边，使者治所在万州，相去远，有警，率浃日乃至。浃日，古代以干支纪日，称自甲至癸一周十日为「浃日」。师孟奏徙于渝。夔部无常平粟，建请置仓，适凶岁，振民不足，即矫发他储，不俟报。吏惧，白不可，师孟曰：「必俟报，饿者尽死矣。」竟发之。

徙河东路。晋地多土山，旁接川谷，春夏大雨，水浊如黄河，俗谓之「天河」，可溉灌。师孟劝民出钱开渠筑堰，淤良田万八千顷，裒其事为水利图经，裒，搜集。颁之州县。为度支判官。知洪州，积石为江堤，浚章沟，揭北闸，以节水升降，后无水患。

判三司都磨勘司，三司都磨勘司宋三司所属机构。掌审核三司所属盐铁、度支、户部账籍，检查出入之数。接拌契丹使，萧惟辅曰：「白沟之地当两属，今南朝植柳数里，而以北人渔界河为罪，岂理也哉？」师孟曰：「两朝当守誓约，涿郡有案牍可覆视，君舍文书，腾口说，腾口，张口放言。讵欲生事耶？」惟辅愧谢。

出为江西转运使。盗发袁州，州吏为耳目，久不获，师孟械吏数辈送狱，盗即成擒。加直昭文馆，知福州，筑子城，建学舍，治行最东南。徙广州，州城为侬寇所毁，他日有警，民骇窜，方伯相踵至，皆言土疏恶不可筑。师孟在广六年，作西城，及交阯陷邕管，闻广守备固，不敢东。时师孟已召还，朝廷念前功，以为给事中、集贤殿修撰，判都水监。

贺契丹主生辰，至涿州，契丹命席，迎者正南向，涿州官西向，宋使价东向。师孟曰：「是卑我也。」不就列，自日昃争至暮，从者失色，师孟辞气益厉，叱傧者易之，于是更与迎者东西向。明日，涿人钱于郊，疾驰过不顾，涿人移雄州以为言，移，发移文。坐罢归班。有爵禄者就闲待选。复起知越州、青州，遂致仕，以光禄大夫卒，年七十八。

师孟累领剧镇，为政简而严，罪非死者不以属吏。发隐擿伏如神，得豪恶不逞跌宕者必痛惩艾之，至剿绝乃已，所部肃然。洪、福、广、越为立生祠。

韩晋卿，字伯修，密州安丘人。为童子时，日诵书数千言。长以五经中第，历肥乡嘉兴主簿、安肃军司法参军、平城令大理详断、宋官名。掌断狱。审刑详议官，通判应天府，知同州、寿州，奏课第一，擢刑部郎中。

元祐初，知明州，两浙转运使差役法复行，诸道处画多仓卒失叙，独晋卿视民所宜而不戾法指。入为大理少卿，迁卿。

晋卿自仁宗朝已典讼臬，时朝廷有异议，辄下公卿杂议。开封民争鹑杀人，王安石以为盗拒捕斗而死，杀之无罪，晋卿曰：「是斗杀也。」登州妇人谋杀夫，郡守许遵执为按问，安石复主之，晋卿曰：「当死。」事久不决，争论盈庭，终持之不肯变，用是知名。

元丰置大理狱，多内庭所付，晋卿持平考核，无所上下。神宗称其才，每谳狱虽明，谳，审判定罪。若事连贵要、屡鞫弗成者，必以委之，尝被诏按治宁州狱，循故事当入对，晋卿曰：「奉使有指，三尺法具在，岂应刺候主意，轻重其心乎？」受命即行。

诸州请谳大辟，执政恶其多，将劾不应谳者。晋卿曰：「听断求所以生之，仁恩之至也。苟谳而获谴，后不来矣。」议者又欲引唐日覆奏，令天下庶戮悉奏决。晋卿言：「可疑可矜者许上请，祖宗之制也。四海万里，必须系以听朝命，恐自今庾死者多于伏辜者矣。庾，同「瘐」。旧谓囚犯得病而死。」朝廷皆行其说，故士大夫间推其忠厚，不以法家名之。卒于官。

叶康直，字景温，建州人。擢进士第，知光化县。县多竹，民皆编为屋，康直教用陶瓦，以宁火患。凡政皆务以利民。时丰稷为谷城令，亦以治绩显，人歌之曰：「叶光化，丰谷城，清如水，平如衡。」

曾布行新法，以为司农属。历永兴、秦凤转运判官，徙陕西，进提点刑狱、转运副使。五路兵西征，康直领泾原粮道，承受内侍梁同以饷恶妄奏，承受，负责传递文书、器具之类的小官。神宗怒，械康直，将诛之，王安礼力救，得归故官。

元祐初，加直龙图阁，知秦州。中书舍人曾肇、苏辙劾康直谄事李宪，免官，究实无状，改知河中府，复为秦州。夏人侵甘谷，康直戒诸将设伏以待，歼其二酋，自是不敢犯境。进宝文阁待制、陕西都运使。以疾请知亳州，通浚积潦，民获田数十万亩。召为兵部侍郎，卒，年六十四。

辽史·循吏传

《辽史》为元脱脱等人所撰之纪传体史书，中国历代官修正史「二十四史」之一。记载上自辽太祖耶律阿保机，下至辽天祚帝耶律延禧的辽代历史，兼及耶律大石所建立之西辽历史。辽朝是十世纪至十二世纪前期契丹族在我国北部、东北部以至西北部辽阔地区建立的强大王朝。辽朝与北宋、西夏并立，比北宋的疆域还要大。辽朝实行南北面官制，北面官制也称「国制」，南面官制称为「汉制」。南北面官制也贯穿于地方统治中。契丹和其他游牧民族实行部族制，汉人和其他游牧民族地区实行部族制，汉人和原渤海人地区实行州县制，确立了「因俗而治」的立国原则。辽代后期吏治问题也很严重，辽道宗竟然让候选官掷骰子，以胜者命官，以致纲纪废弛，人情怨怒。《辽史·能吏》记载了大公鼎等人的事迹。

汉以玺书赐二千石，唐疏刺史、县令于屏，以示奖率，故二史有循吏、良吏之传。辽自太祖创业，太宗抚有燕、蓟，任贤使能之道亦略备矣。然惟朝廷参置国官，吏州县者多遵唐制。历世既久，选举益严。时又分遣重臣巡行境内，察贤否而进退之。是以治民、理财、决狱、弭盗，各有其人。考其德政，虽未足以与诸循、良之列，抑亦可谓能吏矣。作能吏传。

大公鼎，渤海人，先世籍辽阳率宾县。统和间，徙辽东豪右以实中京，因家于大定。曾祖忠，礼宾使。

父信，兴中主簿。

公鼎幼庄愿，端庄诚实。长而好学。咸雍十年，登进士第，调渖州观察判官。时辽东雨水伤稼，北枢密院大发濒河丁壮以完堤防。有司承令峻急，公鼎独曰：「边障甫宁，大兴役事，非利国便农之道。」乃疏奏其事。朝廷从之，罢役，水亦不为灾。濒河千里，人莫不悦。改良乡令，省徭役，务农桑，建孔子庙学，部民服化。累迁兴国军节度副使。

时有隶鹰坊者，以罗毕为名，罗毕，用网捕鸟。扰害田里。岁久，民不堪。公鼎言于上，即命禁戢。戢，停止。会公鼎造朝，大臣谕上嘉纳之意，公鼎曰：「一郡获安，诚为大幸；他郡如此者众，愿均其赐于天下。」从之。徙长春州钱帛都提点。车驾如春水，车驾，帝王所乘的车。亦用为帝王的代称。贵主例为假贷，贵主，尊贵的公主。假贷，借贷。公鼎曰：「岂可辍官用，徇人情？」拒之。颇闻怨詈语，曰：「此吾职，不敢废也。」俄拜大理卿，多所平反。

天祚即位，历长宁军节度使、南京副留守，改东京户部使。时盗杀留守萧保先，始利其财，因而倡乱。民亦互生猜忌，家自为斗。公鼎单骑行郡，陈以祸福，众皆投兵而拜曰：「是不欺我，敢弗听命。」安辑如故。辑，平安。拜中京留守，赐贞亮功臣，乘传赴官。时盗贼充斥，有遇公鼎于路者，即叩马乞自新。公鼎给以符约，俾还业，闻者接踵而至。不旬日，境内清肃。天祚闻之，加赐保节功臣。时人心反侧，公鼎虑生变，请布恩惠以安之，为之肆赦。

公鼎累表乞归，不许。会奴贼张撒八率无赖啸聚，公鼎欲击而势有不能。叹曰：「吾欲谢事久矣。为世故所牵，不幸至此，岂命也夫！」因忧愤成疾。保大元年卒，年七十九。

子昌龄，左承制；昌嗣，洺州刺史；昌朝，镇宁军节度。

萧文，字国华，外戚之贤者也。父直善，安州防御使。

文笃志力学，喜愠不形。大康初，掌秦越国王中丞司事，以才干称。寻知北面贴黄。当时大臣奏疏、札子皆用白纸书写，如意有未尽，以黄纸摘要另写，附于正文之后，有时一奏疏后附十数条，称为贴黄。王邦彦子争荫，数岁不能定，有司以闻。上命文诘之，立决。车驾将还宫，承诏阅习仪卫，虽执事林林，指顾如一。迁同知奉国军节度使，历国舅都监。

寿隆末，知易州，兼西南面安抚

使。高阳土沃民富，吏其邑者，每黩于货，民甚苦之。文始至，悉去旧弊，务农桑，崇礼教，民皆化之。时大旱，百姓忧甚，文祷之辄雨。属县又蝗，议捕除之，文曰：「蝗，天灾，捕之何益！」但反躬自责，蝗尽飞去；遗者亦不食苗，散在草莽，为乌鹊所食。会霪雨不止，文复随祷而霁。是岁，大熟。朝廷以文可大用，迁唐古部节度使，高阳勒石颂之。后不知所终。

马人望，字俨叔，高祖胤卿，为石晋青州刺史，太宗兵至，坚守不降。城破被执，太宗义而释之，徙其族于医巫闾山，（医巫闾山，古称于微闾、无虑山，今称闾山，地处今辽宁省境内，为国家级自然保护区。）因家焉。曾祖廷煦，南京留守。祖渊，中京副留守。父诠，中京文思使。

人望颖悟。幼孤，长以才学称。咸雍中，第进士，为松山县令。岁运泽州官炭，独役松山，人望请于中京留守萧吐浑均役他邑。吐浑怒，下吏，系几百日；复引诘之，人望不屈。萧喜曰：「君为民如此，后必大用。」以事闻于朝，悉从所请。

徙知涿州新城县。县与宋接境，驿道所从出。人望治不扰，吏民畏爱。近臣有聘宋还者，帝问以外事，多荐之，擢中京度支司盐铁判官。转南京三司度支判官，公私兼裕。迁警巡使。京城狱讼填委，人望处决，无一冤者。会检括户口，未两旬而毕。同知留守萧保先怪而问之，人望曰：「民产若括之无遗，他日必长厚敛之弊，大率十得六七足矣。」保先谢曰：「公虑远，吾不及也。」

先是，枢密使乙辛窃弄威柄，卒害太子。及天祚嗣位，将报父仇，选人望与萧报恩究其事。人望平心以处，所活甚众。改上京副留守。会剧贼赵钟哥犯阙，劫宫女、御物，人望率众捕之。右臂中矢，炷以艾，力疾驰逐，贼弃所掠而遁。人望令关津讥察行旅，讥，查问。悉获其盗。寻擢枢密都承旨。

宰相耶律俨恶人望与己异，迁南京诸宫提辖制置。岁中，为保静军节度使。有二吏凶暴，民畏如虎。人望假以辞色，阴令发其事，黥配之。是岁诸处饥乏，惟人望所治粒食不阙，路不鸣桴。遥授彰义军节度使。迁中京度支使，始至，府廪皆空；视事半岁，积粟十五万斛，钱二十万襁。徙左散骑常侍，累迁枢密直学士。

未几，拜参知政事，判南京三司使事。时钱粟出纳之弊，惟燕为甚。人望以缣帛为通历，凡库物出入，皆使别籍，名曰「临库」。奸人黠吏莫得轩轾，乃以年老扬言道路。朝论不察，改南院宣徽使，以示优老。逾年，天祚手书「宣马宣徽」四字诏之。既至，谕曰：「以卿为老，误听也。」遂拜南院枢密使。人不敢干以私，用人必公议所当与者。如曹勇义、虞仲文尝为奸人所挤，人望推荐，皆为名臣。当时民所甚患者，驿递、马牛、旗鼓、乡正、厅隶、仓司之役，至破产不能给。人望使民出钱，官自募役，时以为便。久之请老，以守司徒、兼侍中致仕。卒，谥曰文献。

人望有操守，喜怒不形，未尝附丽求进。初除执政，家人贺之。人望愀然曰：「得勿喜，失勿忧。抗之甚高，挤之必酷。」其畏慎如此。

耶律铎鲁斡，字乙辛隐，季父房之後。廉约重义。

重熙末，给事诰院。咸雍中，累迁同知南京留守事。被召，以部民恳留，乃赐诏褒奖。大康初，改西南面招讨使，为北面林牙，辽官名，掌文翰之事。迁左夷离毕。夷离毕，官名。辽代初置夷离毕，后置夷离毕院，为北面官，设有夷离毕、左夷离毕、右夷离毕、知左夷离毕事、知右夷离毕事等官，职掌刑狱。

大安五年，拜南府宰相。寿隆初，致仕，卒。

铎鲁斡所至有声，吏民畏爱。及退居乡里，子普古为乌古部节度使，遣人来迎。既至，见积委甚富。谓普古曰：「辞亲入仕，当以裕国安民为事。枉道欺君，以苟货利，非吾志也。」命驾而归。普古后为盗所杀。

杨遵勖，字益诚，涿州范阳人。重熙十九年登进士第，调儒州军事判官，累迁枢密院副承旨。

咸雍三年，为宋国贺正使；还，迁都承旨。天下之事，丛于枢府，簿书填委。遵勖一目五行俱下，剖决如流，敷奏详敏。上嘉之。奉诏徵户部逋钱，得四十余万缗，拜枢密直学士，改枢密副使。大康初，参知政事，徙知枢密院事，兼门下侍郎、平章事，拜南府宰相。耶律乙辛诬皇太子，诏遵勖与燕哥按其事，遵勖没敢正言，时议短之。寻拜北府宰相。

大安中暴卒，年五十六。赠守司空，谥康懿。子晦，终昭文馆直学士。

王棠，涿州新城人。博古，善属文。重熙十五年擢进士。乡贡、礼部、廷试对皆第一。

累迁上京盐铁使。或诬以贿，无状，释之。迁东京户部使。大康二年，辽东饥，民多死，请赈恤，从之。三年，入为枢密副使，拜南府宰相。大安末，卒。

棠练达朝政，临事不怠，在政府修明法度，有声。

论曰：孟子谓「民为贵，社稷次之」，司牧者当如何以尽心。公鼎奏罢完堤役以息民，拒公主假贷以守法，单骑行郡，化盗为良，庶几召、杜之美。文知易州，雨暘应祷，蝗不为灾。人望为民不避囚系，判度支，公私兼裕，亦卓乎未易及已。铎鲁斡吏畏民爱，杨遵决事如流，真能吏哉

中国古代循吏传

下卷

校注　陈清林　杜晓宇

華夏出版社
HUAXIA PUBLISHING HOUSE

目录（下）

金史·循吏传

《金史》是元修三史之一。元朝脱脱等主持编修的《金史》，是宋、辽、金三史中编撰得最好的一部，具体参加修纂的有沙剌班、王理、伯颜、赵时敏、费著、商企翁，铁木尔塔识、张起岩、欧阳玄、王沂、杨宗瑞等。记载了上起金太祖收国元年阿骨打称帝，下至金哀宗天兴三年蒙古灭金，共一百二十年的历史。由女真族建立的金，其疆域北起外兴安岭以北，南以淮河为界，与南宋对峙，占据了大半个中国。金代地方仍一国两制，既有路府州县，也有猛安谋克，猛安比照州，谋克比照县。金自开国后，特别是当其成为「专制域中」的北方大国后，统治者比较注意吸取历代王朝的统治经验，『上下皆以吏治为重』。世宗大定之治，任用非皇族的女真官员和渤海、契丹、汉族官员，形成了多民族的统治核心。

世宗久典外郡，明祸乱原故，知吏治得失。与民休息，孜孜求治，得为君之道，上下相安，家给人足，号称『小尧舜』，金代中期出现了一个稳定发展的局面。总的来看，金朝末年的政治尚属清明。金代仅发生过一次比较大规模的农民起义，即宣宗时期的红袄军起义。这次起义距金之亡国尚有二十年，没有给晚金的国势带来直接的影响。《金史·循吏》记载了卢克忠等人的事迹。

金自穆宗号令诸部不得称都孛堇，具有古老联盟议事会制度的痕迹，以合议制形式决定国家的大政方针。于是诸部始列于统属。太祖命三百户为谋克，十谋克为猛安，一如郡县置吏之法。太宗既有中原，申画封疆，分建守令。熙宗遣廉察之使循行四方。世宗承海陵凋敝之余，休养生息，迄于明昌、承安之间，民物滋殖，循吏迭出焉。泰和用兵，郡县多故，吏治衰矣。宣宗尚刀笔之习，刀笔，法律案牍。严考核之法，能吏不乏，而岂弟之政罕见称述焉。金百余年吏治，始终可考，于是作循吏传。

卢克忠，贵德州奉集人。贵德，在今辽宁抚顺北。高永昌据辽阳，克忠走诣金源郡王斡鲁营降，遂以撒屋出为乡导。斡鲁克东京，永昌走长松岛，克忠与渤海人挞不也追获之。收国二年，收国，金太祖的第一个年号。授世袭谋克。其后，定燕伐宋皆与有功，除登州刺史，改刺澶州。天德间，同知保大军节度使。绥德州军卒数人道过鄜城，求宿民家，是夜有贼剽主人财而去。有司执假宿之卒，系狱榜掠诬服。克忠察其冤，独不肯署，未几果得贼，假宿之卒遂释。大定二年，除北京副留守。会民艰食，克忠下令凡民有蓄积者计留一岁，悉平其价粜之，由是无捐瘠之患。转陈州防御使，后以静难军节度使致仕，卒。

牛德昌，字彦钦，蔚州定安人。

父铎，辽将作大监。德昌少孤，其母教之学，有劝以就荫者，其母曰：「大监遗命不使作承奉也。」承奉，承命奉行。亦指为官。中皇统二年进士第，调砚山簿。迁万泉令。属蒲、陕荐饥，群盗充斥，州县城门昼闭。德昌到官，即日开城门纵百姓出入，榜曰：「民苦饥寒，剽掠乡聚以偷旦夕之命，甚可怜也。能自新者一不问。」贼皆感激解散，县境以安。府尹王伯龙嘉之，礼待甚厚。累官刑部、吏部侍郎，中都路都转运使，广宁、太原尹。卒，赠中奉大夫。

范承吉，字宠之。好学问，属辽季盗贼起，虽避地未尝废书。天庆八年中进士丙科，授秘书省校书郎，至大定府金源令。归朝为御前承应文字。天会初，迁殿中少监。四年，从攻太原，迁少府监。五年，宗翰克宋，所得金珠承吉司其出入，无毫发欺，及还，犊车载书史而已，寻迁昭文馆直学士，知绛州。

先是，军兴，民有为将士所掠而逃归者，承吉使吏遍谕，俾其自实，凡数千人，具白元帅府，许自赎为良，或贫无赀者以公厨代输。六年，改河东北路转运使。时承宋季之弊，民赋繁重失当，承吉乃为经画，立法简便，所入增十数万斛，官既足而民有余。历同知平阳尹、西京副留守，迁河东南路转运使，改同签燕京留守事、顺天军节度使，属地震坏民庐舍，有欲争先营葺者，工匠过取其直，承吉命官属董其役，先后以次，不间贫富，民赖以省费。

历镇西军节度使、行台礼部尚书、泰宁军节度使，复镇顺天。奚卒散居境内，奚卒，奚族的士兵。率数千人为盗，承吉绳以法不少贷，惧而不敢犯。贞元二年，以光禄大夫致仕，卒年六十六。

王政，辰州熊岳人也。其先仕渤海及辽，皆有显者。政当辽季乱，浮沈州里。高永昌据辽东，知政材略，欲用之。政度其无成，辞谢不就。永昌败，渤海人争缚永昌以为功，政独逡巡引退。吴王阇母闻而异之，阇母，金太祖完颜阿骨打异母弟。言于太祖，授卢州渤海军谋克。从破白霫，我国古代少数民族。铁勒十五部之一。下燕云。及金兵伐宋，滑州降，留政为安抚使。前此数州既降，复杀守将反为宋守，及是人以为政忧。政曰：「苟利国家，虽死何避。」宋王宗望壮之，曰：「身没王事，利及子孙，汝言是也。」政从数骑入州。是时，民多以饥为盗，坐系。政皆释之，发仓廪以赈贫乏，于是州民皆悦，不复叛。傍郡闻之，亦多降者。宋王召政至辕门，抚其背曰：「吾以汝为死矣，乃复成功耶。」慰谕者久之。

天会四年，为燕京都曲院同监。未几，除同知金胜军节度使事。改权侍卫亲军都指挥使、兼掌军资。是时，军旅始定，管库纪纲未立，掌吏皆因缘为奸。政独明会计，严局鐍，（箱子上安锁的环状物。借指锁。）金帛山积而出纳无锱铢之失。吴王阇母戏之曰：「汝为官久矣，而贫不加富何也？」对曰：「政以杨震四知自守，安得不贫。」吴王笑曰：「前言戏之耳。」以黄金百两、银五百两及所乘马遗之。六年，授左监门将军，历安州刺史、檀州军州事、户吏房主事。天眷元年，迁保静军节度使，致仕卒，年六十六。

政本名南撒里，尝使高丽，因改名政。子遵仕、遵义、遵古。遵古子庭筠有传。

张奕，字彦微，其先泽州高平人。以荫补官，仕齐为归德府通判。齐国废，齐兵之在郡者二万人谋为乱，约夜半举燎相应。奕知之，选市人丁壮授以兵，结阵扼其要巷，开小南门以示生路，乱不得作，比明亡匿略尽，擒其首恶诛之。后五日，都统完颜阿鲁补以军至归德，欲根株余党，奕以阖门保郡人无他，遂止。行台承制除同知归德尹。

天眷元年，以河南与宋，改同知沂州防御使事。三年，宗弼复取河南，征奕赴行省，既定汴京，授汴京副留守。历陈、秦州防御使，同知太原尹。晋宁军报夏人侵界，诏奕往征之。奕至境上，按籍各归所侵土，还奏曰：「折氏世守麟府，以抗夏人。本朝有其地遂以与夏。夏人夷折氏坟垅而戮其尸，折氏怨入骨髓而不得报也。今复使守晋宁，故激怒夏人使为鼠侵，而条上其罪，苟欲开边衅以雪私仇耳。独可徙折氏他郡，则夏人自安。」朝廷从之，遂移折氏守青州。正隆间，同知西京留守事，迁河东北路转运使。大定二年，征为户部尚书，甫视事，得疾卒。

李瞻，蓟州玉田人。辽天庆二年进士，为平州望云令。张觉据平州叛，以瞻从事。宗望复平州，觉亡去，城中复叛，瞻逾城出降，其子不能出，为贼所害。宋王宗望嘉之。天会三年，承制以为兴平府判官。迁大理少卿，从宗望南伐，为汉军粮料使。四年，金兵围汴，宋人请割河北三镇，瞻与礼部侍郎李天翼安抚河北东、西两路，略定怀、浚、卫等州，卫、汤阴等县。七年，知宁州，累迁德州防御使。为政宽平，民怀其惠，相率诣京师请留者数百千人。贞元三年，迁济州路转运使，改忠顺军节度使。正隆末，盗贼蜂起，瞻增筑城垒为备，蔚人赖之以安。大定初，卒于官。

刘敏行，平州人。登天会三年进士。除太子校书郎，累迁肥乡令。岁大饥，盗贼掠人为食。诸县老弱入保郡城，不敢耕种，农事废，畎亩荒芜。敏行白州，借军士三十护县民出耕，多张旗帜为疑兵，敏行率军巡逻，日暮则阅民入城，由是盗不敢犯而耕稼滋殖。转高平令。县城圮坏久不修，大盗横恣，掠县镇不能御。敏行出己俸，率僚吏出钱顾役缮治，百姓欣然从之，凡用一千人，版筑遂完。乡村百姓入保，贼至不能犯。凡九迁，为河北东路转运使。致仕。卒。

傅慎微，字几先。其先秦州沙溪人，后徙建昌。慎微迁居长安。宋末登进士，累官河东路经制使。宗翰已克汴京，使娄室定陕西，娄室，即完颜娄室，字斡里衍，女真族完颜部人。在灭辽攻宋的战争中。他统率大军，从东北战场一直打到西北，驰骋在大半个中国。

慎微率众迎战，兵败被获，送至元帅府。元帅宗翰爱其才学，弗杀，羁置归化州，希尹收置门下。宗弼复取河南地，起为陕西经略使，寻权同州节度使事。明年，陕西大旱，饥死者十七八，以慎微为京兆、鄜延、环庆三路经济使，许以便宜。慎微募民入粟，得二十余万石，立养济院饲饿者，全活甚众。改同知京兆尹，权陕西诸路转运使。复修三白、龙首等渠以溉田，募民屯种，贷牛及种子以济之，民赖其利。转中京副留守，用廉，改忻州刺史，累迁太常卿，除定武军节度使，移静难军，忤用事者，苏保衡救之得免。大定初，复为太常卿，迁礼部尚书，与翰林侍讲学士徒单子温、翰林待制移剌熙载俱兼同修国史。卒官，年七十六。

慎微博学喜著书，尝奏兴亡金镜录一百卷。性纯质，笃古喜谈兵，时人以为迂阔云。

刘焕，字德文，中山人。宋末起兵，城中久乏食，焕尚幼，煮糠核而食之，自饮其清者，以醲厚者供其母，乡里异之。稍长就学，天寒拥粪火读书不怠。登天德元年进士。调任丘尉。县令贪污，焕每规正之，秩满，令持杯酒谢曰：「尉廉慎，使我获考。」调中都市令。枢密使仆散忽土家有絛结工，牟利于市，不肯从市籍役，焕系之。忽土召焕，焕不往，暴工罪而笞之。暴，揭露。焕初除市令，过谢乡人吏部侍郎石琚，琚不悦曰：「京师浩穰，不与外郡同，弃简就烦，吾所不晓也。」至是，始重之。

以廉升京兆推官，再迁北京警巡使。捕二恶少杖于庭中，戒之曰：「孝弟敬慎，则为君子。暴戾隐贼，则为小人。自今以往，毋狃于故习，狃，因袭。国有明罚，吾不得私也。」自是，众皆畏惮，毋敢犯者。召为监察御使，父老数百人或卧车下，或挽其靴镫，曰：「我欲复留使君期年，不可得也。」

以本官摄户部员外郎，代州钱监杂青铜铸钱，钱色恶，类铁钱。民间盗铸，抵罪者众，朝廷患之，下尚书省议。焕奏曰：「钱宝纯用黄铜精治之，中濡以锡，若青铜可铸，历代无缘不用。自代州取二分与四六分，青黄杂糅，务省铜而功易就。由是，民间盗铸，陷罪者众，非朝廷意也。必欲为天下利，宜纯用黄铜，得数少而利远。其新钱已流行者，宜验数输纳准换。」从之。

再迁管州刺史，耆老数百人疏其著迹十一事，诣节镇请留焕，曰：「刺史守职奉法，乞留之。」以廉升郑州防御使，迁官一阶，转同知北京留守事。世宗幸上京，所过州郡大发民夫治桥梁驰道，以希恩赏，焕所部惟平治端好而已。上嘉其意，迁辽东路转运使，卒。

高昌福，中都宛平人。父履，辽御史中丞致仕，太宗闻其名召之，未及入见而卒，特诏昌福释服应举。登天会十年进士第，补枢密院令史。明年，辟元帅府令史。皇统初，宗弼复河南，元帅府治汴，人有疑似被获，皆目为宋谍者，即杀之。昌福谳得其实，释去者甚众。许州都统韩常用法严，好杀人，遣介送囚于汴，或道亡，监吏自度失囚恐得罪，欲尽杀诸囚以灭口。昌福识监吏意，穷竟其状，免死者十七八，而诸吏遂怨昌福，欲构害之。是时方用兵，梁、楚间夜多阴雨，元帅府选人侦宋兵动静，诸吏遣昌福。昌福不辞即行，尽得敌军虚实报元帅府。师还，除震武军节度副使，转行台礼部员外郎。天德间，行台罢，改绛阳军节度副使，入为兵部员外郎，改河间少尹。

世宗即位，上书陈便宜事，上披阅再三，因谓侍臣曰：「内外官皆上书言事，可以知人材优劣，不然，朕何由知之。」三除同知东京留守事，治最，迁山东西路转运使、工部尚书，改彰德军节度使。上书言赋税太重，上问翰林学士张景仁曰：「税法比近代为轻，而以为重何也？」景仁曰：「今之税殊轻，若复轻之，国用且不足。」事遂寝。累迁河中尹，致仕，卒。

孙德渊，字资深，兴中府人也。大定十六年进士，调石州军事判官、涞水丞，察廉迁沙河令。有盗秋桑者，主逐捕之，盗以叉自刺其足面，曰：「秋桑例不禁采，汝何得刺我？」主惧，赂而求免，盗不从，诉之县。德渊曰：「若逐捕而伤，疮必在后，今在前，乃自刺也。」盗遂引服。选尚书省令史，不就。丁父忧去官，民为刻石祠之。察廉，起复北京转运司都勾判官，以累荐迁中都左警巡使、监察御史、山东东路转运副使，累官大理丞、兼左拾遗。审官院奏德渊刚正干能，可任繁剧，遂再任。丁母忧，服除特迁恩州刺史，入为右司郎中，滕州刺史，迁同知河间府事，历大兴治中、同知府事。大安初，迁盘安军节度使，改河北西路按察转运使，改昭义军节度使。潞州破被执，俄有拜于前者，皆沙河旧民也，密护德渊，由是得脱。贞祐二年，拜工部尚书，摄御史中丞。是时，山东乏兵食，有司请鬻恩例举人，居丧者亦许纳钱就试。德渊奏，此大伤名教，事遂寝。寻致仕。监察御史许古论德渊「忠亮明敏，可以大用，近许告老，士大夫窃叹，望朝廷起复，必能建明以利国家。」宣宗嘉纳。未及用而卒。

赵鉴，字择善，济南章丘人。宋建炎二年进士，调庐州司理参军。是时江、淮方用兵，鉴弃官还乡里。齐国建，除历城丞，转长清令，皆剧邑难治，鉴政甚著。刘豫召见，迁直秘阁、提举泾原路弓箭手、兼提点本路刑狱公事，诫之曰：「边将多不法，可痛绳之。」原州守将武悍自用，以鉴年少易之，鉴发其奸，守将坐免，郡县闻风无敢犯者。齐废，除知城阳军，改山东东路转运副使，摄行台左司郎中。行台宰相欲以故宋宦者权都水监，鉴曰：「误国阉竖，汴人视为寇仇，付以美官，将失人望。」

遂不用。以母忧解职，天德初，起为济州刺史，移涿州。海陵召鉴入朝，应对失旨，遣还郡，俄除知火山军，以病免。大定初，起知宁海军。秋禾方熟，子方虫生，子方虫，又名蛚枝虫、行军虫、步行虫，是古人对黏虫的一种称呼。鉴出城行视，虫乃自死。再迁镇西军节度使，改河北西路转运使，致仕，卒。

蒲察郑留，字文叔，东京路斡底必剌猛安人。大定二十二年进士，调高苑主薄、浚州司候，补尚书省令史，除鉴察御史，累迁北京、临潢按察副使、户部侍郎。御史台奏郑留前任北京称职，迁陕西路按察使，改顺义军节度使。西京人李安兄弟争财，府县不能决，按察司移郑留平理。月余不问，会释奠孔子庙，郑留乃引安兄弟与诸生叙齿，按年龄的长幼而定席次。列坐会酒，陈说古之友悌数事。安兄弟感悟，谢曰：「节使父母也，誓不复争。」乃相让而归。朔州多盗，郑留禁绝游食，多蓄兵器，因行春抚谕之，盗乃衰息，狱空。赐锡宴钱以褒之。改利涉军节度使。诏括马，郑留使百姓饲养以须，御史劾之。既而伐宋，诸语括马皆瘦，惟隆州马肥，乃释郑留。大安初，徙安国军。二年，知庆阳府事。三年，夏人犯边，郑留击走之。至宁元年，改知平凉府。是时，平凉新被兵，夏人复来攻，郑留招溃卒为御守计，夏兵退，迁官四阶。贞祐二年，改东京留守，致仕。贞祐四年，卒。

郑留重厚寡言笑，人不见其喜愠，临终取奏稿尽焚之。

女奚烈守愚，字仲晦，本名胡里改门，真定府路吾直克猛安人也。六岁知读书。既龀，或谓食肉昏神识，乃戒而不食。性至孝，父没时年十五，营葬如礼，治家有法，乡人称之。中明昌二年进士。调深泽主簿，治有声。迁怀仁令，改弘文校理，秩满为临沂令。有不逞辈五百人，结为党社，大扰境内，守愚下车，其党散去。蝗起莒、密间，独不入临沂境。先是，朝廷括河朔、山东地，隐匿者没入官。告者给赏。莒州刺史教其奴告临沂人冒地，积赏钱三百万，先给官镪乃征于民，民甚苦之。守愚列其冤状白州，州不为理，即闻于户部而征还之，流民归业，县人勒其事于石。

改秘书郎。母丧，勺饮不入口三日，终丧未尝至内寝。太常寺、劝农司交辟守愚，皆不听，服除，除同知登闻检院，改著作郎、永定军节度副使。泰和伐宋，守愚为山东行六部员外郎，改大兴都总管判官。大安元年，除修起居注，转刑部员外郎、户部郎中、太子左谕德。贞祐初，除户部侍郎，数月拜谏议大夫、提点近侍局。二年，除保大军节度使，改翰林学士、参议陕西路安抚司事。安抚完颜弼重其为人，每事咨而后行。未几，有疾，诏赐御药。三年，卒。

守愚为人忠实无华，孜孜于公，盖天性然也。

石抹元，字希明，懿州路胡土虎猛安人。七岁丧父，号泣不食者数日。十三居母丧如成人。尝为击鞠戏，马踣，叹曰："生无兄弟，而数乘此险，设有不测，奈何？"由是终身不复为之。补枢密院尚书省译史，调同知恩州军州事，迁监察御史，为同知淄州军州事。剧盗刘奇久为民患，一日捕获，方讯鞫，闻赦将至，亟命杖杀之，阖郡称快。改大兴府判官，沂王府司马、沁南军节度副使。河内民家有多美橙者，岁获厚利。仇家夜入残毁之，主人捕得，乃以劫财诬其人，仇家引服，赃不可得。元摄州事，究得其情。寻改河北西路转运副使，累迁山东西路按察转运使。贞祐初，黄掴吾典征兵东平，拥众不进，大括民财，众皆忿怨。副统仆散扫合杀吾典于坐，取其符佩之，纵恣尤甚。元密疏劾扫合擅杀近臣，无上不道，扫合坐诛。移知济南府，到官六月卒。

元生平寡言笑，尚节俭，居官自守，不交权要，人以是称之。

张毂，字伯英，许州临颍人。大定二十八年进士，调宁陵县主簿。改泰定军节度判官。率儒士行乡饮酒礼。改同州观察判官。是时，出兵备边，州征箭十万，限以雕雁羽为之，其价翔跃不可得。毂曰：「矢去物也，何羽不可。」节度使曰：「当须省报。」毂曰：「州距京师二千里，如民急何。万一有责，下官身任其咎。」一日之间，价减数倍。尚书省竟如所请。补尚书省令史，除同知郑州防御使事，改北京盐使。丁父忧，服除，再迁监察御史。从伐宋，迁武宁军节度副使。居母忧。贞祐二年，改惠民司令，历河南治中、显州刺史、刑部郎中、同知河南府事，迁河东南路转运使、权行六部尚书，安抚使。兴定元年，以疾卒。

毂天性孝友，任子悉先诸弟，俸入所得亦委其弟掌之，未尝问有无云。

赵重福，字履祥，丰州人。通女直大小字，试补女直诰院令史。转兵部译史、陕西提刑知法，迁陕西东路都勾判官、右藏库副使、同知陈州防御事。宋谍人苏泉入河南，重福迹之，至鱼台将渡河，见前一舟且渡，令从者大呼泉姓名，前舟中忽有苍惶失措者，执之果泉也。改沧州盐副使。岁饥，民煮卤为盐卖以给食，盐官往往杖杀之。重福曰：“宁使课殿，旧时朝廷对官吏定期考课，政绩最差的称“课殿”。不忍杀人。”岁满，课殿当降，尚书右丞完颜匡、三司使按出虎知其事，乃以岁荒薄其罚，除织染署令。大安三年，佐户部尚书张炜调兵食于古北口，迁都水少监，行西北路六部郎中，治密云县，俄兼户部员外郎。贞祐二年，以守密云功迁同知河间府事，行六部侍郎，权清州防御使，摄河北东路兵马都总管。三年，河间被围，有刘中者尝与重福密云联事，劝重福出降，重福不听。是时，河间兵少，多羸疾不任战，欲亡去。重福劝其父老率其子弟，强者战，弱者守，会久雨围乃解去。迁河东北路转运使，致仕。元光二年，卒。

武都，字文伯，东胜州人。大定

二十二年进士，调阳谷主簿，迁商水令。县素多盗，凡奸民尝纵火行劫、椎埋发冢者，都皆廉得姓名，廉，察考，访查。榜之通衢，约毋再犯，悉奔他境。察廉，迁南京路转运支度判官，累迁中都路都转运副使。以亲老，与弟监察御史郁俱乞侍。寻丁忧。服除，调太原治中，复为都转运副使，迁滦州刺史。充宣差北京路规措官，都拘括散逸官钱百万。入为户部郎中，权右司郎中，奏事称旨。被诏由海道漕辽东粟赈山东，都高其价直募人入粟，招海贾船致之。三迁中都、西京按察副使。大安三年，充宣差行六部侍郎，以劳迁本路按察使，行西南路六部尚书，佐元帅抹捻尽忠备御西京，有劳，召为户部尚书，赏银二百两、绢一百匹。宣宗即位，议卫绍王降封，语在卫绍王纪。顷之，中都戒严，都知大兴府，佩虎符便宜行事，弹压中外军民。都醉酒以亵衣见诏使，坐是解职。起为刑部尚书。中都解围，为河东路宣抚使，俄以参知政事胥鼎代之。兴定元年，以疾卒。

纥石烈德字广之，真定路山春猛安人。明昌二年进士，调南京教授。察廉能，迁厌次令，补尚书省令史，除同知泗州防御事、监察御史、大名治中、安、曹、裕三州刺史，历同知临潢，大兴府事。贞祐二年，迁肇州防御使。是岁，肇州升为武兴军节度，德为节度使宣抚司署都提控。肇州围急，食且尽，有粮三百船在鸭子河，去州五里不能至。德乃浚濠增陴，筑甬道导濠水属之河。凿陷马阱，伏甲其傍以拒守，一日兵数接，士殊死战。渠成，船至城下，兵食足，围乃解。改辽东路转运使，军民遮道挽留，乘夜乃得去。蒲鲜万奴逼上京，德与部将刘子元战却之。迁东京留守，历保静、武胜军节度使。兴定二年，以本官行六部事。三年，以节度权元帅右都监，与左都监单州经略使完颜仲元俱行元帅府于宿州。四年，迁工部尚书。明年，召还中都。是岁，卒。

张特立，字文举，曹州东明人。泰和三年中进士第，调宣德州司候。郡多皇族巨室，特立律之以法，阖境肃然。调莱州节度判官，不赴，躬耕杞之圉城，以经学自乐。正大初，左丞侯挚、参政师安石荐其才，授洛阳令。四年，拜监察御史。拜章言：「镐、厉二宅，久加禁锢，棘围柝警，如防寇盗。近降赦恩。谋反大逆，皆蒙湔雪，彼独何罪，幽囚若是。世宗神灵在天，得无伤其心乎！圣嗣未立，未必不由是也。」又言：「方今三面受敌，百姓凋敝，宰执非才，臣恐中兴之功未可以岁月期也。」又言：「尚书右丞颜盏世鲁遣其奴与小民争田，失大臣体。参知政事徒单兀典谄事近习，得居其位。皆宜罢之。」当路者忌其直，阴有以挤之。因劾省掾高桢辈受请托，饮娼家。时平章政事白撒犒军陕西归，桢等泣诉于道，以当时同席并有省掾王宾，张为其进士，故不劾。白撒以其私且不实，并治特立及宾。特立左迁邳州军事判官，杖五十，宾亦勒停。士论皆惜特立之去。后卒癸丑岁，年七十五。

王浩，由吏起身，初辟泾阳令，廉白为关辅第一。时西台檄州县增植枣果，西台，官署名。御史台的通称。督责严急，民甚被扰，浩独无所问，主司将坐之，浩曰：「是县所植已满其数，若欲增植，必盗他人所有，取彼置此，未见其利。」其爱民多此类。所在有善政，民丝毫无所犯，秦人为立生祠，岁时思之。南迁后，为扶沟令。开兴元年正月，民钱大亨等执县官送款于北，大亨以浩有恩于民，不忍加刃，日遣所知劝之降，浩终不听，于是杀之，无血。主簿刘坦、尉宋乙并见害。弃尸道路，自春徂夏，独浩尸俨然如生，目且不瞑，乌犬莫敢近，殆若有神护者。

初，辟举法行，县官甚多得人。如咸宁令张天纲、长安令李献甫、洛阳令张特立三人有传。余如兴平师夔、临潼武天祯、汜水党君玉、偃师王登庸、高陵宋九嘉、登封薛居中、长社李天翼、河津孙鼎臣、郏城李无党、荥阳李过庭、尉氏张瑜、长葛张子玉、猗氏安德璋、三原萧邦杰、蓝田张德直、叶县刘从益皆清慎才敏，

极一时之选，而能扶持百年将倾之祚者，亦曰吏得其人故也。

元史·循吏传

《元史》是系统记载元朝兴亡过程的一部纪传体断代史，是官修正史「二十四史」之一，成书于明朝初年。由宋濂等撰。记述了从蒙古族兴起到元朝建立和灭亡的历史。元朝，又称大元，是中国历史上第一个由少数民族（蒙古族）建立并统治全国的封建王朝。

元代蒙古族在政治、经济、文化发展的基础上，在远承唐，近袭辽、宋、金的过程中，在汉化与加强本民族统治的思想意识指导下，发展成为「汉法」与「国俗」并举的政治制度。与汉族政治制度乃至辽、金、西夏等王朝的政治制度相比，有其独特之处，开创我国历史上游牧民族建立、统治全中国的封建王朝政治制度的先河，对后世的清王朝政治制度的产生有很大的影响，并在中国政治史上有不可忽视的地位。元朝疆域辽阔，行省制在全国普遍实施，民族地区和边疆地区治理成效显著，中央与地方、内地与边疆之间的联系空前加强。在中国历代王朝中，元朝的吏治腐败问题是比较突出的。从忽必烈时代开始，虽然历朝几次议行科举，但它总是被视为不急之务。中原传统的封建官僚体制向来靠儒学培植根基。「世胄」中除了少数几家汉人世侯的后人外，大多数是蒙古、色目人；而选拔吏员的实际标准，经常是「吏廉无才，不若亡廉而才」，所以政纪日渐废弛。元朝行政立法，长期根据因时立制、临事制宜的原则，用条格、断例等形式个别颁布。各级政府机构均置「格例簿」，「遇事有难决，则搜寻旧例；或中无所载，则比拟施行」。随日积月累，针对各种具体问题颁发的格例越来越多，于是出现新旧相悖、冗杂重出的现象，致使行政紊乱，极大地增加了官吏任情玩法、用谲行私的便利。「当国得君」的大臣，多是与汉文化隔膜颇深的蒙古、色目人，「日趋禁中，固宠苟安，兼旬不至中堂」。权臣擅权、吏治腐败是导致元朝灭亡的重要原因。《元史·良吏》记载了谭澄等人的事迹。

自古国家上有宽厚之君，然后为政者得以尽其爱民之术，而良吏兴焉。班固有曰：「汉兴，与民休息，凡事简易，禁罔疏阔，以宽厚清静为天下先，故文、景以后，循吏辈出。」其言盖识当时之治体矣。

元初风气质实，质朴诚实。与汉初相似。世祖始立各道劝农使，又用五事课守令，五事，使国致富的五件事。《管子·立政》：「富国有五事……山泽救于火，草木殖成，国之富也；沟渎遂于隘，障水安其藏，国之富也；桑麻植于野，五谷宜其地，国之富也；六畜育于家，瓜瓠荤菜百果备具，国之富也；工事无刻镂，女事无文章，国之富也。」以劝农系其衔。故当是时，良吏班班可见，班班，明显；显著。亦宽厚之效也。然自中世以后，循良之政，史氏缺于纪载。今据其事迹之可取者，作良吏传。

谭澄，字彦清，德兴怀来人。父资荣，金末为交城令。国兵下河朔，乃以县来附，赐金符，为元帅左都监，仍兼交城令。未几，赐虎符，行元帅府事，从攻汴有功。年四十，移病，举弟资用自代。资用卒，澄袭职。澄幼颖敏，为交城令时年十九。有文谷水，分溉交城田，文阳郭帅专其利而堰之，讼者累岁，莫能直，澄折以理，令决水，均其利于民。豪民有持吏短长为奸者，察得其主名，皆以法治之。岁乙未，籍民户，有司多以浮客占籍，浮客，寄居在地主庄园里的外地佃农。及征赋，逃窜殆尽，官为称贷，积息数倍，民无以偿。澄入觐，因中书耶律楚材，面陈其害，太宗恻然，为免其逋，其私负者，年虽多，息取倍而止；亡民能归者，复三年。诏下，公私便之。壬子，复大籍其民，澄尽削交城之不土著者，赋以时集。

甲寅，世祖还自大理，澄进见，留籓府，凡遣使，必以澄偕，而以其弟山阜为交城令。时世祖以皇弟开藩京兆，开藩，开设藩王府。总天下兵。岁丁巳，有间之者，宪宗疑之，遂解兵柄。遣阿蓝答兒往京兆，大集官吏，置计局百四十二条以考核之，罪者甚众，世祖每遣左丞阔阔与澄周旋其间，以弥缝其缺，及亲入朝，事乃释。中统元年，世祖即位，擢怀孟路总管，俄赐金符，换金虎符。岁旱，令民凿唐温渠，引沁水以溉田，民用不饥。教之种植，地无遗利。至元二年，迁河南路总管，改平滦路总管。七年，入为司农少卿，俄出为京兆总管。居一年，改陕西四川道提刑按察使，建言：「不孝有三，无后为大。宜令民年四十无子听取妾，以为宗祀计。」朝廷从之，遂著为令。

四川佥省严忠范守成都，为宋将昝万寿所败，退保子城，世祖命澄代之。至则葬暴骸，修焚室，赈饥贫，集逋亡，民心稍安。会西南夷罗罗斯内附，帝以抚新国宜择文武全才，遂以澄为副都元帅，同知宣慰使司事。比至，以疾卒，年五十八。

世祖尝与太保刘秉忠论一时牧守，秉忠曰：「若邢之张耕，怀之谭澄，何忧不治哉！」游显宣抚大名，宣抚，朝廷派遣大臣赴某一地区传达皇帝命令并安抚军民、处置事宜。尝为诸路总管求虎符宣麻，唐宋拜相命将，用白麻纸写诏书公布于朝，称为「宣麻」。后遂以为诏拜将相之称。澄至中书辞曰：「皇上不识谭澄耶？乃为显所举！」中书特为去之。其介如此。

子克修，历湖北、河南、陕西三道提刑按察使。

许维祯，字周卿，遂州人。至元十五年，为淮安总管府判官。属县盐城及丁溪场，有二虎为害，维祯默祷于神祠，一虎去，一虎死祠前。境内旱蝗，维祯祷而雨，蝗亦息。是年冬，无雪，父老言于维祯曰：「冬无雪，民多疾，奈何！」维祯曰：「吾当为尔祷。」已而雪深三尺。朝廷闻其事，方欲用之而卒，年四十四。子殷。

许楫，字公度，太原忻州人。幼从元裕学，年十五，以儒生中词赋选，河东宣抚司又举楫贤良方正孝廉。楫至京师，平章王文统命为中书省掾，以不任簿书辞，改知印。丞相安童、左丞许衡深器重之。一日，从省臣立殿下，世祖见其美髯魁伟，问曰：「汝秀才耶？」楫顿首曰：「臣学秀才耳，未敢自谓秀才也。」帝善其对，授中书省架阁库管勾，（架阁库，宋元时代储藏文牍案卷的机构。）兼承发司事。未几，立大司农司，以楫为劝农副使。时商挺为安西王相，遇于途，楫因言：「京兆之西，荒野数千顷，宋、金皆尝置屯，如募民立屯田，岁可得谷，给王府之需。」挺以其言入奏，从之。三年，屯成，果获其利。寻佩金符，为陕西道劝农使。

至元十三年，宋平，帝命平章廉希宪行中书于荆南府，以楫为左右司员外郎。荆南父老舆金帛求见，楫曰：「汝等已为大元民矣，今置吏以抚字汝辈，（抚字，对百姓的安抚体恤。）奚用金帛以求见！」明年，擢岭北湖南提刑按察副使。武冈富民有殴死出征军人者，阴以家财之半诱其佃者，代己款伏。楫审得其情，释佃者，系富民，人服其明。改江西道提刑按察副使，行省命招讨郭昂讨叛贼董旗，兵士俘掠甚众，楫询究得良民六百口，遣还乡里。

二十三年，授中议大夫、徽州总管。桑哥立尚书，会计天下钱粮，（会计，管理财物及其出纳等事。）参知政事忻都、户部尚书王巨济，倚势刻剥，遣吏征徽州民钞，多输二千锭，巨济怒其少，欲更益千锭，楫诣巨济曰：「公欲百姓死耶、生耶？如欲其死，虽万锭可征也。」巨济怒解，徽州赖以免。楫考满去。徽之绩溪、歙县民柯三八、汪千十等，因岁饥阻险为寇。行省右丞教化以兵捕之，相拒七月，乃使人谕之。三八等曰：「但得许总管来，我等皆降矣。」行省为驿召楫至，命往招之。楫单骑趋贼垒，众见楫来，皆拜曰：「我公既来，请署榜以付我。」楫白教化，请退军一舍，听其来降。不听。会以参政高兴代教化，楫复以前言告之，兴从其计，贼果降。

二十四年，授太中大夫、东平总

管，谢事二年卒，寿七十。十一子：余庆，重庆，崇庆，余失其名。

田滋，字荣甫，开封人。至元二年，由汴梁路总管府知事入为御史台掾。十二年，拜监察御史。十三年，宋平，滋建言：「江南新附，民情未安，加以官吏侵渔，宜立行御史台以镇之。」诏从其言。遂超拜行御史台侍御史。历两淮盐运使、河南路总管。大德二年，迁浙西廉访使。有县尹张彧者，被诬以赃，狱成，滋审之，但俯首泣而不语。滋以为疑，明日斋沐，诣城隍祠祷曰：「张彧坐事有冤状，愿神相滋，明其诬。」守庙道士进曰：「曩有王成等五人，同持誓状到祠焚祷，火未尽而去之，烬中得其遗稿，今藏于壁间，岂其人耶？」视之，果然。明日，诣宪司诘成等，不服。因出所得火中誓状示之，皆惊愕伏辜（服罪；承担罪责而死。），张彧得释。十年，改济南路总管，寻拜陕西行省参知政事。时陕西不雨三年，道过西岳，因祷曰：「滋奉命来参省事，而安西不雨者三年，民饥而死，滋将何归！愿神降甘泽，以福黎庶。」到官，果大雨。滋即开仓，以麦五千余石给小民之无种者，俾来岁收成以偿官，民大悦。未几，以疾卒于位。赠通奉大夫、河南行省参知政事，追封开封郡公，谥庄肃。

卜天璋，字君璋，洛阳人。父世昌，仕金为河南孔目官。旧时官府衙门里的高级吏人。掌管狱讼、帐目、遣发等事务。宪宗南征，率众款附，授镇抚，统民兵二千户，升真定路管民万户。宪宗六年，籍河北民徙河南者三千余人，俾专领之，遂家汴。天璋幼颖悟，长负直气，读书史，识成败大体。至元中，为南京府史。时河北饥民数万人，集河上欲南徙，有诏令民复业，勿渡，众汹汹不肯还。天璋虑其生变，劝总管张国宝听其渡，国宝从之，遂以无事。河南按察副使程思廉察其贤，辟为宪史，声闻益著。后为中台掾，有侍御史倚势贪财，御史发其赃，天璋主文牍，未及奏，顾为所谮，俱拘内廷，御史对食悲哽，天璋问故，御史曰：「吾老，唯一女，心怜之，闻吾系，不食数日矣，是以悲耳。」天璋曰：「死职，义也，奈何为兒女子泣耶！」御史惭谢。俄见原免。丞相顺德王当国，擢掾中书，为提控，事有可否，必力辩，他相怒，天璋言不置，王竟从其议，且曰：「掾能如是，吾复何忧！」

大德四年，为工部主事。蔚州

有刘帅者，豪夺民产，吏不敢决，省檄天璋往讯之，帅服，田竟归民。大德五年，以枢密大臣暗伯荐，授都事，赞其府。赞，辅佐；帮助。引见，赐锦衣、鞍辔、弓刀。后以扈从劳，加奉训大夫，赐侍燕服二袭。秩满当代，枢密臣奏留之，特以其代为增员。武宗时，迁宗正府郎中。尚书省立，迁刑部郎中。适盗贼充斥，时议犯者并家属咸服青衣巾，以别民伍。天璋曰：「赭衣塞路，秦弊也，尚足法耶！」相悟而止。有告诸侯王谋不轨者，敕天璋讯正之，赏赉优渥。优裕，丰厚。尚书省臣得罪，仁宗召天璋入见，时兴圣太后在座，帝指曰：「此不贪贿卜天璋也。」因问今何官，天璋对曰：「臣待罪刑部郎中。」复问谁所荐者，对曰：「臣不才，误蒙擢用。」帝曰：「先朝以谢仲和为尚书，卿为郎中，皆朕亲荐也。汝宜奉职勿怠！」即以中书刑部印章付之。既视事，入觐，赐酒隆福宫，及锦衣三袭。后被命治反狱，帝顾左右曰：「君璋，廉慎人也，必得其情。」天璋承命，狱赖不冤。

皇庆初，天璋为归德知府，劭农兴学，劭，劝勉。复河渠，河患遂弭。时群盗据要津，商旅不通，天璋擒百数人，悉磔以徇，盗为止息。升浙西道廉访副使，到任阅月，以更田制，改授饶州路总管。天璋既至，听民自实，事无苛扰，民大悦，版籍为清。时省臣董田事，董，督察；监督。妄作威福，郡县争赂之，觊免谴，觊，希望得到。饶独无有。省臣衔之，将中以危法，求其罪无所得。县以饥告，天璋即发廪赈之，僚佐持不可，天璋曰：「民饥如是，必俟得请而后赈，民且死矣。失申之责，吾独任之，不以累诸君也。」竟发藏以赈之，民赖全活。其临事无所顾虑若此。火延饶之东门，天璋具衣冠，向火拜，势遂熄。

鸣山有虎为暴，天璋移文山神，立捕获之。以治行第一闻。升广东廉访使。先是，豪民濒海堰，专商舶以射利，射，谋求，夺取。累政以赂置不问，天璋至，发卒决去之。岭南地素无冰，天璋至，始有冰，人谓天璋政化所致云。寻乞致事。

天历二年，蜀兵起，荆楚大震，复拜山南廉访使。人谓公老，必不行矣。天璋曰：「国步方艰，吾年八十，恒惧弗获死所耳，敢避难乎！」遂行。至则厉风纪，清吏治，州郡肃然。是时，谷价翔踊，乃下令勿损谷价，听民自便，于是舟车争集，米价顿减。复止宪司赃罚库缗钱不输于台，留用赈饥，御史至，民遮道称颂。会诏三品官言时政得失，因列上二十事，凡万余言，目之曰中兴济治策，皆中时病。因自引去。既归汴，以余禄施其族党，家无甔储，甔音dān，陶制罂类容器。亦用作量词。天璋处之，晏如也。至顺二年卒。赠通议大夫、礼部尚书、上轻车都尉、河南郡侯，谥正献。

耶律伯坚，字寿之，桓州人。气豪侠，喜与名士游。用荐举入官，为工部主事。至元九年，转保定路清苑县尹。初，安肃州苦徐水之害，诉于大司农司，大司农司欲夺水故道，导水使东。东则清苑境也，地势不利，果导之，则清苑被其害，而水亦必反故道为灾。伯坚陈其形势，图其利害，要大司农司官及郡守行视可否，事遂得已。县西有塘水，溉民田甚广，势家据以为硙，音wèi，石磨。民以失利来诉。伯坚命毁硙，决其水而注之田，许以溉田之余月，乃得堰水置硙。仍以其事闻于省部，著为定制。县居南北之冲，岁为亲王大官治供帐于县西，限以十月成，至明年复撤而新之，吏得并缘侵渔，其费不赀。伯坚命筑公馆，以代供帐，其弊遂绝。凡郡府赋役，于县有重于他县者，辄曰：「宁得罪于上，不可得罪于下。」必诣府力争之。在清苑四年，民亲戴之如父母，比去而犹思之，立石颂其德焉。擢为恩州同知。

段直，字正卿，泽州晋城人。至元十一年，河北、河东、山东盗贼充斥，直聚其乡党族属，结垒自保。世祖命大将略地晋城，直以其众归之，幕府承制，署直潞州元帅府右监军。其后论功行赏，分土世守，命直佩金符，为泽州长官。泽民多避兵未还者，直命籍其田庐于亲戚邻人之户，且约曰：「俟业主至，当析而归之。」逃民闻之，多来还者，命归其田庐如约，民得安业。素无产者，则出粟赈之；为他郡所俘掠者，出财购之；以兵死而暴露者，收而瘗之。未几，泽为乐土。大修孔子庙，割田千亩，置书万卷，迎儒士李俊民为师，以招延四方来学者。不五六年，学之士子，以通经被选者，百二十有二人。在官二十年，多有惠政。朝廷特命提举本州学校事，未拜而卒。

谙都剌，字瑞芝，凯烈氏。祖阿思兰，尝从大将阿术伐宋，仕至冀宁路达鲁花赤，子孙因其名兰，遂以兰为氏。谙都剌通经史，兼习诸国语。成宗时，为翰林院札尔里赤，职书制诰。会有旨命书籓王添力圣旨，谙都剌曰：「此旨非惟有亏国体，行且为民殃矣。」帝闻之，谓近臣曰：「小吏如此，真难得也。」事乃止。寻授应奉翰林文字，凡蒙古传记，多所校正。升待制。时方选守令，除辽州达鲁花赤，以最闻，赐上尊名币，除集贤直学士。至顺元年，迁襄阳路达鲁花赤。山西大饥，河南行省恐流民入境为变，檄守武关，谙都剌验其良民，辄听其度关。吏曰：「得无违上命乎？」谙都剌曰：「吾防奸耳，非仇良民也，可不开其生路耶！」既又煮粥以食之，所活数万人。又城临汉水，岁有水患，为筑堤城外，遂以无虞。元统二年，除益都路总管。俗颇悍黠，而谙都剌务兴学校，以平易治之。有上马贼白昼劫人，久不能捕，谙都剌生擒之，其党赂宣慰使罗锅，诬以枉勘，纵其贼。已而贼劫河间，复被获，乃尽输其情，而谙都剌之诬始白，俾再任一考。亲王买奴镇益都，其府属病民，谙都剌裁抑之，民以无扰。至正六年卒，年七十。

子燮彻坚，同知新喻州事，以

孝称。

杨景行，字贤可，吉安太和州人。登延祐二年进士第，授赣州路会昌州判官。会昌民素不知井饮，汲于河流，故多疾疠；不知陶瓦，以茅覆屋，故多火灾。景行教民穿井以饮，陶瓦以代茅茨，民始免于疾疠火灾。豪民十人，号十虎，干政害民，悉捕置之法。乃创学舍，礼师儒，劝民斥腴田以赡士，弦诵之声遂盛。调永新州判官，奉郡府命，核民田租，除划宿弊，奸欺不容，细民赖焉。改江西行省照磨，官名。即「照刷磨勘」的简称，掌管磨勘和审计工作。转抚州路宜黄县尹，理白冤狱之不决者数十事。升抚州路总管府推官，发擿奸伏，郡无冤狱。金溪县民陶甲，厚积而凶险，尝屡诬陷其县长吏罢去之，由是官吏畏其人，不敢诘治，陶遂暴横于一郡。景行至，以法痛绳之，徙五百里外。金溪豪僧云住，发人冢墓取财物，事觉，官吏受贿，缓其狱，景行急按之，僧以贿动之，不听，乃赂当道者，以危语撼之，一不顾，卒治之如法。由是豪猾屏迹，良民获安。转湖州路归安县尹，奉行省命，理荒田租，民无欺弊。景行所历州县，皆有惠政；所去，民皆立石颂之。以翰林待制、朝列大夫致仕，年七十四卒。

林兴祖，字宗起，福州罗源人。至治二年，登进士第，授承事郎、同知黄岩州事，三迁而知铅山州。铅山素多造伪钞者，豪民吴友文为之魁，远至江淮、燕蓟，莫不行使。友文奸黠悍鸷，凶猛暴戾。因伪造致富，乃分遣恶少四五十人，为吏于有司，伺有欲告之者，辄先事戕之，前后杀人甚众，夺人妻女十一人为妾，民罹其害，衔冤不敢诉者十余年。兴祖至官，曰：「此害不除，何以牧民！」即张榜禁伪造者，且立赏募民首告。俄有告者至，佯以不实斥去；又有告获伪造二人并赃者，乃鞫之，款成。友文自至官，为之营救，兴祖命并执之。须臾，来诉友文者百余人，择其重罪一二事鞫之，狱立具，逮捕其党二百余人，悉置之法。民害既去，政声籍甚。江浙行省丞相别兒怯不花荐诸朝，升南阳知府，改建德路同知，俱未任。至正八年，特旨迁为道州路总管，行至城外，撞贼已迫其后，相去仅二十里。时湖南副使哈剌帖木兒屯兵城外，闻贼至，以乏军需，欲退兵，兴祖闻，即夜诣说留之。哈剌帖木兒曰：

「明日得钞五千锭、桐盾五百，乃可破贼。」兴祖许之。明日甫入城视事，即以恩信劝谕盐商，贷钞五千锭，且取郡楼旧桐板为盾，日中皆备。哈剌帖木兒得钞、盾，大喜，遂留，为御贼计。贼闻新总管至，一日具五百盾，以为大军且至，中夕遁去。永明县洞徭屡窃发为民害，兴祖以手榜谕之。皆曰：「林总管廉而爱民，不可犯也。」三年不入境。春旱，虫食麦苗，兴祖为文祷之，大雨三日，虫死而麦稔。已而罢兴作，赈贫乏，轻徭薄敛，郡中大治，宪司考课，以道州为最。以年老致仕，终于家。

观音奴，字志能，唐兀人氏，居新州。登泰定四年进士第。由户部主事，再转而知归德府。廉明刚断，发擿如神。民有衔冤不直者，虽数十年前事，皆千里奔走来诉，观音奴立为剖决，旬日悉清。彰德富商任甲，抵睢阳，驴毙，令郄乙剖之，任以怒殴郄，经宿而死。郄有妻王氏、妾孙氏，孙诉于官，官吏纳任贿，谓郄非伤死，反抵孙罪，置之狱。王来诉冤，观音奴立破械出孙于狱，呼府胥语之曰：「吾为文具香币，若为吾以郄事祷诸城隍神，令神显于吾。」

有睢阳小吏，亦预郄事，畏观音奴严明，且惧神显其事，乃以任所赂钞陈首曰：「郄实伤死，任赂上下匿其实，吾亦得赂，敢以首。」于是罪任商而释孙妾。宁陵豪民杨甲，夙嗜王乙田三顷，不能得。值王以饥携其妻就食淮南，而王得疾死，其妻还，则田为杨据矣。王妻诉之官，杨行贿，伪作文凭，曰：「王在时已售我。」观音奴令王妻挽杨，同就崔府君神祠质之。杨惧神之灵，先期以羊酒浼巫嘱神勿泄其事，浼音měi，央求；请求。及王与杨诣祠质之，果无所显明。观音奴疑之，召巫诘问，巫吐其实曰：「杨以羊酒浼我嘱神曰：『我实据王田，幸神勿泄也。』」观音奴因讯得其实，坐杨罪，归其田王氏，责神而撤其祠。亳州有蝗食民禾，观音奴以事至亳，民以蝗诉，立取蝗向天祝之，以水研碎而饮，是岁蝗不为灾。后升为都水监官。

周自强，字刚善，临江路新喻州人。好学能文，练于吏事，以文法推择为吏。泰定间，广西洞傜反，自强往见傜酋，说以祸福，中其要害，傜酋立为罢兵，贡方物，纳款请命。事闻于朝，特旨超授广西两江道宣慰司都事。转饶州路经历，官名。金于都元帅府、枢密院置经历。元枢密院、大都督府、御史台等衙署，皆有经历。明清都察院、通政使司、布政使司、按察使司等亦置经历，职掌出纳文书。迁婺州路义乌县尹。周知民情，而性度宽厚，不为刻深。民有以争讼诉于庭者，一见即能知其曲直，然未遽加以刑责，必取经典中语，反覆开譬之，令其诵读讲解。若能悔悟首实，则原其罪；若迷谬怙恶不悛，然后绳之以法不少贷。民畏且爱，狱讼顿息。民间田税之籍多失实，以故差徭不平，自强出令履亩核之，民不能欺，文簿井井可考，于是赋役平均，贫富乐业。其听讼决狱，物无遁情，黠吏欲以片言欺惑之不可得。由是政治大行，声誉籍甚。部使者数以廉能举于朝，选授抚州路金溪县尹，阶奉议大夫，政绩愈著。以亚中大夫、江州路总管致仕。

白景亮，字明甫，南阳人。明法律，善书算。由征东行省译史有劳，超迁南恩知州，升沔阳府尹，奏最于朝，特授衢州路总管。先是，为郡者于民间徭役，不尽校田亩以为则，吏得并缘高下其手，富民或优有余力，而贫弱不能胜者，多至破产失业。景亮深知其弊，乃始核验田亩以均之，役之轻重，一视田之多寡，大小家各使得宜，咸便安之，由是民不劳而事易集，他郡邑皆取以为法。郡学之政久弛，从祀诸贤无塑像，诸生无廪膳，祭服乐器有缺，景亮皆为备之，儒风大振，缙绅称颂焉。景亮性廉介勤苦，自奉甚薄，妻尤俭约，惟以脱粟对饭而已。脱粟，糙米；只去皮壳、不加精制的米。部使者尝上其事，特诏褒美，赐以宫锦，改授台州路总管。卒于官。

王艮，字止善，绍兴诸暨人。尚气节，读书务明理以致用，不苟事言说。淮东廉访司辟为书吏，迁淮西。会例革南士，就为吏于两淮都转运盐使司，以岁月及格，授庐州录事判官。淮东宣慰司辟为令史，以廉能称。再调峡州总管府知事，又辟江浙行省掾史。会朝廷复立诸市舶司，艮从省官至泉州，建言：「若买旧有之船以付舶商，则费省而工易集，且可绝官吏侵欺掊克之弊。」中书省报如艮言。凡为船六？宗，省官钱五十余万缗。

历建德县尹，除两浙都转运盐使司经历。绍兴路总管王克敬，以计口食盐不便，尝言于行省，未报，而克敬为转运使，集议欲稍损其额，以纾民力。沮之者以为有成籍不可改，艮毅然曰：「民实寡而强赋多民之钱，今死、徙已众矣，顾重改成籍而轻弃民命乎！且浙右之郡，商贾辐辏，未尝以口计也。移其所赋，散于商旅之所聚，实为良法。」于是议岁减绍兴食盐五千六百引。寻有复排前议者，艮欲辞职去，丞相闻之，亟遣留艮，而议遂定。

迁海道漕运都万户府经历。绍兴之官粮入海运者十万石，城距海十八里，岁令有司拘民船以备短送，吏胥得并缘以虐民。及至海次，主运者又不即受，有折缺之患。艮执言曰：「运户既有官赋之直，何复为是纷纷也！」乃责运户自载粮入运船。运船为风所败者，当核实除其数，移文往返，连数岁不绝，艮取吏牍披阅，即除其粮五万二千八百石、钞二百五十万缗，运户乃免于破家。

迁江浙行省检校官。有诣中书诉松江富民包隐田土，为粮一百七十余万石；沙荡，为钞五百余万缗；宜立官府纠察收追之。中书移行省议，遣官验视，而松江独当十九。艮至松江，条陈曲折，以破其诳妄，言其「不过欲竦朝廷之听而报宿怨，且冀创立衙门，为徼名爵计耳。

万一民心动摇，患生不测，岂国家培养根本之策哉！」艮言上，事遂寝。

除江西行省左右司员外郎。吉之安福有小吏，诬民欺隐诡寄田租九千余石，诡寄，将自己的田地伪报在他人名下，借以逃避赋役的一种方法。初止八家，前后数十年，株连至千家，行省数遣官按问，吏已伏其虚诳，而有司喜功生事者，复勒其民报合征粮六百余石，宪司援诏条革去，终莫能止。艮到官，首言：「是州之粮，比元经理已增一千一百余石，岂复有欺隐诡寄者乎？准宪司所拟可也。」行省用艮言，悉蠲之。艮在任岁余，以中宪大夫、淮东道宣慰副使致仕。卒年七十一。

卢琦，字希韩，惠安人，登至正二年进士第。十二年，稍迁至永春县尹。始至，赈饥馑，止横敛，均赋役，减口盐一百余引，蠲包银榷铁之无征者。已而讼息民安，乃新学宫，延师儒课子弟，月书季考，文风翕然。邻邑仙游盗发，琦适在邑境，盗遥见之，迎拜曰：「此永春大夫也。为大夫百姓者，何幸之大乎！吾邑长乃以暴毒驱我，故至此耳。」琦因立马喻以祸福，众皆投刃槊，请缚其酋以自新，琦许之。酋至，琦械送帅府，自是威惠行于境外。十三年，泉郡大饥，死者相枕籍。其能行者，皆老幼扶携，就食永春。琦命分诸浮屠及大家使食之，所存活不可胜计。十四年，安溪寇数万人来袭永春。琦闻，召邑民喻之曰：「汝等能战则与之战，不能，则我当独死之尔。」众皆感愤，曰：「使君何言也！使君父母，我民赤子，其忍以父母畀贼邪！且彼寇方将虏掠我妻子，焚毁我室庐，乃一邑深仇也。今日之事，有进无退，使君其勿以为忧。」因踊跃争奋。琦率以攻贼，大破之。明日，贼复倾巢而至，又破之。大小三十余战，斩获一千二百余人，而邑民无死伤者。贼大衄，音 nǜ，挫折；挫伤；失败。遂遁去。时兵革四起，列郡皆汹汹不宁，独永春晏然，无异承平时。十六年，改调宁德县尹而去。

邹伯颜，字从吉，高唐人。为建宁崇安县尹。崇安之为邑，区别其土田，名之曰都者五十，五十都之田上送官者，为粮六千石。其大家以五十余家，而兼五千石；细民以四百余家，而合一千石。大家之田，连跨数都，而细民之粮，或仅升合。有司常以四百之细民，配五十大家之役，故贫者受役旬日，而家已破。伯颜曰：「贫弱之受困，一至此乎！」乃取其粮籍而分计从，有粮一石者，受一石之役，有粮升斗者，受升斗之役。田多者受数都之役而不可辞，田少者称其所出而无幸免。贫因无告之民，始得以休息。崇安赋役之均，遂为四方最。邑有宋赵抃所凿沟，溉民田数千亩。岁久，沟湮而田废。伯颜修长沟十里，绕枫树陂，累石以为固，沟悉复抃遗迹，而田为常稔，民赖其利。安庆路尝得造伪钞者，遣卒械其囚至崇安，求其党而执之，囚与卒结谋，望风入良民家肆虐。伯颜捕讯得其状，即执而归诸安庆，自是伪造之连逮无滥及崇安者。于是行省帅府、御史宪府咸举其能。选调漳州路判官。

刘秉直，字清臣，大都武清人。至正八年，来为卫辉路总管，平徭役，兴教化，敦四民之业，崇五土之利，（五土，山林、川泽、丘陵、水边平地、低洼地等五种土地。）养鳏寡，恤孤独。贼劫汲县民张聚钞一千二百锭而杀之，贼不获，秉直具词致祷城隍祠，而使人伺于死所，忽有村民阿莲者，战怖仆地，具言贼之姓名及所在，乃命尉袭之，果得贼于汴，遂正其罪。秋七月，虫螟生，民患之，秉直祷于八蜡祠，虫皆自死。岁大饥，人相食，死者过半，秉直出俸米，倡富民分粟，馁者食之，病者与药，死者与棺以葬。天不雨，禾且槁，秉直诣城北太行之苍峪神祠，具词祈祝，有青蛇蜿蜒而出，观者异之。辞神而还，行及数里，雷雨大至。秩满，以亲老，去官侍养。

许义夫，砀山人。为夏邑县尹，每亲诣乡社，教民稼穑。见民勤谨者，出己俸赏之，怠惰者罚之。三年之间，境内丰足。后为封丘县尹，值至正四年大饥，盗贼群起，抄掠州县。义夫闻贼至近境，乃单马出郊十里外迎之，见贼数百人，义夫力言：「封丘县小民贫，皆已惊惶逃窜，幸无入吾境也。」言辞愿款，诚挚。贼遂他往。封丘之民，得免于难。

明史·循吏传

《明史》是二十四史最后一部，共三百三十二卷，包括本纪二十四卷，志七十五卷，列传二百二十卷，表十三卷。它是一部纪传体史书，记载了自朱元璋洪武元年至朱由检崇祯十七年二百多年的历史。明朝建立后，朱元璋铁腕治吏，惩治贪官甚至采用了剥皮实草的极端做法。明朝在正德、嘉靖以前，地方政治状况总体来说还是较好的。明自武宗起开始大规模建立皇庄，聚敛财物，与民争利，此后，总体的政治情况开始恶化，至明朝晚期，吏治腐败问题也是极为突出的，管理选拔、监督制度遭到了严重的破坏，「选法至今日大坏，吏治至今日极污，官员补缺以贿赂多寡定好坏，赴任日期以馈赠轻重约早晚。廉污倒置，黜陟混淆」。明朝的循吏基本上出现在前期，《明史·循吏》记载了陈灌等人的事迹。

明太祖惩元季吏治纵弛，民生凋敝，重绳贪吏，置之严典。府州县吏来朝，陛辞，谕曰：「天下新定，百姓财力俱困，如鸟初飞，木初植，勿拔其羽，勿撼其根。然惟廉者能约己而爱人，贪者必朘人以肥己。朘，音juān，缩减；剥削。」洪武五年，下诏有司考课，首学校、农桑诸实政。日照知县马亮善督运，无课农兴士效，立命黜之。一时守令畏法，洁己爱民，以当上指，吏治焕然丕变矣。下逮仁、宣，抚循休息，民人安乐，吏治澄清者百余年。英、武之际，内外多故，而民心无土崩瓦解之虞者，亦由吏

鲜贪残，故祸乱易弭也。嘉、隆以后，资格既重甲科，资格，资，原指地位、经历等。格，政府制订官员除授或升迁所应依据的法令条例。县令多以廉卓被征，梯取台省，梯取，逐级升迁。而龚、黄之治，或未之觏焉。神宗末年，征发频仍，矿税四出，海内骚然烦费，郡县不克修举厥职。而庙堂考课，一切以虚文从事，不复加意循良之选。吏治既以日媮，音tōu，苟且；怠惰。民生由之益蹙。仁、宣之盛，邈乎不可复追，而太祖之法蔑如矣。重内轻外，实政不修，谓非在上者不加之意使然乎！

汉史丞相黄霸，唐史节度使韦丹，皆入循吏传中。今自守令超擢至公卿有勋德者，事皆别见，故采其终于庶僚，一般官吏。政绩可纪者，作循吏传。

陈灌，字子将，庐陵人也。元末，世将乱，环所居筑场种树，人莫能测。后十年，盗蜂起。灌率武勇结屯林中，盗不敢入，一乡赖以全。太祖平武昌，灌诣军门谒见。与语奇之，擢湖广行省员外郎，累迁大都督府经历。从大将军徐达北征。寻命筑城泰州，工竣，除宁国知府。时天下初定，民弃诗书久。灌建学舍，延师，选俊秀子弟受业。访问疾苦，禁豪右兼并。创户帖以便稽民。户帖，登记每户田产或人口的册子。帝取为式，颁行天下。伐石筑堤，作水门蓄泄，护濒江田，百姓咸赖。有坐盗麦舟者，论死数十人。灌覆按曰：「舟自漂至，而愚民哄取之，非谋劫也。」坐其首一人，余悉减死。灌丰裁严正，而为治宽恤类此。洪武四年召入京，病卒。

方克勤，字去矜，宁海人。元末，台州盗起，吴江同知金刚奴奉行省命，募水兵御之。克勤献策弗纳，逃之山中。洪武二年辟县训导，母老辞归。四年征至京师，吏部试第二，特授济宁知府。时始诏民垦荒，阅三岁乃税。吏征率不俟期，民谓诏旨不信，辄弃去，田复荒。克勤与民约，税如期。区田为九等，以差等征发，吏不得为奸，野以日辟。又立社学数百区，葺孔子庙堂，教化兴起。盛夏，守将督民夫筑城，克勤曰：「民方耕耘不暇，奈何重困之畚锸。」请之中书省，得罢役。先是久旱，遂大澍。及时雨。济宁人歌之曰：「孰罢我役？使君之力。孰活我黍？使君之雨。使君勿去，我民父母。」视事三年，户口增数倍，一郡饶足。

克勤为治，以德化为本，不喜近名，尝曰：「近名必立威，立威必殃民，吾不忍也。」自奉简素，一布袍十年不易，日不再肉食。太祖用法严，士大夫多被谪，过济宁者，克勤辄周恤之。永嘉侯朱亮祖尝率舟师赴北平，水涸，役夫五千浚河。克勤不能止，泣祷于天。忽大雨，水深数尺，舟遂达，民以为神。八年入朝，太祖嘉其绩，赐宴，遣还郡。寻为属吏程贡所诬，谪役江浦，复以空印事连，（空印，指空印案，朱元璋反贪腐的两件大案之一，当时地方向中央解纳钱粮的文书，在地方先盖上骑缝印，而解纳的具体数字是到户部核对好数字后再行填写，因而为朱元璋立案追查其中的弊端。）逮死。

子孝闻、孝孺。孝闻，十三丧母，蔬食终制。孝孺，自有传。

吴履，字德基，兰溪人。少受业于闻人梦吉，通春秋诸史。李文忠镇浙东，聘为郡学正。久之，举于朝，授南康丞。南康俗悍，谓丞儒也，易之。居数月，摘发奸伏如老狱吏，则皆大惊，相率敛迹。履乃改崇宽大，与民休息。知县周以中巡视田野，为部民所詈。捕之不获，怒，尽絷其乡邻。履阅狱问故，立释之，乃白以中。以中益怒，曰：「丞慢我。」履曰：「犯公者一人耳，其邻何罪？今絷者众，而捕未已，急且有变，奈何？」以中意乃解。邑有淫祠，每祀辄有蛇出户，民指为神。履缚巫责之，沉神像于江，淫祠遂绝。为丞六年，百姓爱之。

迁安化知县。大姓易氏保险自守，江阴侯吴良将击之，召履计事。履曰：「易氏逃死耳，非反也，招之当来。不来，诛未晚。」良从之，易氏果至。良欲籍农故为兵者，民大恐。履曰：「世清矣，民安于农。请籍其愿为兵者，不愿，可勿强。」迁潍州知州。山东兵常以牛羊代秋税，履与民计曰：「牛羊有死瘠患，不若输粟便。」他日，上官令民送牛羊之陕西，他县民多破家，潍民独完。会改州为县，召履还，潍民皆涕泣奔送。履遂乞骸骨归。

是时河内丞廖钦并以廉能称。居八年，调吴江，后坐事谪戍。久之，以老病放归。道河内，河内民竞持羊酒为寿，羊酒，羊和酒。亦泛指赏赐或馈赠的物品。且遗之缣，须臾裒数百匹。钦固辞不得，一夕遁去。

他若兴化丞周舟以绩最，特擢吏部主事。民争乞留，乃遣还之。归安丞高彬、曹县主簿刘郁、衡山主簿纪惟正、沾化典史杜濩皆坐事，以部民乞宥，复其官，而惟正立擢陕西参议。其后州县之佐贰知名者，在仁、宣时则易州判官张友闻、寿州判官许敏、许州判官王通、灵璧丞田诚、安平丞耿福缘、嘉定丞戴肃、大名丞贺祯、昌邑主簿刘整、襄垣主簿乔育、贵池典史黄金兰、深泽典史高闻；英、景时则养利判官汪浩、泰州判官王思旻、上海丞张祯、吴江丞王懋本、历城丞熊观、黔阳主簿古初、云南南安州琅井巡检李保。或超迁，或迁任，皆因部民请云。

高斗南，字拱极，陕西徽州人。貌魁梧，语音若钟。洪武中，由荐举授四川定远知县。才识精敏，多善政。二十九年，与知府永州余彦诚，知县齐东郑敏、仪真康彦民、岳池王佐、安肃范志远、当涂孟廉及丞怀宁苏亿、休宁甘镛、当涂赵森并坐事，先后被征。其耆民奔走阙下，耆民，年高有德之民。具列善政以闻。太祖嘉之，赐袭衣宝钞遣还，并赐耆民道路费。诸人既还任，政绩益著。寻举天下廉吏数人，斗南与焉，列其名于彰善榜、圣政记以示劝。九载绩最，擢云南新兴知州。新兴人爱之不异定远。居数年，以衰老乞归，荐子吏科给事中恂自代，成祖许之。年七十而卒。

恂，字士信，博学能诗文。官新兴，从大军征交阯，有协赞功。师旋，卒于官。

彦诚，德兴人。初知安陆州，以征税愆期，当就逮，其父老伏阙乞留。太祖赐宴嘉赏，遣还，父老亦预宴。久之，擢知永州府，终河东盐运使。

敏，常坐事被逮，部民数千人守阙下求宥。帝宴劳，复其官，赐钞百锭，衣三袭。居数年，考满入朝。部民复走京师，乞再任，帝从其请。及是，再获宥。

彦民，泰和人。洪武二十七年进士。先知青田，调仪真，后历巴陵、天台，并著名绩。永乐初罢归。洪熙元年，御史巡按至天台。县民二百余人言彦民廉公有为，乞还之天台，慰民望。御史以闻，宣宗叹曰：「彦民去天台二十余年，民犹思之，其有善政可知。」乃用为江宁县丞。

亿、廉、森三人既释还，明年复以事当逮。县民又走阙下颂其廉勤，帝亦释之。

时太祖操重典绳群下，守令坐小过辄逮系。闻其贤，旋遣还，且加赏赉，有因以超擢者。二十九年，知县灵璧周荣、宜春沈昌、昌乐于子仁，丞新化叶宗并坐事逮讯，部民为叩阍。太祖喜，立擢四人为知府，荣河南，昌南安，子仁登州，宗黄州。由是长吏竞劝，一时多循良之绩焉。

荣，字国华，蓬莱人。初为灵璧丞，坐累逮下刑部，耆老群赴辇下称其贤。帝赐钞八十锭，绮罗衣各一袭。礼部宴荣及耆老而还之。无何，擢荣灵璧知县。及知河南，亦有声。后建言称旨，擢河南左布政使。

史诚祖，解州人。洪武末，诣阙陈盐法利弊。太祖纳之，授汶上知县，为治廉平宽简。永乐七年，成祖北巡，遣御史考核郡县长吏贤否，还言诚祖治第一。赐玺书劳之曰：「守令承流宣化，所以安利元元。百姓；庶民。朕统御天下，夙夜求贤，共图治理。往往下询民间，皆言苦吏苛急，能副朕心者实鲜。尔敦厚老成，恪共乃职；持身励志，一于廉公。平赋均徭，政清讼简，民心悦戴，境内称安。方古良吏，亦复何让。特擢尔济宁知州，仍视汶上县事。其益共乃职，慎终如始，以永嘉誉，钦哉。」并赐内酝一尊，酝，酒。织金纱衣一袭，钞千贯。御史又言贪吏虐民无若易州同知张腾，遂征下狱。诚祖既得旌，益勤于治。土田增辟，户口繁滋，益编户十四里。成祖过汶上，欲徙其民数百家于胶州，诚祖奏免之。屡当迁职，辄为民奏留。阅二十九年，竟卒于任。士民哀号，留葬城南，岁时奉祀。

是时，县令多久任。盩县吴祥，永乐时知嵩县，至宣德中，阅三十二年卒于任。临汾李信，永乐时由国子生授遵化知县，至宣德中，阅二十七年始擢无为知州。以年老不欲赴，遂乞归。涓县房岩，宣德间为邹县知县，至正统中，阅二十余年卒于任，吏民皆爱戴之。而吉水知县武进钱本忠有廉名，诖误罢官。诖误，贻误；连累。父老奔走，号泣乞留，郡人胡广力保之，得还任。民闻本忠复来，空闾井迎拜。永乐中卒官，民哀慕，留葬吉水，争负土营坟，其得民如诚祖云。

谢子襄，名衮，以字行，新淦人。建文中，由荐举授青田知县。永乐七年，与钱塘知县黄信中、开化知县夏升并九载课最，当迁。其部民相率诉于上官，乞再任，上官以闻。帝嘉之，即擢子襄处州知府，信中杭州，升衢州，俾得治其故县。子襄治处州，声绩益著。郡有虎患。岁旱蝗。祷于神，大雨二日，蝗尽死，虎亦循去。有盗窃官钞，子襄檄城隍神。盗方阅钞密室，忽疾风卷堕市中，盗即伏罪。民鬻牛于市，将屠之。牛逸至子襄前，俯首若有诉，乃捐俸赎还其主。叛卒吴米据山谷为乱，朝廷发兵讨之，一郡汹汹。子襄力止军城中毋出，而自以计掩捕之，获其魁，余悉解散。为人廉谨，历官三十年，不以家累自随。二十二年卒。

信中，余干人。先知乐清县。奸人绐寡妇至京，绐，欺诳。诬告乡人谋叛，而己逸去。有司系其妇以闻，诏行所司会鞫。信中廉得其情，力诋为诬，获全者甚众。盗杀一家三人，狱久不决。信中祷于神，得真盗，远近称之。升，盐城人。

贝秉彝，名恒，以字行，上虞人。永乐二年进士。授邵阳知县，以忧去，补东阿。善决狱，能以礼义导民。岁大侵，上平籴备荒议。帝从之，班下郡县如东阿式。邑西南有巨浸，大水。指大河流。积潦为田害。秉彝相视高下，凿渠，引入大清河，涸之，得沃壤数百顷，民食其利。尤善综画，凡废铁、败皮、朽索、故纸悉藏之。暇令工匠煮胶、铸杵、捣纸、绞索贮于库。会成祖北巡，敕有司建席殿。秉彝出所贮济用，工遂速竣。帝将召之，东阿耆老百余人诣阙自言，愿留贝令，帝许之。九载考满入都，诏进一阶，仍还东阿。尝坐累，罚役京师。民竞代其役，三罚三代，乃复官。秉彝为吏明察而仁恕。素善饮，已仕，遂已之。宣德元年卒官。

时龙溪知县南昌刘孟雍、邹县知县龙溪硃瑶、建安知县昆山张淮、婺源知县建安吴春、歙县知县江西乐平石启宗，皆有惠利，民率怀思不忘云。

万观，字经训，南昌人。弱冠成永乐十九年进士。帝少之，令归肄学。寻召为御史，改严州知府。府东境七里泷，湍急的河流。有渔舟数百艇，时剽行旅。观编十舟为一甲，令画地巡警。不匝月，盗屏迹。乃励学校，劝农桑，奏减织造，以银代丝税，民皆便之。九年考绩，治行为海内第一。既以忧去，将除服，严州民豫上章愿复得观为守，金、衢民亦上章乞之。朝廷异焉，补平阳府，政绩益茂。有芝生尧祠栋上，士民皆言使君德化所致。观曰：「太守知奉职而已，芝，非吾事也。」考满，擢山东布政使，卒于官。

叶宗人，字宗行，松江华亭人。永乐中，尚书夏原吉治水东南。宗人以诸生上疏，请浚范家港引浦水入海，禁濒海民毋作坝以遏其流。帝令赴原吉所自效。工竣，原吉荐之，授钱塘知县。县为浙江省会，徭重，豪有力往往构黠吏得财役贫民。宗人令民自占甲乙，书于册，以次签役，役乃均。尝视事，有蛇升阶，若有所诉。宗人曰：「尔有冤乎？吾为尔理。」蛇即出，遣隶尾之，入饼肆炉下。发之，得僵尸，盖肆主杀而瘗之也。又常行江中，有死人挂舟舵，推问，则里无赖子所沉者。遂俱伏法，邑民以为神。按察使周新，廉介吏也，尤重宗人。一日，伺宗人出，潜入其室，见厨中惟银鱼腊一裹。新叹息，携少许去。明日召宗人共食，饮至醉，用仪仗导之归。时呼为「钱塘一叶清」。十五年督工匠往营北京，卒于涂，新哭之累日。

王源，字启泽，龙岩人。永乐二年擢进士，授庶吉士。改深泽知县。修学舍，筑长堤，劝民及时嫁娶，革其争财之俗。数上书论事，被诏征入都，又论时政得失，忤旨下吏。会赦复官，奏免逋负。岁饥，辄发粟振救，坐是被逮。民争先输纳，得赎还。召为春坊司直郎，侍诸王讲读。迁卫府纪善，移松江同知，奏捐积逋数十万石。以母老乞归养，服阕，除刑部郎中。

英宗践阼，择廷臣十一人为知府，赐宴及敕，乘传行。源得潮州府。城东有广济桥，岁久半圮坏，源敛民万金重筑之。以其余建亭，设先圣、四配、十哲像。刻蓝田吕氏乡约，择民为约正、约副、约士，讲肄其中，而时偕僚寀董率焉。西湖山上有大石为怪，源命凿之，果获石骷髅，怪遂息。乃琢为碑，大书「潮州知府王源除怪石」。会杖一民死，民子诉诸朝，并以筑桥建亭为源罪。逮至京，罪当赎徒。潮人相率叩阍，乃复其官。久之，乞休。潮人奏留不获，祠祀之。

翟溥福，字本德，东莞人。永乐二年进士。除青阳知县。九华虎为患，溥福檄山神，虎即殄。久之，移新淦，迁刑部主事，进员外郎，为尚书魏源所器。正统元年七月诏举廷臣堪为郡守者，源以溥福应，乃擢南康知府。

先是岁歉，民擅发富家粟，及收

取漂流官木者，前守悉坐以盗，当死者百余人。溥福阅实，杖而遣之。地滨鄱阳湖，舟遇风涛无所泊，为筑石堤百余丈，往来者便之。庐山白鹿书院废，溥福倡众兴复，延师训其子弟，朔望躬诣讲授。朔望，朔日和望日。旧历每月初一日和十五日。考绩赴部，以年老乞归。侍郎赵新尝抚江西，大声曰：「翟君此邦第一贤守也，胡可听其去。」恳请累日，乃许之。辞郡之日，父老争赆金帛，赆，送行时赠送的财物。悉不受。众挽舟涕泣，因建祠湖堤祀之，又配享白鹿书院之三贤祠。三贤者，唐李渤、宋周敦颐、朱熹也。

李信圭，字君信，泰和人。洪熙时举贤良，授清河知县。县瘠而冲，官艘日相衔，役夫动以千计。前令请得沭阳五百人为助，然去家远，艰于衣食。信圭请免其助役，代输清河浮征三之二，两邑便之。俗好发冢纵火，信圭设教戒十三条，令里民书于牌，月朔望儆戒之。且令书其民勤惰善恶以闻，俗为之变。宣德三年上疏言：「本邑地广人稀，地当冲要，使节络绎，日发民挽舟。丁壮既尽，役及老稚，妨废农桑。前年兵部有令，公事亟者舟予五人，缓者则否。今此令不行，役夫无限，有一

舟至四五十人者。凶威所加，谁敢诘问。或遇快风，步追不及，则官舫人役没其所赍衣粮，俾受寒馁。乞申明前令，哀此惮人。」从之。八年春，又言：「自江、淮达京师，沿河郡县悉令军民挽舟，若无卫军则民夫尽出有司，州县岁发二三千人，昼夜以俟。而上官又不分别杂泛差役，一体派及。致土田荒芜，民无蓄积。稍遇歉岁，辄老稚相携，缘道乞食，实可悯伤。请自仪真抵通州，尽免其杂徭，俾得尽力农田，兼供夫役。」帝亦从之。自是，他郡亦蒙其泽。

正统元年，用侍郎章敞荐，擢知蕲州。清河民诣阙乞留，命以知州理县事。民有湖田数百顷，为淮安卫卒所夺，民代输租者六十年。信圭奏之，诏还民。饥民攘食人一牛，御史论死八人。信圭奏之，免六人。天久雨，淮水大溢，没庐舍畜产甚众。信圭奏请振贷，并停岁辨物件及军匠厨役、浚河人夫，报可。南北往来道死不葬者，信圭为三大冢瘗之。十一年冬，尚书金濂荐擢处州知府，其在清河已二十二年矣。处州方苦旱，信圭至辄雨。未几，卒于官。清河民为立祠祀之。

自明兴至洪、宣、正统间，民淳俗富，吏易为治。而其时长吏亦多励长者行，以循良见称。其秩满奏留者，不可胜纪，略举数人列于篇。

孙浩，永乐中知邵阳，遭丧去官。洪熙元年，陕西按察使颂浩前政，请令补威宁。宣宗嘉叹，即命起复。久之，超擢辰州知府。

薛慎知长清，以亲丧去。洪熙元年，长清民知慎服阕，相率诣京师乞再任。吏部尚书蹇义以闻，言长清别除知县已久，即如民言，又当更易。帝曰：「国家置守令，但欲其得民心，苟民心不得，虽屡易何害。」遂还之。

吴原知吴桥，洪熙中，九载考绩赴部。县民诣阙乞留，帝从之。

陈哲知博野，以旧官还职，解去。宣德元年，部民恳诉于巡按御史，乞还哲。御史以闻，报可。

畅宣知泰安，以母忧去。民颂于副使邝埜，以闻，仁宗命服阕还任。宣德改元，宣服阕，吏部以请。帝曰：「民欲之，监司言之，固当从，况有先帝之命乎。」遂如其请。

刘伯吉知砀山，以亲丧去。服除，砀山民守阙下，求再任。吏部言新令已在砀山二年矣。帝曰：「新者胜旧，则民不复思。今久而又思，其贤于新者可知矣。」遂易之。

孔公朝，永乐时知宁阳，坐与同僚饮酒忿争，并遣戍。部民屡叩阍乞还，皆不许。宣德二年诏求贤，有以公朝荐者，宁阳人闻之，又相率叩阍乞公朝。帝顾尚书蹇义曰：「公朝去宁阳已二十余载，民奏乞不已，此非良吏耶？可即与之。」

郭完知会宁，为奸人所讦被逮。里老伏阙讼冤乞还，帝亦许之。

徐士宗知贵溪，宣德六年三考俱最。民诣阙乞留，诏增二秩还任。

郭南知常熟，正统十二年以老致仕。父老乞还任，英宗许之。

张璟知平山，秩满，士民乞留，英宗命进秩复任。景泰初，母忧去。复从士民请，夺情视事。

徐荣知藁城，亲丧去官。服阕，部民乞罢新令而还荣，英宗如其请。景泰初，秩满。复徇民请，留之。

何澄知安福，被劾。民诣阙乞留，英宗命还任。乃筑寅陂，浚渠道，复密湖之旧，大兴水利。秩满当迁，侍讲刘球为民代请，帝复留之。

田玉知桐乡，丁艰去。英宗以部民及巡抚周忱请，还其任。

其他若内丘马旭、桐庐杨信、北

流李禧、洋县王黼、保安张庸、获鹿吴韫、扶风宋端，皆当宣宗之世，以九载奏最。为民乞留，即加秩留任者也。时帝方重循良，而吏部尚书蹇义尤慎择守令，考察明恕。沿及英宗，吏治淳厚，部民奏留率报可。然其间亦有作奸者。永宁税课大使刘迪封羊置酒，邀耆老请留。宣宗怒，下之吏。汉中同知王聚亦张宴求属吏保奏为知府。事闻，宣宗并属吏罪之。自后，部民奏留，率下所司核实云。

张宗琏，字重器，吉水人。永乐二年进士。改庶吉士，庶吉士，中国明、清两朝时翰林院内的短期职位。由科举进士中选择有潜质者担任，他们先在翰林院内学习，之后再授各种官职。授刑部主事，录囚广东。仁宗即位，擢左中允。会诏朝臣举所知，礼部郎中况钟以宗琏名上。帝问少傅杨士奇曰：「人皆举外吏，钟举京官，何也？」对曰：「宗琏贤，臣与侍读学士王直将举之，不意为钟所先耳。」帝喜，曰：「钟能知宗琏，亦贤矣。」由是知钟，而擢宗琏南京大理丞。宣德元年，诏遣吏部侍郎黄宗载等十五人出厘各省军籍，宗琏往福建。明年坐奏事忤旨，谪常州同知。朝遣御史李立理江南军籍，檄宗琏自随。立受黠军词，多逮平民实伍，宗琏数争之。立怒，宗琏辄卧地乞杖，曰「请代百姓死」，免株累甚众。初，宗琏使广东，务廉恕。至是见立暴横，心积不平，疽废背卒。常州民白衣送丧者千余人，为建祠君山。宗琏莅郡，不携妻子，病亟召医，室无灯烛。童子从外索取油一盂入，宗琏立却之，其清峻如此。

李骥，字尚德，郯城人。举洪武二十六年乡试。入国学，居三年，授户科给事中。时关市讥商旅，发及囊箧，骥奏止之。寻坐事免。建文时，荐起新乡知县，招流亡，给以农具，复业者数千人。内艰去官，民相率奏留者数四，不许。永乐初，服阕，改知东安。事有病民，辄奏于朝，罢免之。有嫠妇子啮死，诉于骥。骥祷城隍神，深自咎责。明旦，狼死于其所。侍郎李昶等交荐，擢刑部郎中。奏陈十余事，多见采纳。坐累，谪役保安。

洪熙时，有诏求贤，荐为御史。陈经国利民十事，仁宗嘉纳。宣德五年巡视仓场，军高祥盗仓粟，骥执而鞫之。祥父妄言，祥与张贵等同盗，骥受贵等贿故独罪祥。刑部侍郎施礼遂论骥死。骥上章自辨，帝曰：「御史即擒盗，安肯纳贿！」命偕都察院再讯，骥果枉。帝乃切责礼，而复骥官。其年十一月，择廷臣二十五人为郡守，奉敕以行。骥授河南知府，肇庆则给事中王莹，琼州则户部郎中徐鉴，汀州则礼部员外郎许敬轩，宁波则刑部主事郑珞，抚州则大理寺正王升，后皆以政绩著。

河南境多盗，骥为设火甲，一户被盗，一甲偿之。犯者，大署其门曰盗贼之家。又为劝教文，振木铎以徇之。木铎，以木为舌的大铃，铜质。古代宣布政教法令时，巡行振鸣以引起众人注意。自是人咸改行，道不拾遗。郡有伊王府，王数请嘱，不从。中官及校卒虐民，又为骥所抑，恨甚。及冬至，令骥以四更往陪位行礼。及骥如期往，诬骥后期，执而桎梏之，次日乃释。骥奏闻，帝怒，贻书让王，府中承奉、长史、典仪悉逮置于理。

骥持身端恪，晏居虽几席必正。莅郡六年卒，年七十。士民赴吊，咸哭失声。

王莹，鄞人，起家举人。居肇庆九年，进秩二等，后徙知西安。

徐鉴，宜兴人。在琼四年卒，郡人祀之九贤祠。

许敬轩，天台人。起家国子生。

守汀特纠参政陈羽贪暴，宣宗为逮治羽。卒官，士民争赙之。

郑珞，闽县人。起家进士。守宁波，以艰去。会海寇入犯，民数千诣阙乞留，诏夺情复任。尝劾中使吕可烈无状，帝为诛可烈。久之，擢浙江参政。

王升，龙溪人。起家进士。在郡九载，以部民乞留，增秩还任。以疾归。

李湘，字永怀，泰和人。永乐中，由国子生理刑都察院。以才擢东平知州，常禄外一无所取，训诫吏民若家人然。城东有大村坝，源出岱岳，雨潦辄为民患，奏发丁夫堤之。州及所辖五邑，地多荒芜，力督民垦辟，公私皆实。会旧官还任，将解去。民群乞于朝，帝从其请。成祖晚年数北征，令山东长吏督民转饷，道远多死亡，惟东平人无失所。奸人诬湘苛敛民财，讦于布政司。县民千三百人走诉巡按御史暨布、按二司，力白其冤。耆老七十人复奔伏阙下，发奸人诬陷状。及布政司系湘入都，又有耆老九十人随湘讼冤。通政司以闻，下刑曹阅实，乃复湘官，而抵奸人于法。莅州十余年，至正统初，诏大臣举郡守，尚书胡莅以湘应，遂擢怀庆知府。东平民扶携老幼，泣送数十里。怀庆有军卫，素挟势厉民。湘随时裁制，皆不敢犯。居三年卒。

赵豫，字定素，安肃人。燕王起兵下保定，豫以诸生督赋守城。永乐五年授泌阳主簿，未上，擢兵部主事，进员外郎。内艰起复。内艰，旧时称遭母丧。洪熙时进郎中。宣德五年五月简廷臣九人为知府，简，选择；选用。豫得松江，奉敕往。时卫军恣横，豫执其尤者，杖而配之边，众遂贴然。一意拊循，与民休息。择良家子谨厚者为吏，训以礼法。均徭节费，减吏员十之五。巡抚周忱有所建置，必与豫议。及清军御史李立至，专务益军，勾及姻戚同姓。稍辨，则酷刑榜掠。人情大扰，诉枉者至一千一百余人。盐司勾灶丁，亦累及他户，大为民害。豫皆上章极论之，咸获苏息。有诏灭苏、松官田重租，豫所辖华亭、上海二县，减去十之二三。

正统中，九载考绩。民五千余人列状乞留，巡按御史以闻，命增二秩还任。及十年春，大计群吏，始举卓异之典。豫与宁国知府袁旭皆预焉，赐宴及袭衣遣还。在职十五年，清静如一日。去郡，老稚攀辕，留一履以识遗爱，后配享周忱祠。

方豫始至，患民俗多讼。讼者至，辄好言谕之曰：「明日来。」众皆笑之，有「松江太守明日来」之谣。及讼者逾宿忿渐平，或被劝阻，多止不讼。

始与豫同守郡者，苏州况钟、常州莫愚、吉水陈本深、温州何文渊、杭州马仪、西安罗以礼、建昌陈鼎，并皦皦著名绩，豫尤以恺悌称。

是时，列郡长吏以惠政著闻者：

湖州知府祥符赵登，秩满当迁。民诣阙乞留，增秩再任，自宣德至正统，先后在官十七年。登同里岳璿继之，亦有善政，民称为赵、岳。淮安知府南昌彭远被诬当罢，民拥中官舟，乞为奏请，宣帝命复留之。正统六年超擢广东布政司。荆州知府大庾刘永遭父丧，军民万八千余人乞留，英宗命夺情视事。巩昌知府鄞县戴浩擅发边储三百七十石振饥，被劾请罪，景帝原之。徽州知府孙遇秩满当迁，民诣阙乞留，英宗令进秩视事。先后在官十八年，迁至河南布政使。惟袁旭在宁国为督学御史程富所诬劾，逮死狱中。而宁国人惜之，立祠祀焉。

曾泉，泰和人。永乐十八年进士。选庶吉士，改御史。宣德初，都御史邵玘甄别属僚，泉谪汜水典史，卒。

正统四年，河南参政孙原贞上言：「泉操行廉洁，服官勤敏，不以降黜故有偷惰心。躬督民辟荒土，收谷麦，伐材木，备营缮，通商贾，完逋责，官有储积，民无科扰。造舟楫，置棺椁，胆民器用。百姓婚丧不给者，咸资于泉。死之日，老幼巷哭。臣行部汜水，泉没已三年矣，民怀其惠，言辄流涕，虽古循吏，何以加兹。若使海内得泉等数十人分治郡邑，可使朝廷恩泽滂流，物咸得所。虽在异代，犹宜下诏褒美。而奖录未及，官阶未复，使泉终蒙贬谪之名，不获显于当世，良可矜恤。请追复泉爵，褒既往以风方来。」帝从之。

范衷，字恭肃，丰城人。永乐十九年进士。除寿昌知县。辟荒田二千六百亩，兴水利三百四十有六区。正统五年三考报最，当迁。邑人颂德乞留，御史以闻，朝廷许之。寻以外艰去，外艰，旧指父丧或承重祖父之丧。服阕，起知汝州。吏部尚书王直察举天下廉吏数人，衷为第一。性至孝，庐父墓，瓜生连枝，有白兔三，驯扰暮侧。乡人莫不高其行。

周济，字大亨，洛阳人。永乐中，以举人入太学，历事都察院。都御史刘观荐为御史，固辞。宣德时，授江西都司断事。艰归，补湖广。正统初，擢御史。大同镇守中官以骄横闻，敕济往廉之。廉，考察，查访。济变服负薪入其宅，尽得不法状，还报，帝大嘉之。已，巡按四川。威州土官董敏、王允相仇杀，诏济督官兵进讨。济曰：「朝廷绥安远人，宜先抚而后征。」驰檄谕之，遂解。十一年出为安庆知府，岁比不登，民间鬻子女充衣食，方舟而去者相接。济借漕粮以振，而禁鬻子女者。且上疏请免租，诏许之，全活甚众。又为定婚丧制，禁侈费，愆嫁葬期者有罚，风俗一变。

饥民聚掠富家粟，富家以盗劫告。济下令曰：「民饥故如此，然得谷当报太守数，太守当代尔偿。」掠者遂解散。济卒官，民皆罢市巷哭云。

范希正，字以贞，吴县人。宣德三年举贤良方正，授曹县知县。有奸吏受赇，行贿。希正按其罪，械送京师。吏反诬希正他事，坐逮。曹民八百余人诣京白通政司，言希正廉能，横为奸吏诬枉。侍郎许廓以公事过曹，曹父老二百余人遮道稽颡，屈膝下拜，以额触地。泣言朝廷夺我贤令。事并闻，帝乃释希正使还县。正统十年，山东饥。惟曹以希正先积粟，得无患。大理寺丞张骥振山东，闻之。因请升曹县为州，而以希正为知州，从之。时州民负官马不能偿，多逃窜。希正节公费代偿九十余匹，逃者皆复业。吉水人诬曹富民杀其兄，连坐甚众。希正密移吉水，按其人姓名皆妄，事得白。治曹二十三年，历知州，再考乃致仕。

当是时，潞州知州咸宁燕云、徐州知州杨秘、全州知州钱塘周健、霸州知州张需、定州知州王约，皆大著声绩。秘、健进秩视事，约赐诏旌异。需忤太监王振戍边，人尤惜之。而得民最久者，无若希正与宁州知州刘纲。纲，字之纪，禹州人。建文二年进士。由府谷知县迁是职。莅州三十四年，仁宗尝赐酒馔，人以为荣。正统中，请老去，民送之，涕泣载道。及卒，宁民祀之狄仁杰祠中。其孙，即大学士宇也。

段坚，字可大，兰州人。早岁受

书，即有志圣贤。举于乡，入国子监。景泰元年，上书请悉征还四方监军，罢天下佛老宫。疏奏，不行。五年成进士，授福山知县。刊布小学，俾士民讲诵。俗素陋，至是一变，村落皆有弦诵声。成化初，赐敕旌异，超擢莱州知府。期年，化大行。以忧去，服除，改知南阳。召州县学官，具告以古人为学之指，使转相劝诱。创志学书院，聚秀民讲说五经要义，及濂、洛诸儒遗书。建节义祠，祀古今烈女。讼狱徭赋，务底于平。居数年，大治，引疾去。士民号泣送者，逾境不绝。及闻其卒，立祠，春秋祀之。

坚之学，私淑河东薛瑄，务致知而践其实，不以谀闻取誉，故能以儒术饰吏治。

子炅，进士，翰林检讨。谄附焦芳，刘瑾败，落职，隤其家声焉。隤，败坏。

陈钢，字坚远，应天人。举成化元年乡试，授黔阳知县。楚俗，居丧好击彭歌舞。钢教以歌古哀词，民俗渐变。县城当沅、湘合流，数决，坏庐舍。钢募人采石甃堤千余丈，甃音zhòu，垒石为堤。不为害。南山崖官道数里，径窄甚，行者多堕崖死。钢积薪烧山，沃以醯，拓径丈许，行者便之。钢病，民争吁神，愿减已算益钢寿。迁长沙通判，监修吉王府第。工成，王赐之金帛，不受。请王故殿材修岳麓书院，王许之。弘治元年丁母忧归。卒，黔阳、长沙并祠祀之。子沂，官侍讲，见文苑传。

丁积，字彦诚，宁都人。成化十四年进士。授新会知县，至即师事邑人陈献章。为政以风化为本，而主于爱民。中贵梁芳，中贵，朝中贵人。邑人也，其弟长横于乡，责民逋过倍，复诉于积。积追券焚之，且收捕系狱，由是权豪屏迹。申洪武礼制，参以朱子家礼，择耆老诲导百姓。良家子堕业，聚庑下，使日诵小学书，亲为解说，风俗大变。民出钱输官供役，名均平钱。其后吏贪，复令甲首出钱供用，曰当月钱，贫者至鬻子女。积一切杜绝。俗信巫鬼，为痛毁淫祠。既而岁大旱，筑坛圭峰顶。昕夕伏坛下者八日，昕夕，朝暮。谓终日。雨大澍。而积遂得疾以卒，士民聚哭于途。有一妪夜哭极哀，或问之，曰：「来岁当甲首，丁公死，吾无以聊生矣。」

田铎，字振之，阳城人。成化十四年进士。授户部主事，迁员外郎、郎中。弘治二年奉诏振四川，坐误遗敕中语，谪蓬州知州。州东南有江洲八十二顷，为豪右所据，铎悉以还民。建大小二十四桥，又凿三溪山以便行者。御史行部至蓬，寂无讼者，讶之。已，乃知州无冤民也，太息而去。荐于朝，擢广东佥事。迁四川参议，不赴，以老疾告归。正德时，刘瑾矫诏，言铎理广东盐法，簿牒未明，逮赴广。未就道而瑾诛，或劝铎毋行，铎不听，行次九江卒，年八十二矣。

唐侃，字廷直，丹徒人。正德八年举于乡，授永丰知县。之官不携妻子，独与一二童仆饭蔬豆羹以居。久之，吏民信服。永丰俗刁讼，尚鬼，尤好俳优，侃禁止之。进武定知州。会清军籍，应发遣者至万二千人。侃曰：「武定户口三万，是空半州也」。力争之。又有议徙州境徒骇河者，侃复言不宜朘民财填沟壑。事并得寝。章圣皇太后葬承天，诸内奄迫胁所过州县吏，索金钱，宣言供张不办者死，州县吏多逃。侃置空棺旁舍中，奄迫之急，奄，同「阉」。阉人，宦官。则经至棺所，指而造之曰：「吾办一死，金钱不可得也。」诸奄皆愕眙去。愕眙，惊视。稍迁刑部主事，卒。

初，侃少时从丁玑学。邻女夜奔之，拒勿纳。其父坐系，侃请代不得，藉草寝地。逾岁，父获宥，乃止。其操行贞洁，盖性成也。

汤绍恩，安岳人。父佐，弘治初进士，仕至参政。绍恩以嘉靖五年擢第。十四年由户部郎中迁德安知府，寻移绍兴。为人宽厚长者，性俭素，内服疏布，外以父所遗故袍袭之。始至，新学宫，广设社学。岁大旱，徒步祷烈日中，雨即降。缓刑罚，恤贫弱，旌节孝，民情大和。山阴、会稽、萧山三邑之水，汇三江口入海，潮汐日至，拥沙积如丘陵。遇霪潦则水阻，沙不能骤泄，良田尽成巨浸，当事者不得已决塘以泻之。塘决则忧旱，岁苦修筑。绍恩遍行水道，至三江口，见两山对峙，喜曰：「此下必有石根，余其于此建闸乎？」募善水者探之，果有石脉横互两山间，遂兴工。先投以铁石，继以笼盛甃屑沉之。工未半，潮冲荡不能就，怨讟烦兴。讟，音dú，怨恨。绍恩不为动，祷于海神，潮不至者累日，工遂竣。修五十余寻，古代长度单位。一般为八尺。为闸二十有八，以应列宿。于内为备闸三，曰经溇，曰撞塘，曰平水，以防大闸之溃。闸外筑石堤四百余丈扼潮，始不为闸患。刻水则石间，俾后人相水势以时启闭。自是，三邑方数百里间无水患矣。士民德之，立庙闸左，岁时奉祀不绝。屡迁山东右布政使，致仕归，年九十七而卒。

初，绍恩之生也，有峨嵋僧过其门，曰：「他日地有称绍者，将承是儿恩乎？」因名绍恩，字汝承，其后果验。

徐九思，贵溪人。嘉靖中，授句容知县。始视事，恂恂若不能。俄有吏袖空牒窃印者，九思摘其奸，论如法。郡吏为叩头请，不许，于是人人惴恐。为治于单赤务加恩，而御豪猾特严。讼者，抶不过十。诸所催科，预为之期，逾期，令里老逮之而已，隶莫敢至乡落。县东西通衢七十里，尘土积三尺，雨雪，泥没股。九思节公费，甃以石，行旅便之。朝廷数遣中贵醮神三茅山，县民苦供应。九思搜故牒，有盐引金久贮于府者，请以给尝，民无所扰。岁侵，谷涌贵。巡抚发仓谷数百石，使平价粜而偿直于官。九思曰：「彼籴者，皆豪也。贫民虽平价不能籴。」乃以时价粜其半，还直于官，而以余谷煮粥食饿者。谷多，则使称力分负以去，其山谷远者，则就旁富人谷，而官为偿之，全活甚众。尝曰：「即天子布大惠，安能人人蠲租赐复，第在吾曹酌缓急而已。」久之，与应天府尹不合，为巡抚所劾，吏部尚书熊浃知其贤，特留之。

积九载，迁工部主事，历郎中，治张秋河道。漕河与盐河近而不相接，漕水溢则泛滥为田患。九思议筑减水桥于沙湾，俾二水相通，漕水溢，则有所泄以入海，而不侵田，少则有所限而不至于涸。工成，遂为永利。时工部尚书赵文华视师东南，道河上。九思不出迎，遣一吏赍牒往谒，文华嫚骂而去。会迁高州知府。文华归，修旧怨，与吏部尚书吴鹏合谋构之，遂坐九思老，致仕。句容民为建祠茅山。九思家居二十二年，年八十五，抱疾，抗手曰「茅山迎我」，遂卒。子贞明，自有传。

庞嵩，字振卿，南海人。嘉靖十三年举于乡。讲业罗浮山，从游者云集。二十三年历应天通判，进治中，先后凡八年。府缺尹，屡摄其事。始至，值岁饥，上官命督振。公粟竭，贷之巨室富家，全活者六万七千余人。乃蠲积逋，缓征徭，勤劳徕，复业者又十万余人。留都民苦役重，力为调剂，凡优免户及寄居客户、诡称官户、寄庄户、女户、神帛堂匠户，俾悉出以供役，民困大苏。江宁县葛仙、永丰二乡，频遭水患，居民止存七户。嵩为治堤筑防，得田三千六百亩，立惠民庄四，召贫民佃之，流移尽复。屡剖冤狱，戚畹王涌、举人赵君宠占良人妻，杀人，嵩置之法。

早游王守仁门，淹通五经。（淹通，精通；贯通。）集诸生新泉书院，相与讲习。岁时单骑行县，以壶浆自随。京府佐贰鲜有举其职者，至嵩以善政特闻。府官在六年京察例，而复与外察。嵩谓非体，疏请止之，遂为永制。迁南京刑部员外郎，进郎中。撰原刑、司刑、祥刑、明刑四篇，曰刑曹志，时议称之。迁云南曲靖知府，亦有政声。中察典，以老罢，而年仅五十。复从湛若水游，久之卒。应天、曲靖皆祠之名宦，葛仙乡专祠祀之。

张淳，字希古，桐城人。隆庆二年进士，授永康知县。吏民素多奸黠，连告罢七令。淳至，日夜阅案牍。讼者数千人，剖决如流，吏民大骇，服，讼浸减。凡赴控者，淳即示审期，两造如期至，片晷分析无留滞。乡民裹饭一包即可毕讼，因呼为「张一包」，谓其敏断如包拯也。巨盗卢十八剽库金，十余年不获，御史以属淳。淳刻期三月必得盗，而请御史月下数十檄。及檄累下，淳阳笑曰：「盗遁久矣，安从捕。」寝不行。吏某妇与十八通，吏颇为耳目，闻淳言以告十八，十八意自安。淳乃令他役诈告吏负金，系吏狱。密召吏责以通盗死罪，复教之请以妇代系，而己出营赀以偿。十八闻，亟往视妇，因醉而擒之。及报御史，仅两月耳。

民有睚眦嫌，辄以人命讼。淳验无实即坐之，自是无诬讼者。永人贫，生女多不举。淳劝诫备至，贫无力者捐俸量给，全活无数。岁旱，劫掠公行，下令劫夺者死。有夺五斗米者，淳佯取死囚杖杀之，而榜其罪曰「是劫米者」，众皆慑服。久之，以治行第一赴召去永，甫就车，顾其下曰：「某盗已来，去此数里，可为我缚来。」如言迹之，盗正濯足于河，系至，盗服辜。永人骇其事，谓有神告。淳曰：「此盗捕之急则遁，今闻吾去乃归耳。以理卜，何神之有。」

擢礼部主事，历郎中，谢病去。起建宁知府，进浙江副使。时浙江有召募兵，抚按议散之，兵皆汹汹。淳曰：「是憍悍者，留则有用，汰则叵测。不若汰其老弱，而留其壮勇，则留者不思乱，汰者不能乱矣。」从之，事遂定。官终陕西布政

陈幼学，字志行，无锡人。万历十七年进士。授确山知县。政务惠民，积粟万二千石以备荒，垦莱田八百余顷，给贫民牛五百余头，核黄河退地百三十余顷以赋民。里妇不能纺者，授纺车八百余辆。置屋千二百余间，分处贫民。建公廨八十间，以居六曹吏，俾食宿其中。节公费六百余两，代正赋之无征者。栽桑榆诸树三万八千余株，开河渠百九十八道。

布政使刘浑成弟灿成助妾杀妻，治如律。行太仆卿陈耀文家人犯法，立捕治之。汝宁知府邱度虑幼学得祸，言于抚按，调繁中牟。秋成时，飞蝗蔽天。幼学捕蝗，得千三百余石，乃不为灾。县故土城，卑且圮。给饥民粟，俾修筑，工成，民不知役。县南荒地多茂草，根深难垦。令民投牒者，（投牒，呈递诉状。）必入草十斤。未几，草尽，得沃田数百顷，悉

以畀民。有大泽，积水，占膏腴地二十余里。幼学疏为河者五十七，为渠者百三十九，俱引入小清河，民大获利。大庄诸里多水，为筑堤十三道障之。给贫民牛种，贫妇纺具，倍于确山。越五年，政绩茂著。以不通权贵，当考察拾遗，掌道御史拟斥之，其子争曰：「儿自中州来，咸言中牟治行无双。今予殿，何也？」乃已。

稍迁刑部主事。中官采御园果者，怒杀园夫母，弃其尸河中。幼学具奏，逮置之法。嘉兴人袁黄妄批削四书、书经集注，名曰删正，刊行于时。幼学驳正其书，抗疏论列。疏虽留中，镂板尽毁。以员外郎恤刑畿辅，出矜疑三百余人。进郎中。

迁湖州知府，甫至，即捕杀豪恶奴。有施敏者，士族子，杨升者，人奴也，横郡中。幼学执敏置诸狱。敏赂贵人嘱巡抚檄取亲鞫，幼学执不予，立杖杀之。敏狱辞连故尚书潘季驯子廷圭，幼学言之御史，疏劾之，下狱。他奸豪复论杀数十辈，独杨升畏祸敛迹，置之。已，念己去，升必复逞，遂捕置之死，一郡大治。霪雨连月，禾尽死。幼学大举荒政，活饥民三十四万有奇。御史将荐之，征其治行，推官阎世科列上三十六事，御史以闻。诏加按察副使，仍视郡事。久之，以副使督九江兵备。幼学年已七十，其母尚在，遂以终养归。母卒，不复出。天启三年起南京光禄少卿，改太常少卿，俱不赴。明年卒，年八十四矣。中牟、湖州并祠祀之。

清史稿㊤·循吏传

《清史稿》，赵尔巽等撰。《清史稿》是中华民国初年由北洋政府设馆编修的记载清朝历史的正史——《清史》的未定稿。编修工作历时十余年，至一九二七年，赵尔巽见全稿已初步成形，担心时局多变及自己时日无多，遂决定以《清史稿》之名将各卷刊印出版，以示其为未定本。《清史稿》记载了清太祖努尔哈赤在赫图阿拉建国称汗至清朝灭亡，共二百九十六年的历史。清朝初年，即着力于整顿明末贪污成风的官场。顺治八年正月福临亲政伊始，即连下数谕，讲述「朝廷治国安民，首在严惩贪官」「迩来有司，贪污成习」，必须痛加惩治。清朝雍正皇帝特设养廉银，「因官吏贪赃，时有所闻，特设此名，欲其顾名思义，勉为廉吏也」。清初对吏治的整顿成效显著，出现了于成龙、彭鹏、陈瑸、郭琇、赵申乔、陈鹏年等著名的循吏。统治秩序的恢复、国家的强盛统一与吏治的修明有很大的关系，「国家丰亨豫大之休，盖数十年吏治修明之效也」。清朝吏治的混乱，始于乾隆嘉庆之际，咸丰同治以后，对官员的正常选拔任用制度破坏得很厉害，除正途之外，官员选拔又有捐纳、劳绩、保举等诸项，晚清吏治腐败的一个显著特点是形成了以财求官，以官求财的恶性循环，贪污受贿是晚清官场无所不在的风气，官员贪污成风是导致晚清改革失败和清帝国灭亡的重要原因之一。《清史稿·循吏》记载了白登明等人的事迹。

清初以武功定天下，日不暇给。世祖亲政，始课吏治，诏严举劾，树之风声。圣祖平定三藩之后，与民休息，拔擢廉吏，如于成龙、彭鹏、陈瑸、郭琇、赵申乔、陈鹏年等，皆由县令洊历部院封疆，洊，荐举提升。治理蒸蒸，于斯为盛。世宗综覈名实，人知奉法。乾隆初政，循而勿失。国家丰亨豫大之休，丰亨豫大，富足兴盛的太平安乐景象。出处《周易·丰》：「丰亨，王假之。」《周易·豫》：「豫大有得，志大行也。」盖数十年吏治修明之效也。及后权相用事，政以贿成，蠹国病民，乱萌以作。仁宗矫之，冀涤瑕秽。道、咸以来，军事兴

而吏治疏。同治中兴，疆吏贤者犹能激扬清浊，以弥缝其间。然保举冒滥，捐例大开，猥杂不易爬梳。末造财政紊乱，新令繁兴，簿书期会，救过之不遑。又迁调不时，虽有洁己爱民者，亦不易自举其职。论者谓有清一代，治民宽而治吏严，其敝也奉行故事，实政不修，吏道媮而民生益蹙。迨纪纲渐隳，康、雍澄清之治，邈焉不可见。观此，诚得失之林也。明史所载，以官至监司为限，监司，清朝布政使、按察使及各道道员皆有督察所属府、州、县之权，通称监司。今从之。尤以亲民为重，其非由守令起家者不与焉。

白登明，字林九，奉天盖平人，隶汉军镶白旗。顺治二年拔贡，清制，初定六年一次，乾隆七年改为每十二年（即逢酉岁）一次，由各省学政选拔文行兼优的生员，贡入京师，称为拔贡生，简称拔贡。五年，授河南柘城知县。时大兵之后，所在萑苻啸聚。萑苻，指盗贼；草寇。语出《左传》：「郑国多盗，取人于萑苻之泽。」后以称盗贼出没之处，也借指盗贼。登明治尚严肃，擒诸盗魁按以法，境内晏然。悯遗黎荒残，多方招抚，停止增派河夫，设条以劝耕读。十年，考最，擢江南太仓知州。蠲赋税，除耗羡，旧时官府征收钱粮时以弥补损耗为名，在正额之外另征的部分。雪诸冤狱，访察利弊，所摘发辄中。邻境有冤抑，赴愬上官，辄原下州为理。海滨居民因乱荡析，动荡离散。登明召民开垦，复成聚落。是年九月，海寇犯刘河堡，登明尽力守御，寇不得逞，遂退。十六年，海寇破镇江，由江宁败走，急攻崇明。巡抚蒋国柱治兵策应，欲遣告师期，莫敢前。登明独驾一艘夜半往，缒城入，众知援至，守益力，寇乃遁。

刘河北支有朱泾者，宋范仲淹新塘遗迹也，久淤塞。登明请于上官，疏凿五十里。巡按李森先知其能，复令大开刘河六十里，于是震泽在北诸水悉导入海，旱潦有备，为一郡利。先是寇急时，需饷无出，以云南协饷应之，卒为大吏所劾落职。大吏，称独当一面的地方官。州民列治状请留，弗得，坐废二十余年。坐废，获罪罢职。

康熙十八年，会台湾用兵，福建总督姚启圣、巡抚吴兴祚素知登明，代为入赀，纳钱财以赎罪或取得官爵功名。疏荐，起授高邮知州。值岁旱蝗，继而大水，湖涨。决清水潭，筑堤御之。严禁胥吏克减，役者踊跃从事。次年复灾，再请蠲赈，劝富民分食，全活无算。时三藩初平，军檄犹繁。登明与民约，凡供亿驿夫，闻吹笳而至，免夺民时。上官有所徵调，不轻给，然皆谅其清廉，亦无相督过者。以积劳卒官，贫无余赀，州人醵金以殓。醵金，集资，凑钱。入祀名宦祠，乡民多肖像立祠私祀焉。

时江南以良吏称者，汤家相、任辰旦、于宗尧，皆与登明相先后云。

家相，字泰瞻，山西赵城人。顺治六年进士。八年，授常熟知县。洁己爱民，釐剔耗蠹，耗费损害。抚恤凋残，善政具举。前令被劾逮问，家相左右之，力白其诬，以是忤巡按御史。时江南逋赋数百万，严旨夺各官职，家相坐免。士民争先输纳，不逾宿而额足，且以治状诉大吏，请留，勿获。既而给事中周之桂疏上其事，十三年，起授湖北南漳县。县居万山中，寇盗窟穴，时出肆掠，戕官，人咸危之。家相下车，即令坚壁清野。寇大至，家相谓同城守备曰：「寇众我寡，当效罗士信破卢明月法，可胜。」密授方略，寇果堕伏中，遂擒其魁党马成、孙信辈，斩首数百级。寇大创，远遁。于是招流亡，修学校，教养兼施，垦田六百余顷。筑永泉、八观诸堰，民赖其力，邑以大治。疆吏交章荐之，以病乞归。

辰旦，字千之，浙江萧山人。顺治十三年进士。康熙初，授上海知县。清苦自励，敏于听断，数决疑狱，豪猾敛迹。催科以时，不大用鞭朴，百姓感其仁，输纳恐后。濒海防军将撤，密请行期，故邀军主欢饮，宣言期须少缓，次日令下，促急行。乃厚其牛酒，道上劳军，军无敢迁延他顾，居民帖然。黄龙浦为吴淞江入海要口，建闸屡圮。故事，修闸必筑坝，费不赀。辰旦仿浙人为梁法，度基广狭，约丈尺伐石，识其甲乙，下之水，使善泅者厝之，悉中程。复广左右护堤，约水就道，十阅月而工成。不病役，不糜帑，邑人颂之。县田没水者六千亩，赋额未除，输者率破家。前令屡勘虚实贸乱，混乱。至是巡抚慕天颜疏请复勘。辰旦喜曰：「是吾志也。」日往来泥沙中，按旧册履丈，釐其荒者，阅二月，费皆自办，俸不足，出银钏棉布偿之。籍上，得减除额征有差。十八年，举博学鸿儒，放还故官。复以良吏荐，入为给事中，论事切直，改大理寺丞。母忧归。旋以前廷推事诖误落职，卒于家。

宗尧，字二巍，汉军正白旗人，广西总督时曜子。以荫入监读书。康熙七年，授常熟知县，年甫十九。兴利除弊，勇于为治，老于吏事者勿逮也。时漕政积弊，粮皆民运，往往破家。宗尧议定官收官兑之法，重困得甦。缓解。其征粮则戒期令各自输，胥吏莫由上下其手，民便之。兴文教，戢豪强，救荒疗疫，皆以诚恳肫挚出之，肫挚，真挚诚恳。四年如一日。以劳致疾，卒于官，年二十有三耳。民为罢市，醵金发丧，遂葬之虞山南麓，题其阡曰「万民留葬」阡，坟冢，坟墓。。

宋必达，字其在，湖北黄州人。顺治八年进士，授江西宁都知县。

土瘠民贫，清泰、怀德二乡久罹寇，民多迁徙，地不治。请尽蠲逋赋以来之，二岁田尽辟。县治濒河，夏雨暴涨，城且没。祷于神，水落，按故道疏治之，自是无水患。

康熙十三年，耿精忠叛，自福建出攻掠旁近地，江西大震，群贼响应。宁都故有南、北二城，南民北兵。必达曰：「古有保甲、义勇、弓弩社，民皆可兵也。王守仁破宸濠尝用之矣。」如其法训练，得义勇二千。及贼前锋薄城下，营将邀必达议事，曰：「众寡食乏，奈何？」必达曰：「人臣之义，有死无二。贼本乌合，掩其始至，可一鼓破也。」营将遂率所部进，贼少却，必达以义勇横击之，贼奔。已而复率众来攻，巨砲隳雉堞，城墙。辄垒补其缺，随方备御益坚。会援至，贼解去。或言于巡抚，县堡砦多从贼，巡抚将发兵，必达刺血上书争之，乃止。官军有自汀州还者，妇女在军中悲号声相属，自倾橐计口赎之，询其姓氏里居，护之归。

县初食淮盐，自明王守仁治赣，改食粤盐，其后苦销引之累，必达请以粤额增淮额，商民皆便。卒以粤引不中额，被论罢职，宁都人哭而送之，饯贻皆不受，间道赴南昌，中途为贼所得，胁降不屈，系旬有七日。忽夜半有数十人持兵逾垣入，曰：「宋爷安在？吾等皆宁都民。」拥而出，乃得脱。

既归里，江西总督董卫国移镇湖广，见之，叹曰：「是死守孤城者耶？吾为若咨部还故职，且以军功叙。」必达逊谢之。既而语人曰：「故吏如弃妇，忍自媒乎？」褐衣蔬食，老于田间，宁都人岁时祀之。越数年，滇寇韩大任由吉安窜入宁都境，后令万蹶生踵必达乡勇之制御之，卒保其城云。

陆在新，字文蔚，江南长洲人。康熙五年，以策论取士，在新夙讲经济，（经世济民。）遂得举，除松江府学教授，教诸生以质行为先，其以金贽者却之，用不足，知府鲁某分俸助之。巡抚汤斌察其廉勤，以卓异荐。是岁江南七府一州诸长吏被荐者独在新一人，时以此服斌之知人。二十五年，擢江西庐陵知县，严重有威，境内贴然。誓不以一钱自污，钱谷耗羡，革除都尽。傍水设五仓，便民输纳。建问苦亭于衙西，访求民隐。时裹粮历山谷间，劳苦百姓，轸其灾患而导之于善。（轸，顾念，悯惜。）召诸生，考德论艺,如为校官时。设四门义学,刻孝经、小学颁行之。二十六年,江溢,民多溺。在新急出钱募民船往救,躬自倡率,出入洪涛中,全活无算。以受前官亏帑盈万无所抵,忧卒。初赴官时,子孔奂在京师,蹙然曰:「吾父此行,必殉是官矣。」亟从之。卒之日,鬻书数箧以敛。庐陵人为罢市三日,请祀名宦祠,长洲人亦以乡贤祀之。

张沐,字仲诚,河南上蔡人。顺治十五年进士。康熙元年,授直隶内黄知县。县苦赋役不均,沐令田主自首,不丈而清。严行十家牌法,奸宄敛迹。大旱,自八月不雨至明年九月,民饥甚。沐力筹赈,捐赀为倡,劝富民贷粟,官为书其数,俟秋获取偿,人争应之,民免转徙。沐为政务德化,令民各书「为善最乐」四字于门以自警。著六谕敷言,俾人各诵习,反覆譬喻,虽妇孺闻之,莫不欣欣乡善。五年,坐事免。十八年,以左都御史魏象枢荐,起授四川资阳县,途出内黄,民遮道慰问,日行仅数里。既抵任,值吴三桂据泸州,相去数百里,羽檄如织。城中人户不满二百,沐入山招抚,量为调发,供夫驿不缺。滇事平,以老乞休。

沐自幼励志为圣贤，初官内黄，讲学明伦堂，请业恒数百人。汤斌过境，与语大悦，遗书孙奇逢，称其任道甚勇，求道甚切。沐因以礼币迎奇逢至内黄讲学，俾多士有所宗仰。及在资阳，供亿军兴之暇，犹进诸生诲导不倦。退休后，主讲汴中，两河之士翕然归之，多所成就。年八十三，卒。沐之自内黄罢归也，值登封令张埙兴书院，偕耿介同讲学，为文纪其事，一时称盛。

壎字牖如，江苏长洲人。以官学教习议叙知县。康熙十七年，授登封县，单骑之任。途中与登封吏同宿逆旅，吏不知也。至县三日，拜岳，誓不取一钱，不枉一人。衙前树巨石镌曰「永除私派」。设柜，民自封投，无羡折。招集流亡，督之耕种，相其土宜，课植木棉及诸果实。大修学宫，复嵩阳书院，宋四大书院之一也，延耿介为之师。导诸生以程、朱之学。自县治达郊鄙，立学舍二十一所。课童子，以时巡阅，正句读，导之以揖让进退之礼。间策蹇驴历诸郊问所苦，有小争讼，辄于阡陌间决之。西境有吕店者，俗好讼。壎察里长张文约贤，举为乡约，俾行化导，浇风一变。里长申尔瑞负课且受杖，负课，亏欠赋税。路拾人输税金，返之，宁受责，不利人财，埙义之，旌其门。乡民高鹏举死，妻孟年少，舅欲强嫁之，孟哭夫墓将自缢，埙适微行，问其故，给以银米劝还家而免其徭，岁时存问，俾终其节。县故多胥役，时狱讼日尟，尟同「鲜」，少。奸伪无所容，诸胥多自引去。其更番执事者，退则操耒耜为农，以在官无所得钱也。开萼岭二百里，复古轘辕路。建古贤令祠，修鄢公墓，崇祯末为令守城抗贼死者也。在官五年，民知向方，生聚日盛，大书「官清民乐」于门。耿介尝叹曰：「年来嵩、洛间，别一世界矣！」二十二年，以卓异荐，擢广西南宁通判。去之日，民遮道哭，立祠于四乡，肖像祀焉，榜曰「天下清官第一」。至南宁，未几，乞归。母丧，服除，赴京师，卒。

陈汝鹹，字华学，浙江鄞县人。少随父锡嘏讲学证人社，黄宗羲曰：「此程门之杨迪，朱门之蔡沈也。」康熙三十年，会试第一，成进士，选庶吉士，散馆授福建漳浦知县。散馆，明清时翰林院设庶常馆，新进士朝考得庶吉士资格者入馆学习，三年期满举行考试后，成绩优良者留馆，授以编修、检讨之职，其馀分发各部为给事中、御史、主事，或出为州县官，谓之「散館」。民好讼，严惩讼师，无敢欺者。县中赋役故责户长主办，版籍混淆，吏缘为奸。汝咸躬自编审人丁，各归现籍。粮户自封投纳，用滚单法轮催，以三百户为一保，第其人口多寡供役。五年一编丁，而役法平。吏胥以不便挠之，大吏摇惑，汝咸毅然不回，奸人无所施技。民乐输将，赋无逋负。

俗轻生，多因细故服断肠草死，细故，细小而不值得计较的事。挟以图财，力惩其弊，令当刑者掘草根赎罪。禁舁神疗病，舁，音yú。晓示方证，自制药以济贫者。毁学宫伽蓝祠，葺故儒陈真晟、周瑛、高登诸人所著书表章之。归诚书院，乃黄道周讲学地，为僧据，逐而新之。无为教者，男女群聚茹蔬礼佛，籍其居为育婴堂。西洋天主教要大吏将于漳浦开堂，卻止之。修文庙，造祭器，时会邑中士绅于明伦堂讲经史性理诸书。设义学，延诸生有学行者为之师。修朱子祠。教养兼施，风俗为之一变。会大水骤涨，几及城堞，舆钱登城，多为木筏，渡一人与钱三十，人皆以钱助拯，活者数千。多方抚恤，虽灾不害。

土寇伏七里洞，将入海，发兵击

之，走山中。密招贼党，诱擒其渠曾睦等，余党悉散。又擒海盗徐容，尽得贼中委曲，赦其罪，责以招抚。诸盗归诚，海氛遂清。汝咸任漳浦凡十有八年，大吏因南靖多盗，调使治之，县民请留不得，搆生祠曰月湖书院，（搆，架屋；营造。）岁时祀之。汝咸至南靖，诸盗自首就抚，开示威信，颂声大作。

四十八年，内迁刑部主事，擢御史。疏言：「商船出海，挂号无益，徒以滋累。」又言：「海贼入内地，必返其家。下海劫掠，责之巡哨官；未下海之踪迹，责之本籍县令；当力行各澳保甲。」会海盗陈尚义乞降，汝咸自请往抚。圣祖命郎中雅奇偕汝咸所荐阮蔡生往，尚义率其党百余人果就抚，擢通政使参议。五十二年，奉使祭炎帝神农、帝舜陵，并颁赉驻防兵。遍历苗疆，审度形势抚驭之策。历鸿胪寺少卿、大理寺少卿。五十三年，命赴甘肃赈荒，徒步穷乡，感疫，卒于固原。漳浦士民闻之，奔哭于月湖书院，醵金置田，岁祀不绝。著有兼山堂遗稿、漳浦政略诸书。

缪燧，字雯曜，江苏江阴人。贡生，入赀为知县。康熙十七年，授山东沂水县。时山左饥，朝使发赈，将购米济南。燧以路远往返需日，且运费多，不便。请以银给民自买，当事以违旨勿听。燧力争以因地制宜之义，代草疏奏请，得允。既而帑金不足，倾囊以济之。洊饥之后，民多流亡，出私钱为偿逋欠，购牛种，招来复业。因捕剧盗已获复逸，被议归。寻复官。

三十四年，授浙江定海县，故舟山也，设治未久，百度草创。海水不宜谷，筑塘岸以御咸蓄淡，修复塘碶百余所，田日增辟。缮城浚濠，葺学宫，建祠庙，役繁而不扰。地瘠民贫，完赋不能以时，逾限者先为垫解，秋后输还。旧有涂税，出自渔户网捕之地，后渔涂被占，苦赔累，为请罢之。地故产盐，无灶户，盐运使屡檄设厂砌盘，盐运使，官名，其全称为「都转盐运使司盐运使」，简称「运司」。负责管理盐务，还兼为宫廷采办贵重物品，侦察社会情况。官为收卖。燧持不可，请仿江南崇明县计丁销引，岁完盐税银四十二两有奇，著为例。学额多为外籍窜冒，援宣平县例，半为土著，半令他县人认垦入籍以充赋。又以土著不能副额，扩建义学，增廪额以鼓舞之，文教兴焉。民间日用所需，多航海市诸郡城，关胥苛索，请永禁，立石海关。海屿为盗薮，随监司历勘，凡羊巷、下八、尽山、花脑、玉环、半边、牛韭诸岛，权度要害措置之，盗风顿戢。同归域者，海上死事诸人瘗骨处，捐赀修葺，建成仁祠，以劝忠义。

历权慈谿、镇海、鄞县及宁波府事，皆有惠政。擢杭州府同知，未任。五十六年，卒于定海。士民援唐王渔、宋赵师旦故事，留葬衣冠，奉祀于义学，名之曰蓉浦书院，蓉浦，燧自号也。遗爱久而不湮，光绪中复请祀名宦祠。燧任定海前后二十二年，赐四品顶戴，赐御书。后虽擢官，迄未离任。时朝廷重守令，循良多久于其职。陈汝咸治漳浦十有八年，陈时临治汝阳亦二十年。一邑利病，无所不知，视如家事，故吏治蒸蒸日上云。

时临，字二咸，浙江鄞县人。少从陈锡嘏学，得闻证人书院之教。家贫，游京师。三藩之变，从军叙功，授湖南城步知县。父忧归，庐墓三年。康熙三十年，起授河南汝阳县，兵乱之后，风俗大坏，民不知丧礼。时临为斟酌古今所可通行者，衰绖聚饮之风以息。杨埠有支河，久淤，濬复其旧，民获灌溉之利。河南诸县多食芦盐，独汝宁一郡食淮盐，芦商欲并之，时临谓：「芦盐计口而授，不问其所需之多寡，以成额给之，是厉民也。吾不能为河南尽革其害，反徇商人意以害境内乎？」力争得止。巡抚徐潮亟称之，於是前后诸大吏皆以为循吏当令久任，数报最，数留之。时临亦与民相安于无事。后擢兵部主事，宦橐萧寥，临行，百姓扶老载弱相送数十里。逾年，以病乞归，卒。

姚文燮，字经三，安徽桐城人。顺治十六年进士，授福建建宁府推官。官名。掌推勾狱讼之事。康熙六年废除。建宁俗号犷悍，以睚眦仇杀者案山积，睚眦，微小的怨恨。文燮片言立剖，未数月囹圄为空。有方秘者，杀方飞熊，前令已谳定大辟。文燮鞫得飞熊初为盗，尝杀秘一家，既就抚，秘乃乘间复仇，不可与杀平人等，秘得活。大吏谓文燮明允，凡疑狱辄委决之。有武弁被杀，株连众，文燮仅坐数人罪。大吏骇曰：「此叛案，何遽轻率？」文燮曰：「某所据初报文及盗供也。」盖乡民逐盗，弁适遇之，从骑未至，为盗所杀而盗逸，营中执为民叛杀弁。文燮检得初报文，而盗亦获，自供杀弁，故得其情。

时耿氏建藩，其下多怙势虐民，贷民钱而夺其妻女。文燮悉使讦发，为捐募代偿，赎归百数。奉檄主丈田事，建宁环郡皆山，民依山凿田，每陡峻不能施弓绳，文燮授吏勾股法，计田广狭，增减为亩，区画悉当。值边海修战船，或拟按户口出钱，文燮上陈疾苦，筹款以代，民乃安。秩满，报最。康熙六年，诏裁各府推官，去职。

八年，改直隶雄县知县。浑河泛溢，浸城，文燮修城筑堤，造桥利涉者。邑贡狐皮为民累，条上其弊，获免。地近京畿，膏腴多圈占为旗产，文燮为民争之。旗人请于户部，遣司官至，牵绳量地，绳所及，民不得有。文燮拔刀断绳，司官见其刚直，词稍逊。未几，有旨退地还民。团练屯丁，以资守望，盗贼屏迹。报垦地，蠲耗羡，减盐引，恤驿政，拊循疮痏，（疮痏，（民生）凋敝困苦；凋敝困苦的景象。）民庆更生。

擢云南开化府同知，摄曲靖府阿迷州事。吴三桂叛，文燮陷贼中。密与建义将军林兴珠有约，为贼所觉，被系，乘隙遁，谒安亲王岳乐军中。王以闻，召至京，赐对，询军事甚悉。滇寇平，乃乞养归。

黄贞麟，字振侯，山东即墨人。顺治十二年进士。十八年，授安徽凤阳推官，严惩讼师，阖郡懔然。大旱，祷雨未应，贞麟曰：「得无有沈冤未雪，上干天和乎？」于祷雨坛下，立判诸大狱，三日果雨。江南逋赋案兴，蒙城、怀远、天长、盱眙各逮绅民百余人系狱候勘。狱不能容，人皆立，贞麟曰：「彼逋赋皆未验实，忍令僵死于狱乎？」悉还其家。及讯，则或舞文吏妄为注名，或误报，或续完，悉原而释之，保全者五百家。

河南优人朱虎山，游食太和，发长数寸，土猾范之谏与昝姓有隙，诬以藏匿故明宗室谋不轨。事发，江宁推官不敢问，以委贞麟，贞麟力白其诬。逮至京师复勘，刑鞫无异，乃释昝姓而治之谏罪。颍州民吴月以邪教惑众，株连千余人，贞麟勘多愚民无知，止坐月及为首者。捕人索财于水姓，不得，指为月党，追至新蔡杀之。乡人来救，并诬为月党。抚镇发兵围之，系其众至凤阳。贞麟廉得实，惩捕而尽释新蔡乡人。其理枉活人类如此。旋以他事解官，得白。

康熙九年，改授直隶盐山知县，

地瘠而多盗，立法牌甲互相救护。有警，一村中半守半援，盗日以息。清里役，逃亡者悉与豁除，不期年，流民复业数百家。十二年，旱，谓父老曰：「大吏使勘灾者至，供给惟官是责，不费民一钱。」及秋征，吏仍以旧额进。贞麟曰：「下输上易，上反下难。待准蠲而还之，反覆间民必受损。」立令除之。又永革杂派陋例，民皆感惠。内擢户部山西司主事，山西闻喜丁徭重，力请减之。监督京左、右翼仓，因失察侵盗罢职，卒于家。

骆锺麟，字挺生，浙江临安人。

顺治四年进士副榜，授安吉学正。文官官职名。掌执行学规，考校训导。十六年，迁陕西盩厔知县。为政先教化，春秋大会明伦堂，进诸生迪以仁义忠信之道。增删吕氏士约，颁学舍。朔望诣里社讲演，访耆年有德、孝弟著闻者，见与钧礼，谓待以平等之礼。岁时劳以粟肉。立学社，择民间子弟授以小学、孝经。饬保伍，修社仓。莅狱明决，所案治即势豪居间莫能夺，人畏而爱之。县城去渭不十里，锺麟行河畔，知水势将南浸，议自览家寨迤东开复故道，众难之。康熙元年夏，大雨，渭南溢，且及城，斋沐临

祷，自跪水中，幸雨止，水顿减，徙而北流者数里。兼摄兴平、鄠两县，兴平豪右分为部党，前令不能治，廉得其状，收案以法。奏最，内迁北城兵马司指挥，复出为西安府同知。

八年，擢江南常州知府。常州、县赋重，科条繁多，吏缘为奸。锺麟立法钩稽清逋，吏受成事而已。属邑岁例餽漕羡三千金，锺麟曰：「利若金，如吾民何？」峻却之。诸漕卒咸敛手奉法。

初，锺麟在盩厔以师礼数造李颙庐，至是创延陵书院，迎颙讲学，率僚属及荐绅学士北面听。问为学之要，颙曰：「天下之治乱在人心，人心之邪正在学术。人心正，风俗移，治道毕矣。」锺麟书其言，终身诵之。已而江阴、靖江、无锡诸有司争礼致颙，颙为发明性善之旨，格物致知之说，士林蒸蒸向风，吏治亦和。

九年，大水，发仓廪，劝富人出粟赈，民无荒亡。十年夏，大旱，葛衣草履，步祷不应，责躬籲天，言知府不德累民，涕泣并下。寻丁母忧，士民乞留，不可。既归，连遭父丧，以毁卒。郡人论贤有司知治体必首推锺麟。先锺麟守常州者，祖重光、崔宗泰，皆有名。其后有祖进朝，政声尤著。重光官至天津巡抚。

宗泰，奉天人。顺治初，授松江府同知，以敏幹称。擢常州知府，政尚严厉，善钩距，辗转推问，究得情实。吏民惊为神明。十三年，大兵征闽，过郡久驻，人情恇扰，恐惧慌乱。宗泰先期储偫，偫音zhì，储备；积储。纤悉备具。有游骑入村落，逐妇女溺水死，宗泰夜叩营门，白将军缚置之法。时时单骑巡行，遇小有剽夺，隶传呼「崔太守来」，皆引避去，民得安堵。令甲，第一道诏令；法令的第一篇。后用为法令的通称。府漕以推官监兑，推官懦而卫弁横。宗泰自请于漕督，檄之监兑，盛驺从，带刀鞬临仓，弁卒悚惧，竟事无哗。寻以事左迁福建延平府同知。后乞免归。

进朝，亦奉天人。以荫监起家。康熙二十三年，由部郎擢授常州知府，有惠政，以失察镌级去，镌，谪降。士民呼籥于巡抚汤斌，请留进朝。斌上疏言：「进朝履任未一载，操守廉，治事勤，臣私心重之。顷缘失察法宝事降调，常州五县士民辄号泣罢市，赴臣请留，日不下数千人。臣谕以保留例已久停，士民谓常州四十年未有爱民如进朝者，其减繇轻耗，兴学正俗，戢奸除暴，息讼安民，穷乡僻壤，尽沾惠泽。朝廷轸念东南，如江宁府知府于成龙，特恩超擢，吏治丕变。进朝操守才干可与成龙颉颃，而独以一眚被谪，士民攀留，言之泣下，臣不知进朝何以感人之深如此。臣受事四日始获法宝，是受事之日，已为失察之日，且当候处分，何敢代人渎奏？惟臣蒙恩简畀封疆大任，属吏之败检者得纠劾之，廉能者不能为之一言，非公也。民情皇皇如是，而不为之解慰安辑，非仁也。畏罪缄默而使舆情不上闻，非忠也。敢据情陈奏。」章下部议，格不行。圣祖谕曰：「设官原以养民，汤斌保奏祖进朝清廉，百姓同声恳留，可从所请，以劝廉吏。」进朝复任。未几，以老疾乞免，民恒思之不置云。

赵吉士，字天羽，安徽休宁人，寄籍杭州。顺治八年举人。康熙七年，授山西交城知县。县居万山中，地产马，饶灌木，时禁民间牧马，停南堡村木厂，民困，往往去为盗。武弁路时运贪而扰民，民杀时运作乱，与大同叛将姜瓖合，连破诸邑。及瓖诛，余盗匿山中。吉士到官，定先抚后剿之策，有投抚者，给示令招其党。诇知群盗阴事，（诇，侦察；刺探。）选乡兵，得技优者百人。令绅户家出一丁，与民均役。分夕巡城，行保甲法，匿贼者连坐，邻盗相戒不入境。

时交城多抗赋，河北都者赋倍他都。吉士往谕朝廷德意，勖以力耕勿为盗，众悚息。日暮寝陶穴中听讼，左右多贼党，吉士阳若勿知，诘朝深入，察其形势。最险者曰三坐崖，东西两葫芦川绕其下。塞葫芦口，则官军不得登。吉士默识之而还。交山贼杨芳林、芳清等时出肆掠，九年春，吉士入山劝农，抚姜瓖旧卒惠崇德，询得二杨所在，命二卒立擒至，杖系之。贼渠任国铉、锺斗等纠众尾之不敢发。会有陕西叛弁黄某入葫芦川与国铉合，吉士谋间之，遣山民持书付国铉等，伪误投黄所，黄得书疑国铉等，率众去。国铉等既失黄弁，无所恃，有投诚意。静乐盗李宗盛踞周洪山，遣其党赵应龙劫清源，吉士遣惠崇德入山说国铉等，令献赵应龙可免罪。国铉与宗盛给应龙缚付崇德，应龙恨为所卖，尽发诸盗阴谋。吉士会兵剿宗盛，复遣崇德往说国铉等使无动，遂擒宗盛，贼党益涣。

十年，廷旨下总督治群盗，期尽剿绝。吉士曰：「交山剧贼不过十余人，其它率乌合，一闻尽剿，恐山中向化之民畏罪自疑，反为贼用。今靖安堡初复，请协兵三百以驻防为名，克期入山，可一战擒也。」靖安堡者，近葫芦口三十里，昔以屯兵，吉士就废垒新筑之。守备姚顺率兵至县，吉士约期进屯。先期七日置酒大享客，夜半，席未散，吉士上马会师，疾驱四十里至水泉滩。分三队，一袭东葫芦，一袭西葫芦，自偕姚顺进驻东坡底，为两葫芦要道。东西贼援并绝，国铉等为内应，呼曰：「官兵入山矣！」两葫芦贼皆走上三坐崖。吉士遣人至崖下语之曰：「汝等良民，毋为贼胁，官且按户稽丁，不在即以贼论。」众乃稍稍去，仅存二百余人。分兵要贼去路，贼四窜，被获颇众。分搜巢穴，纵降贼，质其妻子，俾捕他贼以自赎。入山旬有六日，盗悉平。乃召山中民始终不附贼者三十七家，赉以羊酒，立为约正；其素不与徭役者千四百三十家，编其籍入都图。自后交山无贼患。吉士初患山路险阻，命每都具一图，鳞比为大图，召父老询径途曲折注之，以次及永宁、静乐邻县诸山。每获贼，善遇之，因得诸贼踪迹。上官知其能，不拘以文法，用卒成功。

治交城五年，百废俱举，内迁户部主事，监扬州钞关，擢户科给事中。忌者劾其父子异籍被黜，寻补国子监学正。四十五年，卒，祀交城名宦祠。

张瑾，字去瑕，江南江都人。康熙二年举人。十九年，授云南昆明知县。时吴三桂初平，故军卫田隶籓府者，征租量丰歉收之，事平沿为额，民不能供。又军兴后官司府署器用皆里下供应，而取给于县，故昆明之徭，尤重于赋。瑾请于大吏，奏减其赋，不可；乃疆画荒地，招流亡，给牛种，薄其征以济军卫之赋。一年垦田千三百余亩，三年得万余亩。又均其徭，里蠹无科派，奸民无包收，诸侵渔弊皆绝。民旧供县公费日十金，瑾曰：「吾食禄於君，不食佣于民。」革之。总督曰：「陈仲子之廉，能理剧乎？」又问：「今家几何人？」对曰：「子一，客与仆各二。」瞷之，瞷，窥视；侦伺。信，皆惊异。自公费除而上之取给者亦减。

昆明池受四山之水，夏秋暴涨，怒流入闸河。沙石壅塞，水乃溢。浸濒池田，岁劳民力浚之。晋宁州境毗于昆明，受东南诸箐之水，箐，音q ìng，指竹木丛生的山谷。旧迹有河道入江，上官议凿之以通闸河。瑾按地势为图白之曰：「闸河独受昆明之水，已不能吐纳，沙石旁溢为害，岂可更受晋宁水乎？且其地高若建瓴，沙石荦确尤甚，殆不可治。」台司持之坚，则指图争曰：「高下在目，何忍陷民于死！」总督范承勋曰：「令言是也。」议遂寝。

县有止善、春登、利城诸里田，坳垤错出，坳垤，（地势）高低不平。不旱则潦。瑾廉得旁近有白沙、马枭、清水三河，可资蓄泄，年久湮塞，率民浚治。三月河复，田以常稔。大小东门外旧皆市，兵后为墟，盗贼窟其中。为创造室庐，以居流亡，移城中骡、马、羊诸市实之。货廛牧场相比，盗遂绝迹。安阜园者，故籓囿也，请耕之以食孤贫废疾而无告者。

是时上官多贤者，每倚信瑾。兵备道欲以流民所垦田牧马，求之期年，不与，久亦称其直。将军仆杀人，按察使置酒为请，阳诺之，退而正其罪。巡抚仆子谋夺士人聘妻，即县庭令士人行合卺礼，判曰：「法不得娶有夫之妇，妇乘我舆，婿乘我马，役送之归，有夺者治其罪。」时人作歌诗以传之。初至，滞狱以百数，断讫皆当。后一省疑狱辄付瑾治，屡有平反。居三年，病卒。士民图其像藏之，请祀名宦祠。

江皋，字在湄，安徽桐城人。顺治十八年进士，观政刑部。父病，乞养归。丧除，授江西瑞昌知县。故事，岁一巡乡堡、校户籍，敛舆马费，皋罢之。县城近河，壖岸善崩，屡决改道，环城无隍，民病汲。皋出俸金，率先效力，筑坚堤，浚壅塞。水复其故，形势益壮，民居遂蕃。三藩叛，县界连湖南，土寇乘间起。皋曰：「吾民缘饥寒出此，迫之则走藉寇」。饬乡、保长开谕抚安，而密督丁壮巡查，屡擒其魁，盗遂息。居七岁，考最，迁九江府同知，寻擢甘肃巩昌知府。大军入蜀，治办军需。值岁除，檄征骡马千匹，茭刍器具，取具仓猝。皋策画便宜，供应无缺。士卒骄悍，所过渔夺百姓，皋遇，辄缚送军主，斩以徇，繇是肃然。繇，通「由」，于。

越四岁，调广西柳州。时新收岭西，兵犹留镇。军中多掠妇女，皋白大吏，檄营帅，籍所掠送郡资遣，凡数百人。军饷不继，士哗噪将变，皋驰谕缓期，趣台司发饷，应期至，军乃戢。郡民王缵绪，故官家子，经乱，产为四奴所据，只身寄食僧舍。皋诘得之，悉逮捕诸奴。奴惧，纳二千金乞免，佯受之。讯伏罪，乃出金授缵绪，命奴从归，尽还其产，柳人歌诵之。太和殿大工兴，使者采木，民大恐。长老言故明采木于此，僵仆谿谷，横藉不可数。皋曰：「上命也，何敢匿讳！」使者至，令民前导，自控骑偕使者往视。巨木森挺绝巘，下临深谷。下骑，掖使者攀援以登，崖益峻，无侧足所。使者咋舌曰：「是不可取。」还奏免役。民讙呼，戴上恩德。

寻被荐提学四川，以母丧解官。服阕，补陕西平庆道副使，迁福建兴泉道参政。以事左迁，旋以恩复职，卒于家。皋于广西声绩最著。其后称张克嶷、贾朴。

克嶷，字伟公，山西闻喜人。康熙十八年进士，选庶吉士，改刑部主事，累迁郎中。有狱连执政族人，执政，掌握国家大权的人。诸司莫敢任，克嶷请独任之。内务府以其人出使为辞，内务府，清代管理宫廷事务的机构。克嶷钩提益急。牒问奉使何地、归何期，力请部长入告。事虽格，搁置。闻者肃然。出为广西平乐知府，瑶、僮杂居，盗不可诘。克嶷至浃月，以信义服苗酋。获巨盗二人，髡其一，宥其一，责以侦缉，终其任盗不敢窥。调广东潮州，属县贼蜂起，或称明裔，聚众千余人。克嶷疾驰至其地，命吏士速据白叶祁山，设疑兵，贼不敢逼。会夜半，大风起，简健卒二百斫其营，呼曰：「大兵至矣！」城中鼓噪出兵以助之，贼奔祁山，要击之，斩其渠魁三人，众散乞降。巡抚将上其功，克嶷曰：「此盗耳，而称明裔，兴大狱，株连多，恐转生变。」乃以盗案结。郡有大豪戕亲迎者于路而夺其妻，克嶷微行迹而得之。狱成，当大辟。监司以督抚命为之请，曰：「稍辽缓之，当有以报。」克嶷曰：「吾官可罢，狱不可鬻也。」卒寘诸法。或假亲王命以开矿，缚执之。其人出龙牌，克嶷命系之狱，以牌申大府。情既得，立杖杀之。丁父忧归，遂不出。年七十六，卒。

朴，字素庵，直隶故城人。贡生。康熙二十三年，授广西柳州同知，有政声。思明土属负固抗官，大吏知其能，调任思明治之。夜遣健卒潜入山，焚贼寨，遂出降。署思明知府，土田州岑氏母子相争，土目陆师等构之以为利，杀人千余。朴至切谕，母子俱感泣。师等聚众谋不轨，先慑以兵，单骑往，晓以祸福，乃听命。建明伦堂，设义学，代完寒士逋粮。民立生祠奉之。擢贵州平越知府，罣误去官。朴在广西，尝条上边事，巡抚彭鹏奇其才。四十年，诏举廉吏，鹏特疏荐，授江南苏州知府。与吏民相见以诚，屏绝请托，政声大起。四十六年，圣祖南巡，幸苏州，嘉其清廉为吴中最，擢江常镇道，吴民数千人遮道请留贤守，御书「宜民」匾额赐之。调苏松常镇太粮储道、布政使参政，仍兼管苏州府事，从民原也。革四府征粮例规，积弊一清。忤总督噶礼，摭事劾之，四十九年，去官。留吴门三年，归里卒。

邵嗣尧，字子昆，山西猗氏人。康熙九年进士，授山东临淄知县。有惠政，以忧去。十九年，服阕，补直隶柏乡。兴水利，减火耗，禁差扰，民安之。县人大学士魏裔介为嗣尧会试座主，家人犯法，严治之，不少贷。又有旗丁毒殴子钱家，入县庭，势汹汹。嗣尧不稍屈，系之狱，移文都统讯主者，主者不敢承，具论如法。值岁饥，或言勒积粟家出粟，嗣尧曰：「人惟不积粟，故岁饥则束手，吾方蕲令积粟家获厚利，何勒为？」已而蠲粟者众，岁不为灾。有言开滏阳河通舟楫者，巡抚于成龙使嗣尧往相度，嗣尧力持不可，谓：「此河旱潦不常，未可通舟楫。即或能通，恐舟楫之利归商贾，挑濬之害归穷民矣。」事遂寝。

盗杀人于县界，立捕至，置之法。或毁於上官，以酷刑夺职。尚书魏象枢奉命巡视畿辅，民为申诉，事得白。于成龙复荐之，补清苑。嗣尧益感奋自励，屡断疑狱，人以包孝肃比之。二十九年，尚书王骘荐嗣尧清廉慈惠，行取，明清时，地方官经推荐保举后调任京职。擢御史。三十年，出为直隶守道，守道，清朝地方官制中官职名称。清初，布政使下设左右参政、参议，驻守在某一地方，称为守道。乾隆时裁撤上述参政、参议、副使等官，专设分守道、分巡道，带兵备衔，管辖府州，成为省和府州之间一级机构，叫作道员。持躬清介，苞苴杜绝。苞苴，通「包」，贿赂。遇事霆发机激，势要惮之。所属州县，肃然奉法。

三十三年，江南学政缺，圣祖谕曰：「学政关系人材，朕观陆陇其、邵嗣尧操守学问俱优，若以补授，必能秉公校士，革除积弊。」时陇其已卒，遂命嗣尧以参议督学江南。既莅事，虚衷衡校，论文宗尚简质，著四书讲义，传示学者。甫试三郡，以积劳遘疾卒。身无长物，同官敛赀致赙乃得归葬。士民思之，为立祠肖像以祀焉。

圣祖澄清吏治，拔擢廉明，近畿尤多贤吏，如彭鹏、陆陇其及嗣尧，当时皆循名上达，闻于天下。鹏及陇其自有传。又有卫立鼎、高荫爵、靳让，治绩亦足媲美。

立鼎，字慎之，山西阳城人。康熙二年举人，授直隶卢龙知县。地当两京孔道，驿使旁午，（交错；纷繁。）供张糗粮，悉自营办，不以扰民。先是县中征粮，勺杪以下，（杪，微小；细微。）皆用升合量。纳草以银代，仍抑价买诸民间。立鼎令输户含纳奇零，（不满整数的数，零星。）统归斛斗，征草则以本色输，民甚便之。兴行教化，奖拔士类，丕变其俗，尤以清廉著称。尚书魏象枢及侍郎科尔坤奉命巡畿内，至卢龙，已治具，不肯食，仅啜一瓯。曰：「令饮卢龙一杯水耳，吾亦饮令一杯水。」诸大狱悉以咨之，立鼎引经准律，象枢大称善。于成龙之巡抚直隶也，尝迎驾于霸州，奏举循吏，以立鼎、陆陇其并称。嗣巡抚格尔古德以事至卢龙，谓立鼎曰：「令之苦，无异秀才时。秀才徒自苦，令今苦而百姓乐，非苦中之乐乎？」疏荐立鼎治行第一，灵寿令陆陇其次之。内迁户部郎中，秩满授福建福州知府，以年老致仕归。教授乡里，以倡论道学为事。年七十有六，卒。

廕爵，字子和，奉天铁岭人，隶汉军。康熙初，谒选，授直隶蠡县知县。县多旗屯，居民田之半，佃者倚勋贵为奸利，持吏长短。河数决孟尝村，岁比不登，民大饥。廕爵至，曰：「吾未暇理他政，且活民。」仓有粟二万石，请发以赈。牍再上，不许；请解官，乃许之五千石。廕爵曰：「若令岁又恶，民不能偿，二万石、五千石等死耳，吾且活吾民。」乃

尽发之。更出帑五百金贷民种麦。夏旱，蝗起，捕蝗尽。秋又大霖雨，河暴溢，率吏民冒风雨捍御，堤完而岁大熟，民乃安。某甲以财雄诸佃，

财雄，资财雄厚过人。

多为不法，诬诸生为奴，而籍其田。按治得实，置之法。豪猾慑服，莫敢犯令。于是设义仓，置乡学，尊礼贤士，民大和悦。调三河，一以简易为治。或问之，曰：「前令已治矣，何纷更为？」前令，彭鹏也。圣祖校猎至三河，问父老：「高令与彭令孰贤？」对曰：「彭廉而毅，高廉而和。」上称善，擢顺天府南路同知。于成龙问以捕盗方略，

条上三事，略言：「盗以旗屯为逋逃薮，请严保甲首实之令，使无所匿，而平日能使之衣食粗足，则可不至为盗。」成龙韪之。韪，以为是；同意；赞赏。会丁父艰归。成龙总督南河，筑界首堤，以属麐爵。堤成，上南巡阅工，召见，赐克食。满语。原义为恩，赐予。指皇上恩赐之物。起复补湖北德安府同知，累擢四川松茂道、直隶口北道，皆有惠政，卒于官。子其倬，官至大学士，自有传。

让，字益庵，河南尉氏人。康熙十八年进士，授浙江宣平知县。旱灾，请蠲甚力，巡抚张鹏翮以为贤。父忧去，服阕，授山西汾西。会亲征漠北，供张杜绝扰累，民力不足，请以正赋办治。行取，擢御史，数上疏言察吏安民，实行教养。圣祖谕曰：「朕御极四十年，惟冀天下黎庶尽获安全，边疆无事。如靳让所言，必令家给人足，无一人冻馁，此非朕所可必者，恐其不过徒为大言。曩者钱鉙、卫既齐亦曾为此言，及后用为大吏，皆不能自践其语。靳让曾为县令，其所为能如是乎？通州驿马事繁，著调为通州知州，果能如所言，朕即超用。」上意欲试之也，许其便宜启奏。让布衣羸马之官，皇庄、旗庄恣肆病民，绳以法，不少贷。私钱、私铸悉禁止。时禁河捕鱼，诬累平民，让分别治之。奸商藉权贵势，谋专卖麦豆及设姜肆牟利，并拒绝。上闻，皆韪之。会学政更替，命九卿举所知。上曰：「朕亦举一人。」命以佥事督学广西。逾年，调浙江，除弊务尽，教士先德行而后文艺。值南巡，召对，褒奖曰：「汝不负朕举，朕将用汝为巡抚。」让以母老乞终养，赐御书「天庥堂」额以荣其母。寻母丧，以毁卒。

崔华，字莲生，直隶平山人。顺治十六年进士。康熙六年，授浙江开化知县。政务宽平，建塾校艺，士争乡学。县旧有里总，主赋税，横派滋扰，除之。又以虚粮为累，请豁于上官，未竟其事。十三年，耿藩乱作，县南垦户多闽人，竖旗以应，城守千总吴正通贼，陷城，露刃相逼。华从间道出，檄召十六都义勇郑大来、夏祚等，涕泣开谕，立聚万人，躬冒矢石，阅五日，城遂复。总督李之芳上其事，诏嘉之。

时闽寇方炽，分三路犯浙。衢州当中路之冲，县城再陷，惨掠尤甚，民无叛志。华率兵退保遂安，图恢复，时出有所擒斩。大兵扼衢州，久与贼持。十五年春，始遣将由遂安复开化，至秋，大破贼军。浙境渐清，流亡初集，积逋尤多。华图上遗黎困苦状，乞为请命，尽蠲十三年至十六年额赋。赎民之流徙者，俾得完聚。疫疠盛行，广施药饵，全活无算。

先后论功，十九年，擢江南扬州知府。值湖、河并涨，属县被灾者众，华加意抚恤。二十三年，命九卿举中外清廉之吏，廷推七人，外吏居其三，华为首焉。擢署两淮盐运使，军兴商困，乃权宜变通，令先行盐、后纳课，务与休息，商力甦而赋亦无缺。先是湖南诸府因兵蠲引三十九万有奇，至是有请补行蠲引者。华以两淮浮课重，又带加斤，若补蠲引，必致额售者滞销误课，力言不便，事得寝。三十一年，迁甘肃庄凉道，未行，卒。淮商祠祀之。

周中鋐，字子振，浙江山阴人。康熙中为江南崇明县丞。崇明故重镇，兵籍千人，欲预取军食于官，不获，彀刃哗噪。官吏咸避匿，中鋐独挺身前，宣布顺逆利害，感切耸动，众皆投械散。擢华亭知县，民有被诬杀人久系狱，中鋐立出之，而坐其实杀人者。提标兵庇盗，前令莫敢问，中鋐捕治置诸法，境内乂安。四十三年秋，大霪雨以风，海水骤溢，漂数县。乃具衣糗棺槥救恤之，槥，小棺材。又为请赈蠲租，活民甚众。雍正四年，以催科不及格罢，县民万数遮言，上官闻於朝，得复职。

时左都御史硃轼被命修海塘，知中鋐贤，悉以事付之。塘成，丁母忧，民复籥留，中鋐先已擢松江知府，至是予假治丧，还视府事。五年，议浚淞、娄诸水，以中鋐署太仓知州，董其役。董，督察；监督。六年二月，筑坝于陈家渡，一再溃，与千总陆某昼夜冒险指挥，仓卒覆其舟，既殁而筑合。事闻，赠太仆寺少卿。

当中鋐令华亭时，奉贤犹隶境内，后析为县，中鋐适为知府，至是民怀其泽，奉以为奉贤城隍之神，岁时祈报，著灵异，长洲王芑孙为庙碑纪其事。道光七年，巡抚陶澍复浚吴淞江，疏请立庙江干。

刘棨，字弢子，山东诸城人。康熙二十四年进士。三十四年，授湖南长沙知县，以廉明称。时讹言裁兵，抚标千人环辕门大噪，抚标，明清时巡抚直辖的军队。棨为开陈大义，预给三月饷，示无裁意，众乃定。总督吴琠以循良荐之。三十七年，擢陕西宁羌知州。关中大饥，汉南尤甚。州无宿储，介万山中，艰于挽运。棨请贷邻邑仓粟，约民能负一斗至者予三升，不十日挽三千石。大吏下其法赈他邑，咸称便。又奉檄赈洋县，移粟沿汉而下。棨先遍历审勘，克期给发，数日而毕。谓洋令曰：「此粟贷之官，倘民不能偿，吾两人当代任。」比秋大熟，洋县民相勉还粟，不烦催督。

始宁羌地苦凋瘵，（衰败；困乏。）棨为均田额，完逋赋，补栈道，修旅舍。安辑招来，期年而庐舍萃集。山多槲叶，民未知蚕，遣人旋乡里，赍蚕种，募善蚕者教之，人习其利，名所织曰「刘公绸」。士苦无书，为召贾列肆，分购经籍，建义塾，亲为讲解。

四十一年，擢甘肃宁夏中路同知，未赴，母忧去。以代民完赋，负累不能行，嘱弟代售遗产，不足，弟并以己产易金偿负。民闻之，争输金为助，却不受。服阕，补长沙府同知。入觐，奉温旨，（温和恳切的诏谕。对帝王诏谕的敬称。）试文艺于乾清门，即日擢山西平阳知府。裁汰陋例，蠲除烦苛，讼牍皆立剖决之。四十八年，九卿应诏举廉能吏，以知府被举者，惟棨与陈鹏年二人。

四十九年，擢直隶天津道副使，迎驾淀津，诏许从官恭瞻亲洒宸翰。

帝王的墨迹。

棨因奏兄果昔官河间知县，奉「清廉爱民」之褒，乞赐御书「清爱堂」额，上允之。历江西按察使、四川布政使。五十五年，上询九卿，本朝清介大臣数人，求可与伦比者。九卿举四人，棨与焉。驾幸汤泉，又以棨治状语诸从臣，会廷推巡抚，共荐棨，上嘉纳之。以四川用兵，未轻调。五十七年，卒于官。

兄果，官山西太原府推官，有声。改河间知县，康熙八年，驾幸河间，问民疾苦，父老陈果治状，召见褒之。卒，祀名宦。棨子统勋、孙墉、曾孙镮之，并为时名臣，自有传。

陶元淳，字子师，江苏常熟人。康熙中举博学鸿词，以疾不与试。二十七年，成进士，廷对，论西北赋轻而役重，东南役均而赋重，原减浮额之粮，罢无益之费。阅者以其言戆，置二甲。三十三年，授广东昌化知县，到官，首定赋役，均粮于米，均役于粮。裁革杂征，自坊里供帐始，相率以力耕为业。县隶琼州，与黎为界，旧设土舍，制其出入，吏得因缘为奸，元淳立撤去。一权量，定法度，黎人便之。城中居人，旧不满百家，至此户口渐蕃。元淳时步行闾里间，周咨疾苦，煦妪如家人。煦妪，抚育；爱抚；长养。

琼郡处海外，军将多骄横，崖州尤甚。元淳尝署州事，守备黄镇中以非刑杀人，游击余虎纵不问；且贪，索黎人献纳。元淳廉得其状，列款以上，虎私以金贿之不得，造蜚语揭之。总督石琳下琼州总兵会讯，元淳申牍曰：「私揭不应发审，镇臣不应侵官，必挫执法之气，灰任事之心。元淳当弃官以全政体，不能蒲伏武臣，贻州县羞也。」初鞫是狱，镇中令甲士百人佩刀入署，元淳据案怒叱曰：「吾奉命治事，守备敢令甲士劫持，是藐国法也。」镇中气慑，疾挥去，卒定谳，论罪如律。崖人为语曰：「虽有余虎，不敌陶公一怒。」而总督卒因元淳倔强，坐不检验失实，会赦免。复欲于计典黜之，巡抚萧永藻初授事，曰：「吾初下车，便劾廉吏，何以率属？」为言于总督，乃已。

元淳自奉俭约，在官惟日供韭一束。喜接诸生，讲论至夜分不倦。屡乞病未果，竟以劳卒于官。昌化额田四百余顷，半沦于海，赋不及二千，浮粮居三之一，民重困。元淳为浮粮考，屡请于上官，乞豁除，无应者。乾隆三年，元淳子正靖官御史，疏以入告，竟获俞旨免焉。俞旨，表示同意的圣旨。

廖冀亨，字瀛海，福建永定人。康熙二十九年举人，四十七年，授江苏吴县知县。值岁旱，留漕赈饥，不足，自贷金易米以济。士人感其诚，相率捐助，赈以无乏。吴中赋额甲天下，县尤重，冀亨减火耗，用滚单，民皆称便。知收漕弊多，拘不法者重治之，凡留难、无端阻留；故意刁难。勒索、踢斛、淋尖、高飏、重筛诸害，埽除一清。太湖中有芦洲，或垦成田，或种莲养鱼，官吏辄假清丈增粮名以自利。冀亨曰：「湖荡偶尔成田，未可久持，今增其赋，朝廷所得几何，而民累无尽期。」一无所问。

初，冀亨莅任时，有吴人语之曰：「吴俗健讼，然其人两粥一饭，肢体薄弱，凡讼宜少准、速决，更加二字曰从宽。」冀亨悚然受之。收词不立定期，民隐悉达。尝自谓讼贵听，听之明，乃能速决而无冤抑。在吴三年，非奸盗巨猾，行杖无过二十，盖守此六字箴也。

有庠生授徒盐商家，自刎死，勘得实。或有谤其受贿者，冀亨无所避，卒释盐商勿罪。东山巡检报乡人弑父屠嫂，未遂，自尽。冀亨方秉二烛阅其词，烛无风齐灭，知有冤。克日渡湖往验，大风，舟几覆，从者色变。冀亨曰：「县官伸冤理枉而来，神必佑之，何惧！」须臾抵岸。讯得父故杀状，巡检得贿诬报，俱论如律。

冀亨既有声于吴，他县疑狱，往往令推治。会有宜兴知县诬揭典史故勘平民为盗，刑夹致死，冀亨奉檄按验。知县者总督噶礼之私人也，或告宜少假借，冀亨不为动。检踝骨无伤，原揭皆诬。狱上，噶礼屡驳诘。再三审，卒如冀亨议，以是忤总督。时巡抚张伯行以清廉著，深契冀亨，布政使陈鹏年尤重之；而噶礼不怿于伯行，尤恶鹏年。四十九年，鹏年被劾，并及冀亨，以亏帑夺职。逾年，噶礼败，冀亨始复原官，以病不赴选。及卒，吴人祀之百花书院。

冀亨殁后，家留于吴，入籍嘉定。曾孙文锦，嘉庆十六年进士，由翰林出为河南卫辉知府，有惠政，祀名宦。文锦子惟勋，道光十三年进士，亦由翰林为贵州镇远知府，抚苗有法，终贵阳府。

佟国珑，字信侯，奉天人，隶汉军籍。康熙三十年，由笔帖式授山东文登知县。县俗愚悍，有劝治宜严峻者。国珑曰：「为政在诚心爱民，兴利除害，化导之而已，严峻非民之福也。」副将某以暱妓蚀饷，军大噪，夜半斩关出屯东郊。国珑闻变，单骑往谕曰：「吾与军民同疾苦，有冤当诉我，何妄动为？」众犹汹汹，国珑当砲立，曰：「吾不忍见尔曹族诛，请先试若砲。」众动色，曰：「公廉明，军何敢犯，然事已至此，奈何？」国珑力任保全。究其故，得实。缚妓抶之，（抶，笞击；鞭打。）众泣拜而散，副将寻被劾去。

岁饥，奸民骚动，国珑历村墟，给赈抚谕，捕治凶渠，民赖以安。邑豪宋某以邻妇贷钱不偿息杀之。吏役得赂，皆为豪掩，又以千金贿国珑。国珑怒，覆验妇有重伤，鞫得其情，置豪于法。邑故濒海，副将林某缚商舶之泊岛屿者数千人，指为寇，国珑讯释之，别捕诛真盗四十余人。

五十年，擢山西泽州知州。岁祲，发常平仓以贷民，克期输还无爽。又减耗羡，革陋规，省徭役，平物价，民情大悦。国珑尝以论事忤太原知府某，某嗾人诬揭之，坐罢任。州民鸣钟鼓罢市，欲诣阙。既而得白，留原任。时平阳民变，巡抚檄国珑以兵往，国珑曰：「是速之乱也。」单骑驰赴，民皆额手曰：「佟公至，吾属无虑矣！」乃安堵受抚。五十九年，以疾乞免。后以所属高平令亏帑被逮，责偿万金，民感其惠，捐金投州库代偿其半云。

陆师，字麟度，浙江归安人。少负文名。康熙四十年进士，授河南新安知县。修学校，集诸生治经，童子能应试者免其徭，民兴于学。响马贼季国玉为患久，捕诛之。巡盐使者下县，取盐犯四十人。师曰：「律以人盐并获始为犯，今勘犯止二人，何滥为？」父忧归，在途，有六七骑挟弓矢，驱牛车，载妇女三十余人，言归德饥民，某将军买以归者也。师叱止之，令官还妇女于其家，白将军收其骑卒。或谓已去官胡忤将军，师曰：「知县一日未出境，忍以饥民妇女媚将军耶？」

服阕，补江苏仪征。有盗引良民为党，师亲驰往捕，见坏器满地，言有暴客食此不偿值，因而斗毁。诘其人，状与盗肖，事得白。春征，劝富户先输，秋则减其耗，令自封投柜。故事，驿夫临时取给铺户，仓猝滋扰。一切禁革，但令户日赋一钱归驿，商贾以安。扬州五县饥，大吏令县各以五千金籴谷备赈，具舟车往，则虚而归。师察知府意欲县官借补所亏也，力争，于是五县皆得谷以赈。

却盐商例餽，粮饷。固请，乃籍其入以修学宫，具祭器乐舞，浚泮池，植桃李其上。修宋文天祥祠，又以其余建仓廒，洁治囹圄。质库书票，故有月无日，勿论久近，皆取一月息。师辞其岁餽，令视他县月让五日。旧有猪税，下令蠲除之。

课最，行取擢吏部主事，升员外郎。掌选，有要人求官，力持不可。督山东矿务，条上开采无益，罢其役。还，擢御史，巡河、谳狱皆称职。康熙六十一年，河督陈鹏年疏请以师为山东兖沂曹道，未到官，卒。祀名宦祠。

龚鉴，字明水，浙江钱塘人。早与同郡杭世骏齐名。雍正初，以拔贡就选籍，授江苏甘泉知县。县新以江都析置，故脂膏之地，鉴耻为俗吏，一以子惠黎元、振兴文教为己任。故某侍郎子与有旧，入谒，有所嘱，拒之。有同城官为大吏所昵，令伺察属吏者，有挟而请，又拒之；

巨室延饮，又拒之。于是大江南北盛传甘泉令不近人情，鉴益自刻苦，无一长物。

县境邵伯埭受高、宝诸湖之水，地卑下。鉴谓当于农隙运土筑高埂，沿堤为防，以徐议沟洫。堤上即植桑，兴蚕事。其西境地高，浃旬不雨即龟坼，浃旬，一旬，十天。宜每一里为水塘以蓄之。如是则高下之田俱无患。大吏韪之，然不能行。邵伯埭下有芒稻河，设闸泄水尤要。值大水泛溢，鉴冒雨至，呼闸官泄之。闸官以盐漕为言，不可。会总河嵇曾筠视河至，鉴直陈，厉声诃闸官，曾筠即令启闸。又用鉴言，定盐漕船过湖需水不过六尺，过即启闸，无得藉口蓄水，为民田患。每岁晏，一年将尽的时候。江都之鳏寡孤独多入甘泉部中。

西湖圣因寺僧明慧者，侍前在内廷法会恩宠，干求遍于江、浙。干求，请求；求取。一日以书币关白，鉴杖其使而遣之。事流传，上闻。世宗召明慧还京，锢不许出。当是时，甘泉令声闻天下。在任六年，以父忧去官，贫，至无以葬。河南巡抚尹会一故为扬州守，雅与鉴善，招之，欲使主大梁书院，以修脯助葬。遂卒于河南。

鉴湛深经术，能摘先儒之误，顾书多未成。所成者毛诗疏说，阐明李光地之说为多。

陈德荣，字廷彦，直隶安州人。康熙五十一年进士，授湖北枝江知县。修百里洲堤，除转饷杂派。雍正三年，迁贵州黔西知州，父忧归。服阕，署威宁府。未几，威宁改州，补大定知府。乌蒙土司叛，东川、镇雄附之，德荣赴威宁防守。城隍颓圮，仓猝聚米桶，实土石，比次甃筑，墉堞屹然。贼焚牛卫镇，去城三十里，德荣日夜备战，贼不敢逼。总兵哈元生援至，贼败走。寻以母忧去官。服阕，授江西广饶九南道。九江、大孤两关锢弊尽革之。

乾隆元年，经略张广泗疏荐，擢贵州按察使。时群苗交煽，军事方殷，古州姑卢朱洪文诸叛案，德荣治鞫，详慎重轻，咸称其情，众心始安。及苗疆渐定，驻师与屯将吏多以刻急见能。（刻急，苛刻严峻。）二年，贵阳大火，德荣谒经略曰：「天意如此，当竭诚修省，苗亦人类，曷可尽杀？」广泗感动，戒将吏如德荣言。

四年，署布政使，疏言：「黔地山多水足，可以疏土成田。小民难于工本，不能变瘠为腴。山荒尤多，流民思垦，辄见挠阻。桑条肥沃，亦不知蚕缫之法。自非牧民者经营而劝率之，利不可得而兴也。今就邻省雇募种棉、织布、饲蚕、纺绩之人，择地试种，设局教习，转相仿效，可以有成。应责各道因地制宜，随时设教。一年必有规模，三年渐期成效。」诏允行。乃给工本，筑坝堰，引山泉，治水田，导以蓄泄之法。官署自育蚕，于省城大兴寺缫丝织作，使民知其利。六年，疏陈课民树杉，得六万株。七年，贵筑、贵阳、开州、威宁、余庆、施秉诸州、县报垦田至三万六千亩。开野蚕山场百余所，比户机杼相闻。德荣据以入告，数被温旨嘉奖。又大修城郭、坛庙、学舍。广置栖流所，（清代收留难民、流民的专门机构。）收行旅之病者。益因粮。冬寒，恤老疾茕孤之无衣者。亲课诸生，勖以为己之学。设义学二十四于苗疆，风气丕变。十一年，迁安徽布政使，赈凤、颍水灾，流移获安。十二年，卒于官。

德荣在贵州兴蚕桑，为百世之利。时遵义知府陈玉壂，山东历城人，到郡见多槲树，土人取为薪炭。玉壂曰：「此青莱树也，吾得以富吾民矣。」乃购历城山蚕种，兼以蚕师来，试育五年，而蚕大熟，获茧八百万，自是遵绸之名大著。正安州吏目徐阶平，亦自浙江购茧种，仿玉畐行之正安，亦大食其利。遵义郑珍著樗茧谱，以传玉畐遗法。

芮复传，字衣亭，顺天宝坻人，原籍江苏溧阳。康熙四十八年进士，授浙江钱塘知县。悉除诸无名钱，曰：「官足给饔飧而已。饔飧，做饭。」有金三者，交通上官署，为奸利，立逮杖毙之，一时大快。五十八年，大旱，复传勘实上状，上官欲寝之，固争曰：「律有捏灾、匿灾并当劾，某今日请受捏灾罪。」时同城仁和民千人，跣走围署，曰：「钱塘为民父母，仁和独不父母我耶？」上官感动，竟以灾闻。开仓行赈，复传设粥厂二十有七。微行觇视，治胥吏之侵扰者，略不费而赈溥。驻防营卒驰躏民田，便宜惩治，辄缚而鞭之。

治绩上闻，世宗特召引见，擢温州知府。故事，贡柑，岁期至。织造封园，民以为累。复传第取足供贡，不使扰民。府境私盐充斥，设三团，集灶户，平其直，私贩息，官盐不督自行。天台山东南有山曰玉环，在海中，总督李卫欲开田设治，檄复传往勘，以徒费无益，陈请罢之。卫怒，檄他吏往，意必行。时山中田仅二万亩，乃割天台、乐清两县民田隶玉环，经费不足，则捐通省官俸，又加关津一切杂税以给之。弛山禁，渔者往来并税，曰涂税。既而渔者不入，山者度关纳税，亦徵其涂税。复传争曰「是重税也」，是牍凡七上。卫益怒，以为阻挠玉环垦田事，蜚语颇闻。刘统勋奉使视海塘，过温州，语之曰：「君与李宫保，两雄不相下，不移不屈，君之谓乎？」

寻擢温处道。会铜商积弊败露，复传持法，又揭劾知府尹士份不职，士份反诬以阻商误铜，大吏故嫉之，遂并劾复传。解任，总督赵弘恩质讯，坐失察关吏舞弊夺职。会高宗登极，诏仍留浙江办铜，事竣，例得复官，以亲丧归，遂不出。家居三十余年，卒，年九十有四。

蒋林，字元楚，广西全州人。康熙五十四年进士，选庶吉士，授检讨。直南书房，十年不迁。大将军年羹尧欲辟为幕僚，林急告归。寻调户部郎中，出为福建邵武知府，以事解职，诏发浙江，历杭州、严州、金华三府。在杭州，值织造隆升建议改海门尖山海口，别开河以固海塘。

林极言不可，曰：「能使海不潮，则役可兴。否则劳民伤财，万无成理。」上书督抚，俱不省。雍正十二年三月二十五日夜，牒下，索杭夫万五千人，合旁郡无虑数万人。期三日集海上。林又争曰：「田蚕方亟，期会迫，万一匆戢，奈何？必不得已，俟蚕功毕。」隆升怒，督益急，以抗旨胁之。四月，送役往，面诘以工不可成状。隆升益怒，留林督役以困之。冒雨抚循，泥深没胫，役人感其诚，咸尽力。隆升复虐使，动以捶挞，众屡哗噪。微林，事几殆。役迄无成，隆升得罪去。乾隆初，召至京，入对，即日擢长芦盐运使。曩时院司岁各费数万缗，林率以俭，岁费百缗而已，羡余悉归公。居四年，以亲老乞养。高宗曰：「世乃有不原久为长芦运使者耶？」久之，卒于家。

阎尧熙，字涑阳，河南夏邑人，原籍山西太原。康熙四十五年进士，五十二年，授直隶藁城知县。滹沱常以秋溢，筑堤树木椿，以捍其冲，夹岸种柳，堤固，水不为患。雍正元年，调南宫，擢晋州知州。州濒滹沱河，河决徙道，荡析民居。尧熙为筹安集，民免于患，扶携老稚来谢。尧熙曰：「此朝廷恩，我何与？」令望阙拜，人给百钱，以资裹粮，散钱十万，咸感泣曰：「真父母也！」怡贤亲王奉使过境，闻其名，奏循良第一。擢山东青州知府，未之官，改授浙江嘉兴。俗健讼，良懦不得直。讼府，下县，或不理，奸猾益无忌。尧熙始至，日受状三百。比对簿，自请息者二百余，庭折数十，各得其情。豪民张某稔恶，讯实，杖杀之，民皆称快。属县赋重，名目纠纷，里胥因缘为奸。民完如额，官不知，民亦不自知，官累以缺赋课殿去。尧熙巡行清理，民始知额，岁无逋赋。

海盐县塘工不就，总督李卫听浮言，欲开引河泄潮。尧熙言：「卤水入内河，田皆伤，非等坏庐舍、糜帑金已也。」议遂罢。营弁缉私盐，纵其枭，持他人抵罪。尧熙言其诬，总督不听，庭争再三，总督乃自勘，释之，愈以贤尧熙。累擢湖北按察使、四川布政使，皆持大体，有惠政。乾隆七年，卒于官。

尧熙质直，好面折人过，虽上官不少避。然勇于从善，在川藩多得成都知府王时翔之助，人两贤之。

时翔，字皋谟，江苏镇洋人。为

诸生，绩学未遇。雍正六年，世宗重选守令，命中外官各举一人，同州人沈起元，官兴化知府，以时翔应诏，即授福建晋江知县。时福建吏治颓废，遣使按视，多更诸守令有司，颇尚操切。晋江民好讼，时翔至，曰：「此吾赤子，忍以盗贼视乎？」一以宽和为治。坐堂皇，呴呴作家人语。曲直既判，令两造释忿，两造，指诉讼的双方，原告和被告。相对揖，由是讼者日衰。观风整俗使刘师恕按泉州，委时翔鞫疑狱二十余事，语人曰：「晋江长者，决狱又何精敏也！」寻调政和，又调瓯宁。擢漳州府同知，驻南胜。南胜民族居峒中，多械斗。有赖唱者，纠众夺犯，匿险自固。时翔亲入山谕之曰：「汝诸赖万人，奈何庇一人而以死殉耶？为我缚唱来即无事。」唱不得已自缚出，始如律。濑子坑民叶扬煽乱，时翔谓缓之可一纸定，或张其事，大吏檄入山剿之。事平，意不自得，乞病归。

乾隆元年，以荐起山西蒲州府同知，擢成都知府。以廉率属，善审机要。钱价腾，布政使榜平其直，市大哗。时翔方在假，召成都、华阳二令曰：「市直当顺民情，抑之，钱闭不出，奈何？」言于布政撤其榜，钱价寻平。

议徙凉州兵于成都，拓驻防城，当夺民居二千家。时翔检故牍，请曰：「城故容兵三千，现兵一千五百，尚虚其半。第出现所侵地足矣，奚拓为？」已而凉州兵亦不果徙。成都当康熙时，人稀谷贱，旗兵利得银。至雍正以后，生聚多，谷贵，又原得谷。或徇其意，令民受银，购谷给兵。未几，汉兵亦欲仿行，时翔曰：「旗兵例不出城，语言与土人殊，故代购。汉兵皆土著，奚代为？」二事亦赖布政力主其议得止。

至七年，江南、湖广灾，巡抚奏运蜀米四十万石济之。湖广急米，来领运，江南则否。巡抚乃檄下县餽运，舳舻蔽江，商贾不通，成都薪炭俱绝。时翔谓江南运可缓，徒病蜀。请独运楚，而听商人自运江南。时尧熙既没，竟无用其言者。时翔在成都，屡雪疑狱，时称神明。九年，卒。

蓝鼎元，字玉霖，福建漳浦人。少孤力学，通达治体，尝泛海考求闽、浙形势。巡抚张伯行器之，曰：「蓝生经世之良材，吾道之羽翼也。」

康熙六十年，台湾朱一贵倡乱，

鼎元从兄南澳镇总兵廷珍率师进讨，多出赞画，七日台湾平。复从廷珍招降人，殄遗孽，抚流民，绥番社，岁余始返。著论言治台之策，大意谓：「土地有日辟、无日蹙，经营疆理，则为户口贡赋之区；废置空虚，则为盗贼倡乱之所。山高地肥，最利垦辟。利之所在，人所必趋。不归之民，则归之番与贼。即使内乱不生，寇自外来，将有日本、荷兰之患，不可不早为措置。」时议者谓台湾镇当移澎湖，鼎元力言不可，大吏采其说，见诸施行。鼎元复为台湾道条十九事，曰「信赏罚、惩讼师、除草窃、治客民、禁恶俗、儆吏胥、革规例、崇节俭、正婚嫁、兴学校、修武备、严守御、教树畜、宽租赋、行垦田、复官庄、恤澎民、抚土番、招生番。」后之治台者，多以为法。

雍正元年，以选拔入京师，分修一统志。六年，大学士朱轼荐之，引见，奏陈时务六事，世宗善之。寻授广东普宁知县，在官有惠政，听断如神。集邑士秀异者讲明正学，风俗一变。调权潮阳县事，岁荐饥，多逋赋，减耗粮，除苛累，民争趋纳。妖女林妙贵惑众，寘之法。籍其居，建棉阳书院。以忤监司罢职，总督鄂弥达疏白其诬，征诣阙。逾年，命署广州知府，抵官一月，卒。

鼎元尤善治盗及讼师，多置耳目，刻捕不稍贷，而断狱多所平反，论者以为严而不残。志在经世，而不竟其用。著鹿洲集、东征集、平台纪略、棉阳学准、鹿洲公案传于世。

叶新，字惟一，浙江金华人。康熙五十一年，顺天举人。从蠡县李塨受业，立日谱自检，尤严义利之辨。雍正五年，以知县拣发四川，授仁寿县。有与邻县争地界者，当会勘，乡保因阍人以贿请，新怒，悉下之狱。勘毕，各按其罪，由是吏民敛手奉法。

署嘉定州，故有没水田，多逋赋。新视旷土可耕者，召民垦辟，以新科抵赋额，旧逋悉免。时仁寿采木，部匠倚官为暴，民勿堪，纠众相抗，县以变告，檄新往治之，抵匠头及首纠众者於法，余释不问。迁邛州知州，再迁夔州府同知，署龙安及成都知府。又署泸州知州，讼者至，立剖决，滞狱一空。治泸两载，俗一变焉。新自授夔州同知，阅五载，始一莅任。寻又署保宁、顺庆两府，擢雅州知府，母忧归。

乾隆十年，服阕，补江西建昌。

修盱江书院，招引文士与讲论学术。复南城黄孝子祠，以励民俗。十三年，南丰令报县民饶令德谋反，令德好拳勇，令以风闻遣役往侦，误探其仇，谓谋反有据，遂往逮令德，适他往，乃逮其弟系狱。令德归，自诣县，受刑诬服，杂引亲故及邻境知识为同谋，追捕蔓及旁郡。新得报，集诸囚亲鞫，株连者已七十余人，言人人殊。新诘县役捕令德弟状，役言初至其家，获一箧，疑有金宝匿之。及发视，无所有，弃之野。令闻，意箧有反迹，讯以刑。妄称发箧得簿劄，纳贿毁之矣。令谓实然，遂逼令德诬服。新于是尽释七十余人缧线，命随往南昌。戒之曰：「有一逋者，吾代汝死矣。」及至，七十余人则皆在。谒巡抚，具道所以，巡抚愕不信，集才能之吏会勘，益杂逮诸所牵引，卒无据，而巡抚已于得报时遽上奏。朝命两江总督委官就谳，新为一一剖解得白，所全活二百余人。

十七年，调赣州，有赣县抢夺拒捕之狱，值改例，新旧轻重悬殊。新谓事在例前，当依旧比，争之不得。复以宁都民狱事，与同官持异同，不得直，谢事闭门候代。上官慰喻，不从，遂以任性被劾免归。欣然曰：

「今而后可无疚于心矣！」家居十余年，卒。

施昭庭，字筠瞻，江苏吴县人。康熙五十四年进士，授江西万载知县。地僻多山，客民自闽、粤来，居之累年，积三万余人，号曰「棚民」。温尚贵者，台湾逸盗也，亦处山中。雍正元年，福建移捕盗党急，尚贵谋为变。始昭庭之至也，以棚民为虑，厚礼县人易廉野使侦之。廉野积粟贷棚民，不取息，或免偿，得棚民心。其才者严林生、罗老满，从廉野游，尽得山中要领。尚贵将举事，廉野以闻，昭庭、林生、老满率勇敢三百人待之。尚贵有众二千肆掠，昭庭曰：「贼易破也，然虑其扰傍县。」抚贼谍使诳尚贵趋万载。乃张疑兵于山径，贼不敢入，由官道来。预设伏丛棘中，伺贼过，突出击杀。贼数中伏，疑骇，逆击之，一战获尚贵。尚贵起二日而败，又二日而抚标兵至。

初，棚民与市人积嫌，事起，道路汹汹，指目棚民。昭庭以免死帖与诸降者，取棚民不从贼者结状，兵至搜山，不戮一人。巡抚初到官，张其事入奏，既见县申状不合，欲改之，昭庭不可。又谓棚民匿盗从乱，今虽赦之，必驱归本籍。昭庭曰：「棚民种植自给，非刀手老瓜贼之比。老瓜贼，清初在北方省份出现的劫杀旅客商人的盗贼。历年多，生齿众，间与居民争讦细故，不必深惩。今乱由台湾逸盗，而平盗悉资棚民。」力请：「覈户口，编保甲，泯其主客之形，宽其衣食之路，长治久安，於计便。」总督查弼纳许之，巡抚寻亦悟，如昭庭策，棚民乃安。事闻，世宗谕九卿曰：「知县以数年心力办贼，巡抚到官几日，岂得有其功耶？」独下总督疏，议叙，以主事知州用。寻引疾归，卒于家。

陈庆门，字容驷，陕西盩厔人。雍正元年进士。从鄠王心敬讲学，养亲不仕。母王趣之，乃谒选。七年，授安徽庐江知县，修建文庙，规制悉备。大浚城壕。置义田二百亩有奇。赡养茕独，立社仓四所，积谷以贷平民。县民旧习，止知平畴种稻，高阜皆为弃壤。因市牛具，仿北方种植法，躬督垦辟，遂享其利。

寻署无为州事。州濒江，上下二百里，率当水冲，前人筑坝四，常没于水。庆门于鲍鱼桥、匌鱼口二处，树椿编竹，实土为坦坡；又取乱石填掷水中，水停沙淤，久而成洲，民免垫溺之患。又署六安州，旧有水塘，议者欲垦塘以为田，将绝灌溉之利。庆门力言于上官，事乃寝。

十一年，擢亳州知府，俗悍，好群斗，倚蠹役，表里为奸。庆门廉得其魁党，先后杖遣数百人。又好讼，仿古乡约法，使之宣导排解。勤于听断，日决数十事。不数月，浇风一变。州濒湖，地洼下，用秦中收淀之犁法，督民挑浚，地下者渐高，水归其壑，农田赖焉。母忧归。

乾隆元年，服阕，以大臣荐，补四川达州知州。境环万山，岁常苦旱，教民种旱稻，始无艰食之忧。邻郡巴州，桑柘素饶，乃买桑遍植，教以分茧缫丝之法，获利与巴州等。时川东多流民，官廪不给，遂釐剔腴田之被隐占者，（釐剔，清理剔除；革除。）为义产以赡之，全活甚众。建宣汉书院，聘名流教授，文风渐振。未几，乞病归。著仕学一贯录，世以儒吏称之。

周人龙，字云上，直隶天津人。康熙四十八年进士，授山西屯留知县。兴学赈荒，有声。调清源，境内洞涡、嵺峪诸河入汾，常有水患，浚渠筑堰，民赖之。历忻州直隶州知州、蒲州知府。蒲郡濒黄河，河水迁徙无常。山、陕两省民隔河争地，讼数十年不结。人龙请于大吏曰：「临河滩地，当以河为界。河东迁，则山西无地之粮归陕西；河西迁，则陕西无地之粮归山西。粮随地起，不缺正赋。因地纳粮，无累民生。山、陕沿河二千余里，凡两省湮没之地，令地方官照粮查地，按地过粮。除卤咸者照例题请免征，其余水退之地，招令沿河民认粮承种，庶事无偏枯，偏于一方面，照顾不均，失去平衡。争讼可息。」大吏从其议，至今便之。

　　雍正初，有言丁粮归地，便于无力之丁，不便于有田之家。人龙驳之，略曰：「有田者，尚以输纳为艰，岂无田者反易？君子平其政，焉得人人而悦之？今不悦者，不过绅衿富户；绅衿，绅，绅士，有官职而退居在乡者；衿，青衿，生员所服，指生员。泛指地方上体面的人。而大悦者，乃在茕茕无告之小民。若因其控告而不行，则豪强得志，而穷民终于无告。此议在当日未行则已耳，今行之数年，势难中止。穷民狃於数年乐利，狃，习惯。必不安于一旦变更。且富民少而穷民多，不当以彼易此。」议上，事乃定。以忧去官。

　　服阕，补湖北安陆。数月，擢江

西督粮道，未行，江水决锺祥三官庙堤及天门沙沟垸，招集邻县民，谕以利害，同筑御。踊跃荷畚锸至者数万人，亲冒风雨，率以施工。或劝其「已迁官，何自苦」，人龙曰：「助夫由我招至，我去即散矣。伏汛一至，民何以堪？」阅两月工成，安陆人尸祝之。江西漕粮征运素多弊，严立规条，宿蠹一清。乾隆十年，乞病归，卒。

童华，字心朴，浙江山阴人。年未冠为诸生，长习名法家言，出佐郡邑治。雍正初，入赀为知县。时方修律例，大学士朱轼荐其才，世宗召见，命察赈直隶。乐亭、卢龙两县报饥口不实，华倍增其数。怡贤亲王与朱轼治营田水利，至永平，问滦河形势，华对甚晰，王器之。寻授平山知县，邑灾，不待报，遽出仓粟七千石贷民。擢真定知府，权按察使。以前在平山发粟事，部议免官，特诏原之。

怡贤亲王奏以华理京南局水利，华度真定城外得泉十八，疏为渠，溉田六百亩，先后营田三百余顷。滏阳河发源磁州，州民欲独擅其利。自春徂秋，闭闸蓄水，下游永年、曲周滴涓不得。时改州归直隶，以便控制。华建议仿唐李泌、明汤绍恩西湖三江两闸遗规，计板放水，数县争水之端永息。华又以北人不食稻，请发钱买水田穀运通仓，省漕费，民得市稷黍以为食，从之。

调江苏苏州，会清查康熙五十一年以来江苏负课千二百余万，巡抚督责急，逮捕追比无虚日，华固请宽之。巡抚怒曰：「汝敢逆旨耶？」对曰：「华非逆旨，乃遵旨也，上知有积欠，不命严追而命清查，正欲晰其来历，查其委曲，或在官，或在役，或在民，或应徵，或应免，了然分晓，奏请上裁，乃称诏书意。今奉行者不顾名思义，徒以十五年积欠立求完纳，是暴徵，非清查也。今请宽三月限，当部居别白，分牒以报。」巡抚从其请，乃尽释狱系千余人，次第造册请奏。时朝廷亦闻江南清查不善，下诏切责，如华言。

浙江总督李卫尝捕人于苏，华以无牒不与，卫怒，蜚语上闻。世宗召见，责以沽名干誉，（用某种不正当的手段捞取名誉。）对曰：「臣竭力为国，近沽名；实心为民，近干誉。」上意解，命往陕西以知府用。署肃州，佐经略鄂尔泰屯田事，凿通九家窑五山，引水穿渠，溉田万顷。以忤巡抚被劾罢官。乾隆元年，起福州知府，调漳州。颇好长生术，招集方士，习丹家言，复劾罢归。数年卒。

华刚而忤时，屡起屡蹶。在苏州，民德之尤深，以比明知府况锺。当世宗治畿辅营田时，所用者多一时贤守令，有黄世发，名与华相媲云。

世发，字成宪，贵州印江人。康熙三十五年举人，授直隶肃宁知县。旧例，钱粮加一二作耗银，世发亦收之而不自用，杂派亩银三四钱悉除之。县有役事，若修学校、缮城垣及上官别有摊派，即以耗银应。河间府檄修府城，亲赍糇粮，（食粮；干粮。）出钱雇役，不以扰社甲。视民如家人，教以生计。坑硷荒地，令穿井耕种。绿城植桑柳树万株，凡水车、蚕箔、粪灌、纺绩，悉为经画。复辟护城废地，穿池种稻以导之。建社学，教以孝亲敬长，赎官田九十余亩，以其租为学者膏火。旬三日集诸生讲学会文，士有自邻县来学者。雍正三年，水灾，大吏遣官履勘，世发不能得其意，被劾罢。士民呼籲挽留，特诏复官，加四品衔。已，晋授按察使兼直隶营田观察使，巡行劝民农桑，察水利可兴者。所至剀切宣谕，民多兴起。修堤垦田，变汙下为沃壤。最后开易州水峪田，经营年余，以劳卒。

李渭，字菉涯，直隶高邑人。父兆龄，康熙中官福建闽清知县，以廉能称。渭，康熙六十年进士，授内阁中书，迁刑部主事。雍正二年，出为湖南岳州知府，诏许密摺奏事。忤大吏，左迁武昌府同知，未之任，丁母忧。服阕，授四川嘉定知府，复以争冤狱忤上官。渭曰：「吾官可弃，杀人媚人不为也。」奉檄赈重庆水灾，多所全活。父忧归。后补河南彰德，万金渠源出善应山，环府城，入洹河，灌田千数百顷，山水暴发易淤。渭履勘浚治，增开支河，建闸启闭，定各村分日用水，岁以有秋。漳河当孔道，旧设草桥于临漳，道回远，移于丰乐镇，行旅便之。雪武安民班某诬杀族兄狱。林县富室殴人死，赂尸属以病死报。渭验尸腿骨尽碎，治如律。举卓异。

乾隆九年，擢山东盐运使，时议增盐引，渭以增引则商不能赔，必增盐价，商、民且两病，持不可。十二年，山东大水，大吏檄渭勘灾，至益都、博兴、乐安诸县，饿莩载途，而有司先以未成灾报，已入告，难之；乃请以借作赈，异日免追，民乃苏。十三年，就迁按察使，折狱平。尝曰：「古人言求其生而不得，今俗吏移易狱词，何求生不得之有？然如死者何！此妇寺之仁，非持法之正。」

寻迁安徽布政使，禁革征粮长单差催法，以杜诡寄。将自己的田地伪报在他人名下，借以逃避赋役的一种方法。调山东，垦荒，令客民带完旧欠，免邻保代赔逃户之累，民便之。为政持大体，不吝出纳，不轻揭一官，驭吏严而不念旧过。十九年，卒于官。子经芳，乾隆中官至湖北施南知府，亦廉谨守其家风。

谢仲坑，字孔六，广东阳春人。雍正元年举人，登明通榜。初官长宁教谕，乾隆初，擢授湖南常宁知县，峻却餽遗。履乡自裹行粮，嚼生莱菔供馔。月两课士，以节行相劝勉。调平江，再调衡阳。前令李澎征漕米浮收斛面，浮收，外征收。斛面，收赋粮时的一种额外聚敛。粮储道谢济世发其奸。时巡抚许容方以浮收诬劾济世，总督孙嘉淦亦徇巡抚意，故济世与澎并免。言官论奏，朝命侍郎阿里衮往按。署粮道仓德又因布政使函嘱改换衡阳浮收详文，据以上揭，诏责切究。事急，澎则尽出贿赠簿以胁上官，阿里衮重兴大狱，欲出澎浮收罪，与济世俱复官。仲坑乃重治澎丁役，以决罚过当被劾罢官。逾年，特起为衡山知县。以谳巴陵狱，巡抚与按察使互奏，奉旨引见，擢荆州府通判。又以归州纵盗冤良之狱，自巡抚按察以下皆被重谴，仲坑承审时，坚不会印，特旨召对。擢常德府同知，历署襄阳、宝庆、宜昌、武昌、永顺、岳州、永州七府知府，护衡永郴桂道。正躬率属，屏绝请托，暇辄延耆士论学不倦。

仲坑官湖南先后三十年，长于折狱，大吏倚重。历奉檄鞫狱二百余，多所平反，以直戆名。乾隆三十七年，在永州议改淮引食粤盐，格于例不行，遂以目疾请告。解组日，贫如故，卒于家。

李大本，字立斋，山东安丘人。雍正十三年举人。乾隆九年，铨授湖北枣阳知县，改湖南益阳。居官自奉俭约，勤于吏事。益阳人不知蚕，大本教之树桑，后赖其利。调长沙，迁宝庆府理瑶同知。所隶通水峒有苗僧行贾临桂，知县田志隆见之，意为贼党。吴方曙者，从马朝桂谋叛，时方绘图悬购者也。僧畏刑诬服，又讯朝桂所在，妄言在峒中。广西巡抚定长立上奏，率兵出，命大本从行。大本曰：「僧言真伪不可知，大兵猝至，苗必骇，且生变，请潜访之。」既而白僧言实妄，巡抚疑未释，复欲以兵往，大本力谏乃止。后廷讯苗僧果诬如大本言。

横岭峒苗乏食，籥官求粟，大本多方赈之。复为苗民筹生计，请于上官曰：「横岭峒自逆渠授首，安插馀苗，因恶其人，故薄其产，每口授田才三十欉至四十欉。每欉上田穫米六升，中田五升，下田四升，得米无多。又峒田稍腴者尽与堡卒，极恶者方畀苗民，岁入不足，男则斫柴易米，女则斸蕨为粉，斸音zhú，挖；掘。给口食。年来生齿日繁，材木竭，米价益昂，饥饿愁叹，深可怜悯，恐不可坐视而不为之所。现有入官苗田一千三百四十八亩，旧募汉民佃种，出租供饷，奸良不一，屡经淘汰。请视苗民家贫丁众者书诸簿，有汉佃应除者，即书簿之苗丁次第受种，出租如故，则苗民得食而饷亦无亏，乃补救之一端。」议上，不许。后巡抚陈宏谋见之，曰：「此识时务之言也。」将陈其事，会他迁，未果。二十一年，题请升授知府，因病足归，卒于家。

牛运震，字阶平，山东滋阳人。雍正十一年进士。乾隆元年，召试博学鸿词，不遇。寻授甘肃秦安知县，开九渠，溉田万亩。县北玉锺峡山崩塞河，水溢为灾。运震率丁夫开浚，凡四日夜，水退。缘山步行，以钱米给灾户。县聚曰西固，去治二百余里，输粮苦运艰，多积逋。运震许以银代纳，民便之。先是巡检某诬马得才兄弟五人为盗，前令弗察，得才自刎死。其兄马都上控，令又诱而毙之狱。其三人者将解府，运震鞫得其情，昭雪之。又清水县某令冤武生杜其陶父子谋杀罪，上官檄运震覆治，验死者得自刎状，以移尸罪其陶而释其子。他讼狱多所平反。

官秦安八年，惠农通商。暇则行视郊野，铸农具，教民耕耨。称贷贩褐户，不求其息。设陇川书院，日与诸生讲习，民始向学。兼摄徽县，又摄两当县，舍于三县之中，曰大门镇，以听讼。徽县多虎，募壮士杀虎二十六，道始通。调平番，值县境五道岘告馑，捐粟二百石以赈，民感之。人输一钱，制衣铭德，运震受衣返币。固原兵变四掠，督抚皆至凉州，檄召运震问方略。运震请勿以兵往，但屯城外为声援，令城内捋出乱者。游击某执三百馀人，众恼惧，运震请释无辜，入城慰喻。斩三人，监候四人，余予杖徒有差，反侧遂安。有忌者摭前受万民衣事，劾免官。贫不能归，留主皋兰书院，教学得士心。及归，有走千里送至灞桥者。

运震居官，不假手幕下，事辄自治。所至严行保甲，斗争讼狱日即于少。遇人干讼，必严惩。治盗尤严，曰：「边鄙风俗疵悍，不如此，则法不立；令不行，民不可得而治。且与其轻刑十人，不如重处一人而九人畏，是惩一而恕九也。」罢官归后，闭门治经，搜考金石，所著经义、史论、文集及金石图，皆行于世。尝主晋阳、河东两书院，所造多名隽士，世称「空山先生」。

张甄陶，字希周，福建福清人。举鸿博，补试未合格罢。大学士朱轼、侍郎方苞荐修三礼，辞，而请受业于苞。乾隆十年，成进士。时方许极言直谏，甄陶对策，困极陈时务。选庶吉士，授编修，寻改授广东鹤山知县。历香山、新会、高要、揭阳，皆剧邑，所至有声。疆田畴，修堤圩，弛户蚝蚬之禁，增建书院、社仓，平反冤狱，诘捕盗贼，为政务无怫逆于民。以忧去官，服除，起授云南昆明，弗获于上官，坐事免。主讲五华书院，尹壮图、钱沣皆其弟子。复移掌贵州贵山书院，课士有法。总督刘藻疏荐，诏加国子监司业衔。晚以病归闽，主鼇峰书院。以经义教闽士，于是咸通汉、唐注疏之学。在滇时著经解百余卷。方甄陶之补外，人咸惜之。大学士陈世倌赠以明吕坤呻吟语，甄陶读其实政录而慕之，在粤作学实政录，见其书者，咸曰：「循吏之言也。」

邵大业，字在中，顺天大兴人，旧籍浙江余姚。雍正十一年进士，乾隆元年，授湖北黄陂知县。初到官，投讼牒者坌至，坌，聚集；积聚。不移晷，决遣立尽。吏人一见问姓名，后无不识，众莫敢弄以事。有兄弟争产讼，皆颁白，貌相类。令以镜镜面，问曰：「类乎？」曰：「类。」则进与为家人语曰：「吾新丧弟，独不得如尔两人白首相保也。」二人感动罢去。蛟水坏城，当坏处立，誓以殉，水骤止，拯溺脯饥，完堤岸，民得免患。总督以其名上闻，会父忧去。

服阕，授河南禹州知州，调睢州。频涝，请粜请赈，民以免患。浚惠济河，以俸钱更直，擢江南苏州知府。松江盗狱久不决，株连瘐毙者众，奉檄鞫治。见群犯皆断胫折踝，蹙然曰：「尔等亦人子，迫饥寒至此，犹茹刑颠倒首从，诬连非罪人，何益於尔？」有盗幡然曰：「官以人类待我，我不忍欺。」狱辞立具。

兼署苏松太道，全称为分巡苏松太兵备道，或称苏松太仓道，因驻地在上海县并兼理江海关，又简称为上海道、沪道、江海关道、关道等，辛亥革命后撤销。寻摄布政使事，大吏交章荐。交章，官员交互向皇帝上书奏事。十六年，高宗南巡，御舟左右挽行，名蝦须纤。大业语从臣，除道增纤必病民，非所以宣上德意，遂改单纤。会积雨，治吴江帐殿未就，总督劾大业观望。及乘舆至，则供备已具，然大业卒因左迁。

寻授河南开封知府，属县封丘民被控侵占田亩，及勘丈，非侵占，而亩浮于额。大业考志乘，河南赋则，自明万历改并，中地十亩，作上地七亩；下地十亩，作上地三亩。上官以昔为下则，今则膏腴，议加赋。大业曰：「此河冲淤积，百姓以坟墓田庐所易之微利也。今日为退滩淤地，异日即可为沙压水冲。冬春播种，夏秋之收获不可知。上年河决，屋宇未尽葺，流亡未尽复，遽增岁额，何以堪？」旋从部议试种三年，次年果没入水，乃止。未几，以河溢，降江南六安州知州，又以盗案镌级。引见，清制特指京官五品以下、外官四品以下，授官时文官由吏部，武官由兵部带领朝见皇帝。再还江南，署江宁府。

二十八年，授徐州知府，府城三面濒黄河，西北隅尤当冲，虽有重堤，恃韩家山埽为固。大业按视得苏公旧堤，起城西云龙山，迄城北月堤，长三里，湮为民居，复其旧。越岁，韩家山埽几溃，民恃此堤以无恐。复浚荆山桥河，于水利宣泄，规画尽善。治徐七年，间有水患，不病民。三十四年，坐妖匪割辫事罢职，谪戍军台，清设在新疆、蒙古西北两路的邮驿。专管军报和文书的递送。数年卒。

大业所至以劝学为务，因黄陂二程子祠建义学，葺睢州洛学书院，集诸生亲为之师焉。

周克开，字乾三，湖南长沙人。乾隆十二年举人。十九年，以明通榜授甘肃陇西知县。明通榜，清代科举会试中一种增加录取的榜额。雍正乾隆间，在会试落第举人中选取文理明通者补授出缺的学官，于正榜之外另出一榜，谓之明通榜。乾隆五十五（　）后罢止。

调宁朔，县属宁夏府，并河有三渠，曰汉来、唐延、大清，皆引河入渠灌田。唐延渠所经地多沙易漫，克开治之使深狭，又颇改其水道，渠行得安。渠有石窦，泄水于河，以备旱涝，民谓之暗洞。时暗洞崩塞，渠水不行，上官欲填暗洞而竭唐延入汉来，以便宁夏县之引河，宁夏利而宁朔必病。克开恐夏、秋水盛无所宣泄，时新水将至，不可待。克开请五日为期，取故渠及废闸之石，昼夜督工，五日而暗洞复，两县皆利。大清渠长三十馀里，凿自康熙间，久而石门首尾坏，民失其利，克开亦修之，皆费省而工速。再以卓异荐，擢固原知州，父忧去。服阕，补洮州。

寻擢贵州都匀知府。从总督吴达善、侍郎钱维城治贵州逆苗狱，用法有失当者，力争无少逊。调贵阳，亦以强直忤巡抚宫兆麟，因公累解职。引见，复授山西蒲州知府，调太原。清釐积狱，修复风峪山堤堰，障山潦，导之入汾，民德之。擢江西吉南赣宁道，署布政使，以王锡侯书案被议。高宗知其贤，发江南，以同知用。会南巡，克开署江宁府，迎驾，授江西九江知府，寻擢浙江粮储道。掌漕粮的监察兑收和督押运艘。

时巡抚王亶望贪黩，属吏多重征以奉上官。克开至，誓不取一钱，请于巡抚，约与之同心。亶望姑应之，心厌克开，乃奏克开才优，请移治海塘，于是调杭嘉湖道。会改建海岸石塘，总督欲徙柴塘近数百丈以避潮，克开曰：「海与河异，让之则潮必益侵，无益也。」乃止。年余，以督工劳瘁卒。

克开在宁朔治水绩最著，生平治狱多平反。礼儒士，尝以私钱兴书院。殁无余赀，天下称清吏。当时守令以兴水利著者，又有郑基、康基渊、言如泗，后有周际华。

基，字筑平，广东香山人。以诸生入赀为知县。乾隆间铨授安徽凤台县，东乡有通川三：曰黑濠，曰湿泥，曰裔沟。汇颍上、蒙城诸县水以达淮，岁久尽湮，秋潦辄成巨浸。侍郎裘曰修奉使治淮、颍诸水，独不及凤台。基具牍陈利害及工事甚悉，曰修允其请。基察土宜，穿故渠，三河交畅。酾上游诸水以通淮流，不逾时工成。鲁松湾地远淮而卑，频患潦，捐俸倡筑堤障，遂成膏腴。调定远，举卓异，擢寿州知州。

安丰塘，古芍陂也。塘圮，基审覈旧制，缮复之，为水门三十六，为闸六，为桥一。其旁则为堨、为堰、为圩，启闭以时，汙莱尽辟。尝循行阡陌，见沙地硗确多不治，硗确，土地坚硬瘠薄。教民种薯蓣，山药。佐菽麦，俾无旷土。寿州不知蚕织，而地多椿樗，可饲蚕。购蚕种，教民饲之，农桑并兴。其后遇旱，独凤台、寿州秋成稔于他县，以水利修也。迁泗州直隶州知州。赈水灾，饥而不害。擢江苏淮安知府，淮安为众水所聚，于城东浚涧市河，于北开渔滨山字河，于西开护城河，壅滞悉通，民便之。

基博览前史，于河渠水利图经，丹铅殆遍，施行辄有成效。乾隆四十一年，擢江南守巡道，命甫下而卒。

基渊，字静溪，山西兴县人。乾隆十七年进士，归班铨授河南嵩县知县。旧傍伊水有渠十一，久湮绝。基渊按行旧址，劝民修复。山涧诸流可引溉者，皆为开渠。渠身高下不一者，分段设闸以蓄泄之。田高渠下者，则教为水车引溉。凡开新、旧渠十八，灌田六万二千余亩。巡抚上其事，优诏议叙，寻以忧去。服阕，授甘肃镇原，调皋兰，擢肃州直隶州知州。洪水渠岸峻易崩，基渊度势于南石冈引凿渠口，以避冲陷之害。野猪沟有荒田，无水久废。基渊询访耆旧，加宽柳树闸龙口，别开子渠。界荒田为七区，招民佃种，区取租十二石，给各社学，名曰新文渠。州东南九家窑，凿山后渠开屯田，旧驻州判主之，久之田益薄瘠，民租入不足支官役；基渊请汰州判，改屯升科，为筹岁修费，民于是有恒产。

基渊治官事如家事，博求利病。在嵩县，植桑教蚕，出丝甲于他邑。以无业之地，建社学三十二所。在肃州，开郊外废滩，种杨十余万株。遍谕乡堡种树，薪樵取给，建社学二十一所。又于金佛、清水两乡建仓，以免征粮借囤民房之累。革番、民采买需索，皆有实惠。四十四年，擢江西广信知府，卒于官。

如泗，字素园，江苏昭文人，言子七十五世孙。言子，名偃，字子游，又称叔氏，常熟人。春秋时孔子三千弟子中唯一的南方人。乾隆三年，高宗临雍，如泗以贤裔陪祀，赐恩贡生，充正黄旗官学教习。十四年，铨授山西垣曲知县，城滨黄河，修石堤以捍水。亳河故有数渠，复于上游浚之，分以溉田，民称「言公渠」。调闻喜，涑水湍急，旧渠多圮，别浚新渠，食其利者五村。举卓异，擢保德直隶州知州。新疆军兴，征调过境，值歉岁，如泗经画曲当，委曲得当；完全恰当。民无所累。陕西巡抚明德闻其能而荐之，乞养归。父丧除，补解州。白沙河在城南，地如建瓴，南决则害盐池，北决则坏城。如泗请于大吏，用盐帑修筑两岸石堰，长五里。又姚暹渠本以护盐池，民田不能灌溉。故事，商民分修，商尽诿之于民，力争，乃仍旧贯。二十九年，擢湖北襄阳知府。如泗爱士恤民而治盗严，在解州，民间夜不闭户。襄阳素为盗薮，闻其至，盗皆远遁。三十四年，因失察属员罢职。寻以皇太后万寿祝嘏复原官，遂不出。嘉庆十一年，卒于家，年九十一。光绪中，祀名宦。

际华，字石籓，贵州贵筑人。嘉庆六年进士，授内阁中书，亲老乞改教职。历遵义、都匀两府教授，以荐擢知县。道光六年，授河南辉县。百泉出县北苏门山，卫河之源也。其西诸山水经县南入卫，曰峪河；其北诸涧水历县东入新河，曰东石河。新河者，自县北凿渠引卫河，至县南复入卫，又称玉带河，皆资疏洩、排泄；倾泻。利灌溉。时并淤塞，遇水辄苦漂溺。际华履视沟、渠，出俸钱率民醵赀浚峪河，修红石堰，疏新河。凿东石河六十余丈，坚筑其岸。诸渠绮交脉注，潦患以息。课民种桑四万株，教之育蚕，他树亦十五万株，于是邑有丝絮、材木之利。苏门故多名贤祠宇，咸新之，修明祀事，以励风教焉。

署陕州直隶州知州。自渑池入陕，道硖石五十余里，险恶为行旅所苦。际华别开平道，往来者便之。回避，旧时防止官吏徇情的制度。例如一般文官不得任本籍或原籍职务，亲属在同一地区或同一机构任职者，则较低级之人员应回避，予以改调。改授江苏兴化县。当里下河之下游，水患尤急。际华议开拦江坝以泄湖、河之水，盐官及商皆力争，以为坝开则水南下溜急，于盐舟牵挽不便。际华曰：「彼所争者，十四里牵挽之劳，以较扬州东七县田庐场灶之漂溺，蠲免赈恤之烦费，轻重何如？」总督林则徐韪其议。调江都，兼署泰州，毁淫祠百余区，改为义学。则徐疏荐之，寻告归，卒于家。

先是辉县及兴化民皆不习织，际华辄自出赀置织器教之，转相授，于是二县有衣被贩贸之利，至今赖之。辉县请祀名宦祠。

汪辉祖，字龙庄，浙江萧山人。少孤，继母王、生母徐教之成立。习法家言，佐州县幕，持正不阿，为时所称。乾隆二十一年成进士，授湖南宁远知县。县杂瑶俗，积逋而多讼，前令被讦去，黠桀益肆挟持；黠桀，狡诈凶险之徒。又流丐多强横。辉祖下车，即捕其尤，驱余党出境。民纳赋不及期，手书谕之曰：「官民一体，听讼责在官，完赋责在民。官不勤职，咎有难辞；民不奉公，法所不恕。今约每旬以七日听讼，二日较赋，一日手办详。较赋之日亦兼听讼。若民皆遵期完课，则少费较赋之精力，即多听讼之功夫。」民感其诚，不逾月而赋额足。

治事廉平，尤善色听，援据比附，律穷者，通以经术，证以古事。据汉书赵广汉传钩距法，断县民匡学义狱；据唐书刘蕡传断李、萧两氏争先陇狱；判决皆曲当，而心每欿然。欿音kǎn，不自满。遇匪人当予杖，辄呼之前曰：「律不可逭，然若父母肤体，奈何行不肖亏辱之？」再三语。罪人泣，亦泣。或对簿者，反代请得免，卒改行为善良。每决狱，纵民观听。又延绅耆问民疾苦、四乡广狭肥瘠、人情良莠，皆籍记之。

宁远例食淮盐，直数倍于粤盐，民食粤私，大吏遣营弁侦捕，辉祖白上官，以盐愈禁则值愈增，私不可纵，而食淡可虞，请改淮引为粤引。未及报，辉祖即张示：「盐不及十斤者听。」侦弁谓其纵私，辉祖揭辨，总督毕沅嘉之，立弛零盐禁，时伟其议。两署道州，又兼署新田县，皆有惠政。以足疾请告，时大吏已疏调辉祖善化，又檄邻邑狱，因足疾久不赴，疑其规避，夺职。归里，闭户读书，不问外事。值绍兴西江塘圮，巡抚吉庆强辉祖任其事，帑节工坚，时称之。举孝廉方正，固辞免。

辉祖少尚气节，及为令，持论挺特不屈，而从善如转圜。所著学治臆说、佐治药言，皆阅历有得之言，为言治者所宗。初通籍在京师待铨，主同郡茹敦和，论治最契。同时朱休度并以慈惠称。

敦和，字三樵，浙江会稽人。初嗣妇翁李为子，妇翁，妻父。占籍广东。乾隆十九年成进士，归本宗，授直隶南乐知县。慎于折狱，于片纸召两造，立剖曲直，当笞者薄责之，民辄感悔自新。择清白谨愿者充社长、里正，令密陈利弊，以次行之。县当猪龙河之冲，察河源委，于开州、清丰之间审地形高下，因势利导，水不为患。地多茅沙盐咸，教以土化之法，广植杂树。乡民以麦秸编笠为生，敦和劝种桑。

调大名，漳水患剧，旁有渠河，敦和谋开渠以杀其势。适内迁大理寺评事，不及上请。乃手书揭城门，劝民刻期集河干，亲为指示，民具畚锸来者以万计。经旬而渠成，后利赖之。寻复出为湖北德安府同知，署宜昌知府，缘事降秩。卒，祀直隶名宦祠。子棻，以一甲一名进士官至兵部尚书。

休度，字介斐，浙江秀水人。乾隆十八年举人，官嵊县训导，以荐授山西广灵知县。值大荒疫，流亡过半，休度安抚招徕。粮籍旧未清，履勘劝耕，一年而荒者垦，三年而无旷土。粮清赋办，获优叙。尤善决狱，刘杷子妻张，以夫出，饥欲死，易姓改嫁郭添保。疑郭为略卖，劫掠贩卖。诘朝手刃所生子女二而自刭。休度诣验，妇犹未绝，目郭作声曰：「贩，贩！」察其无他情，谳定，杷子乃归。众曰：「汝欲知妇所由死，问朱爷。」休度语之状，并及其家某事某事。杷子泣曰：「我归愆期至此，勿怨他人矣。」稽首去。薛石头偕妹观剧，其友目送之。薛怒，刃伤其左乳，死。自承曰：「早欲杀之，死无恨。」越日，复诘之曰：「一刃何即死也？」薛曰：「刃时不料即死。」曰：「何不再刃？」薛曰：「见其血出不止，心惕息，何忍再刃？」遂以误杀论，减戍。休度尝曰：「南方狱多法轻情重，北方狱多法重情轻，稍忽之，失其情矣。」待人以诚，人亦不忍欺。周知民情，诉曲直者，数语处分，民皆悦服。数年囹圄一空，举卓异。嘉庆元年，引疾归，县人恳留不得，乞其「壶山垂钓」小像勒诸石。殁后，祀名宦。

休度博闻通识，尤深于诗，以其乡朱彝尊、钱载为法。任校官时，采访遗书，得四千五百余种，撰总目上诸四库。大学士王杰为学政，任其一人以集事，时盛称焉。

刘大绅，字寄庵，云南宁州人。乾隆三十七年进士，四十八年，授山东新城知县。连三岁旱，大绅力赈之。调曹县，代者至，民数千遮道乞留，大吏为留大绅三月。及至曹县，旱灾更重于新城。大绅方务与休息，河督檄修赵王河决堤，集夫万余人，以工代赈，两月竣事，无疾病逃

亡者。既又檄办河工稭料三百万，

稭，农作物的茎秆。

大绅以时方收敛，请缓之。大吏督责益急，将按以罪，请限十日，民闻，争先输纳，未即期而数足。一日巡行乡间，有于马后议谷贱银贵开征期迫者，大绅顾语之曰：「俟谷得价再输未迟也。」语闻于大吏，怒其擅自缓征，遣能吏代之。民虑失大绅，争输赋，代者至，已毕完。大吏因责征累年逋，久倘不足，终以代者受事。民益恐，昼夜输将，不数日得三万余两。初，大绅以忤上官意，自劾求去，民环署泣留，相率走诉大吏。适大吏有事泰山，路见而谕止之，不得去。至是密自申请，民知之，已无及，乃得引疾归。

五十八年，病起，仍发山东，补文登。值新城修城，大吏徇士民请，檄大绅督工，逾年始竣，寻以曹县旧狱被议，罢职遣戍。新城、曹县民为捐金请赎，得免归。嘉庆五年，有密荐者，诏以大绅操守廉洁、兼有才能，办理城工、渡船二事，民情爱戴，引见，复发山东，摄福山，补朝城。大水，大绅以灾报，大吏驳减其分数，民感大绅，虽未获减征，亦无怨谤者。大绅又力以病求去，移摄青州府同知，寻擢武定府同知。捕蝗查赈，并著劳勚。以母老终养归，遂不出。卒，祀名宦祠。

大绅素讲学能文章，在官公暇，辄诣书院课士。尝训诸生曰：「朱子小学，为作圣阶梯，入德涂轨。必读此书，身体力行，庶几明体达用，有益于天下国家之大。」于是士知实学，风气一变。

吴焕彩，字蕴之，福建安定人。乾隆二十五年进士，授山东范县知县。民苦充牌头。（清代保甲制度，每十户为一牌，设长一人，谓之牌头。）吏列多名进，以次需索，焕彩革其弊。清河水溢为灾，其岸左高右卑，因开五顷洼，以泻其东南；筑福金堤，以防其西北；岁得麦田四万亩。商地民苦纳租，欲请免而格于例，代输租之半，教之种番薯，民困乃纾。三十九年，寿张逆匪王伦作乱，距范县四十里，焕彩修城筹守御，力清保甲，凡村落大小，人民贤愚可指数。有孟兴璧者，与黄昌吉等有隙，上变列三十余人，朝命侍郎高朴与巡抚往察治。使者出牒示，焕彩曰：「某已死，某为某之父，某之子皆良民，呼之即至。」使者欲以兵往，焕彩曰：「兵至，愚民非死即走，无可讯，咎将谁执？」焕彩夜抵村中呼告之，皆呼冤。焕彩曰：「惟无其事，必出就讯，亟从我去。不然，祸立至。」民皆裹粮从。使者按籍，少二人，焕彩曰：「一已死，一外出，已命其兄招之。」言未毕，有跪门外者，则已来矣。讯之皆诬，遂坐告变者。巡抚曰：「知县者，知一县事，君可谓之知县矣。知县者，民之父母，君可谓之民之父母矣。」以卓异荐，擢湖北鹤峰知州。地本苗疆，改流未久，奸宄杂居。焕彩勤于听讼，积弊一清。土司族裔，每借祖坟诈人财，惩治之，浇风自息。民朴陋不知书，设义塾，资以膏火，（照明用的油火，喻指供学习用的津贴。）至五十三年，始有举于乡者。后以病归，鹤峰请祀名宦，范县亦为建生祠。年逾八十，卒。

纪大奎，字慎斋，江西临川人。乾隆四十四年举人，充四库馆誊录。五十年，议叙知县，发山东，署商河。会李文功等倡邪教，诱民为乱，讹言四起。大奎集县民，谕以祸福，皆惊悟。邻郡惑者闻之，亦相率解散。补丘县，历署昌乐、栖霞、福山、博平，民皆敬而亲之。父忧归。嘉庆中复出，授四川什邡县。或谓：「什邡俗强梗，宜示以威。」答曰：

「无德可怀，徒以威示，何益？」奸民吴忠友据山中聚众积粟，讲清凉教。大奎躬率健役，夜半捣其巢，获忠友，余众惊散。下令受邪书者三日缴，予自新，民遂安。擢合州知州，道光二年，引疾归。年八十，卒，祀合州名宦。

邵希曾，字鲁斋，浙江钱塘人。乾隆五十四年举人，嘉庆中，官河南知县。历权通许、卢氏、鄢陵、西华、沈丘、太康、扶构、淮宁、新乡，皆有声。滑县教匪之役，司粮台。及匪平，讯鞫俘虏，治余匪，凡良民被胁者皆得释，保全甚众。晚授桐柏，民苦盗，令村集建棚巡更，乡数家出一人为门夫，有警环集，无事归业。访捕强暴者绳以法，积匪率远徙。慎于折狱，皆速结，讼日以稀。朔望莅学，集诸生讲论，增书院膏火，亲课之如师。道光六年，邑人王四杰始登进士第，自明初以来所未有。募钱万缗，建义学。凡经塾三，蒙塾十五。择其秀者入书院肄业，文教兴而悍俗渐化。在任十年，民安之。老病，大吏不令去，卒于官。

清史稿㊦・循吏传

张吉安，字迪民，江苏吴县人。乾隆四十二年举人，六十年，大挑知县，大挑，清乾隆十七年（一七五二年）定制，三科（原为四科，嘉庆五年改三科）不中的举人，由吏部据其形貌应对挑选，一等以知县用，二等以教职用。每六年举行一次，意在使举人出身的士人有较宽的出路，挑选的标准备重在形貌与应对，须体貌端正，言语译明，于时事吏治素有研究。发浙江。时清治各县亏空，责弥补。富阳令恽敬独不奉上官意旨，檄吉安往摘印署事。处理公事或代理职事。至则士民群集，乞留敬。吉安见之，默然徒手返，白台司曰：「恽敬贤吏，乞保全之。且州县赋入有常经，前官不谨致亏，责弥补于后来者，恐开掊克之渐。掊克，指聚敛，收刮民财的意思。方今楚、豫奸民蜂起，皆以有司贪残为口实。宜用读书人加意拊循，乃无形之弥补耳。」闻者迂其言。委摄县丞及杭州府通判，吉安自以不谐于时，乞改教职，上官留之。

嘉庆二年，署淳安，寻调象山。海盗由闽扰浙，沿海穷民业渔盐者，多以米及淡水火药济盗，且为乡导。吉安革船埠商渔之税，严禁水、米出洋，盗渐穷蹙，值飓风覆盗艇，泅至岸，悉为舟师所获。提督李长庚叹曰：「牧令尽如张象山，盗不足平也。」又建议县境南田为海中大岛，宜如明汤和策，封禁以断盗翼。韭山当海盗之冲，石浦、昌国兵力皆薄，请增兵以资镇慑。事虽见格，后卒如所议。

四年，署新城，漕仓设省城，民输折色，（民输，人民缴纳赋税。折色，旧时谓所征田粮折价征银钞布帛或其他物产。）县官浮收，（额外征收。）运丁需索，（运丁，搬运漕粮的人。需索，敲诈勒索。）习以为常。吉安平其折价，不及旧时十之六七，民感之。

五年，署永康，蛟水猝发，田庐荡析，为棚厂以栖灾民，阻水者具舟饷之，溺者具棺厝之，不待申详报可，所以赈恤者甚至。上官或斥其有违成例，巡抚阮元素重之，悉如所请。六年，调署丽水，竭诚祷雨，旱不为灾。县多山，民处险远者，艰于赴愬。吉安辄巡行就山寺谳狱，咸乐其便。

八年，署浦江，值水灾，奸民纠众掠富室，伐墓树，邻邑咸煽动。吉安曰：「非法无以止奸民，非米无以安良民，良民安则奸民气散。」请运兵米所余以赈之，民心渐定，乃擒首恶治如律。补余杭，九年春，雨伤禾，粜仓谷以平米价，又运川米千石济之。十年，复被水，分乡设厂，煮粥以赈，规画详密，竟事无拥挤之扰。邑多名区，次第修复之。惩讼师，勤听断，修志、葺学，文教丕振。在余杭七年，引疾归，遂不出。殁后，永康士民请祀名宦，建立专祠。

当时吏治积弊，有南漕北赈之说，南利在漕，相率讳灾。相率，相继；一个接一个。督抚藉词酌剂，置灾民于不问。苟有切求民瘼者，转不得安于位。吉安官浙前后几二十年，所莅多灾区，皆能举职。在新城减漕之三四，时论尤以为难。北赈之弊亦然。同时江苏知县李毓昌，以不扶同侵赈致祸，扶同，符合；附和。仁宗优恤之，重惩诸贪吏，盖欲以力挽颓风云。

毓昌，字皋言，山东即墨人。嘉庆十三年进士，以知县发江苏。十四年，总督铁保使勘山阳县赈事，亲行乡曲，钩稽户口，钩稽，查考审核。廉得山阳知县王伸汉冒赈状，具清册，将上揭。伸汉患之，赂以重金，不为动，则谋窃其册，使仆包祥与毓昌仆李祥、顾祥、马连升谋，不可得，遂设计死之。毓昌饮于伸汉所，夜归而渴，李祥以药置汤中进。毓昌寝，苦腹痛而起，包祥从后持其头，叱曰：「若何为？」李祥曰：「仆等不能事君矣。」马连升解己所系带缢之。伸汉以毓昌自缢闻。淮安知府王毂遣验视之，报曰：「尸口有血。」毂怒，杖验者，遂以自缢状上。

其族叔李太清与沈某至山阳迎丧，检视其籍，有残稿半纸，曰：「山阳知县冒赈，以利啗毓昌，（啗音dàn，利诱。）毓昌不敢受，恐负天子。」盖上总督书稿，诸仆所未及毁去者。丧归，毓昌妻有噩梦，启棺视，面如生。以银针刺之，针黑。李太清走京师诉都察院，命逮王毂、王伸汉及诸仆，至刑部会讯。山东按察使朱锡爵验毓昌尸，惟胸前骨如故，余尽黑。盖受毒未至死，乃以缢死也。仁宗震怒，斩包祥，置顾祥、马连升极刑，剖李祥心祭毓昌墓。毂、伸汉各论如律，总督以下贬谪有差。赠毓昌知府衔，封其墓。御制悯忠诗，命勒于墓上。毓昌无子，诏为立后，嗣子希佐赐举人，太清亦赐武举。

龚景瀚，字海峰，福建闽县人。先世累叶为名宦。（累叶，累世。）曾祖其裕，康熙初，以诸生从军，授江西瑞州府通判。滇、闽变起，率乡勇为大军乡导，擢吉安知府。时府城为逆将所据，大军驻螺子山，其裕供饷无乏。城复，抚疮痍，多惠政。后官河南怀庆知府，浚顺利渠，引济水入城便民，终于两淮盐运使。殁祀瑞州、吉安、怀庆名宦祠。祖嵘，初仕浙江余杭知县，治县民杀仆疑狱，为时所称。擢直隶赵州直隶州知州，直隶州，是明清地方行政单位之一。直隶于省，与府平行，有属县，长官称知州，尊称刺史、州牧。知州之下，有州同和州判。浚河兴水利。再擢江苏松江知府，渡海赈崇明灾黎，全活甚众。官至江西广饶九南道，单骑定万年县匪乱，殁祀饶州名宦祠。父一发，乾隆十五年举人，官河南知县，历宜阳、密县、林县、虞城四县，治狱明敏，能以德化。在虞城值水灾，勤于赈恤。朝使疏治积水，酾为惠民、永便诸渠，一发与灾民共劳苦，治称最。以病去，复起补直隶高阳。擢云南镇南知州，殁祀虞城名宦祠。

景瀚承家学，幼即知名。大学士朱珪督闽学，激赏之。激赏，赞赏。乾隆三十六年成进士，归班铨选。四十九年，授甘肃靖远知县，未到官。总督福康安知其能，檄署中卫县，判牍如流，见者不知为初仕也。七星渠久淤，常苦旱，景瀚筑石坝，遏水入渠，始通流。又浚常乐、镇静诸渠，重修红柳沟环洞及减水各傍，溉田共三十万亩，民享其利。五十二年，调平凉，地硗瘠，缺米粟，景瀚请邻邑无遏粜。又当西域孔道，必经之道；四通八达之地。车马取给商贾。盐引敕派于民，官吏强买煤炭，皆为民病，一切罢之。由是商贾辐辏，食货流通。修柳湖书院，位于甘肃省平凉县。北宋渭州太守的蔡挺引泉成湖，处处植柳，枝高叶茂，翠色参天，故名「柳湖」。明武宗敕赐「崇文书院」。清乾隆之后，多次修葺。后改为「高山书院」。同治初年，与诸生讲学，文风渐振。

五十五年，署固原州，汉、回杂处，时构衅。景瀚密侦诸堡，诛积匪，境内以安。五十九年，迁陕西邠州知州，嘉庆元年，总督宜绵巡边，调景瀚入军幕，遂从剿教匪，以功擢庆阳知府。宜绵总辖三省，从入蜀，幕府文书皆属景瀚。寻调兰州，仍在军充翼长。清禁卫军的火器、健锐、神机、善扑四营。于掌印总统大臣（神机营为掌印管理大臣）下均置翼长。翼的原意为军队的左右翼，但翼长一官不必为两翼领兵官。

景瀚从军久，见劳师糜饷，流贼仍炽，因上议备陈调兵、增兵、募勇三害，剿贼四难，谓：「先安民然后能杀贼，民志固则贼势衰，使之无所裹胁。多一民即少一贼，民居奠则贼食绝，使之无所掳掠。民有一日之粮，即贼少一日之食。用坚壁清野之法，令百姓自相保聚，贼未至则力农贸易，各安其生；贼既至则闭栅登陴，相与为守。民有恃无恐，自不至于逃亡。其要先慎简良吏，次相度形势，次选择头人，次清查保甲，次训练壮丁，次积贮粮谷，次筹画经费。如是行之有十利。」反复数千言，切中事理。嗣是被兵各省举仿其法，民获自保，贼无所逞，成效大著。论者谓三省教匪之平，以此为要领。

五年，始到兰州任，七年，送部引见，卒于京师。其后续编皇清文颖，仁宗特出其坚壁清野议付馆臣载入。祀兰州名宦祠。自其裕至景瀚，四世皆祀名宦，海内称之。

景瀚子丰谷，官湖北天门知县，亦有治绩，不隳家声焉。

盖方泌，字季源，山东蒲台人。嘉庆初，以拔贡就职州判，上发陕西，署汉阴通判、石泉知县。三年，署商州州同知。官名，为知州的副职。治州东百里曰龙驹寨，寨之东为河南，南出武关为湖北。路四通，多林莽山径，易凭匿。时川、楚教匪屡由武关入陕西。方泌始至，民吏扫地赤立，空无所有。形容穷困之极。贼酋张汉潮拥众至，乃置药面中，诱贼劫食，多死，遂西走，大军乘之，汉潮由是不振。方泌集众谋曰：「贼虽去，必复来。若等逃亦死，守不得耕种亦死。我文官无兵，若能为吾兵，当全活尔。」众曰：「惟命。」乃筑堡聚粮，户三丁抽一，得三千人，无丁者以财佐粮糗兵械，亲教之战，辰集午散，无废农事。

四年，贼屯山阳、镇安，将东走河南，迎击败之；又击贼于铁峪铺，贼据山上，而伏其半于沟，乃分兵翦伏，夺据东山上，数乘懈击之，贼宵遁。后贼由雒南东逸，方泌驰至分水岭，间道走铁洞沟出贼前伏待之，贼错愕迎战，遂败，斩首数百，乡兵名由是大振。自武关至竹林关，乡兵皆请隶龙驹寨。

五年，知州困于贼，方泌驰百九十里至北湾，贼惊曰：「龙驹寨兵至矣！」时贼屯州西及雒南、山阳各万余人，欲东出。方泌勒乡兵二万，列三大营以待。会官军至，夹攻，贼大败，几尽歼。是役枕戈而寝者五十日。游击某诬以事，解职，大吏直之，得留任。贼遂相戒无过商州。

八年，授盩厔知县，犹时时入山搜贼，又获宁陕倡乱者四十余人。境内甫定，捐俸赈饥，旌死节妇，河滩、马厂、盐法，皆区画久远。擢宁陕厅同知。仁宗召见，问商州事甚悉。擢四川顺庆知府。渠县民变，大吏属以兵。方泌曰：「此赛会人众，至各相惊疑，讹言横兴，非叛也。」捕十二人而变息。调成都，母忧归。服阕，授福建延平。寻调台湾，两署台湾道。屡谳大狱，皆聚众汹汹，稍激则变。方泌一以理喻，蔽罪如法。蔽罪，判罪。道光十八年，卒。

史绍登，字倬云，江苏溧阳人，大学士贻直之孙。以誊录叙布政司经历，叙，按规定的等级次第授官职。发云南。乾隆六十年，署文水知县。时滇盐归官办，民苦抑配，绍登弛其禁，释逋课者数百人。阅三载，配盐之五十七州县悉改商办，以文山为法。

贵州苗乱，距文山尚数郡，绍登策其必至，集胥役健者亲教技击以备之。嘉庆元年，苗窜邻境之丘北，潜与文山侬、倮通。绍登谓不救丘北，文山侬、倮必不靖，亲率三百人往，人授刀一、铁镳三十。既至，当者辄仆，丘北廓清。澄清，肃清。而总督勒保剿苗失利，被围于贵州黄草坪，巡抚江兰檄绍登往援。至则贼围数重，内外不相闻，七战皆捷，乃达黄草坪。会贵州援兵亦至。比绍登上谒，总督曰：「若文官，亦远来问我耶？」绍登陈解围状，不信。绍登请视战所贼尸，镳伤者，文山民壮所击；民壮，清代州、县官衙前卫兵。也叫壮班。若刃伤，请伏冒功罪。总督初欲劾之，勘实乃已。巡抚闻绍登忤总督，大惧，令所用军费不得入报销，以是亏帑二万。

寻兼署蒙自县事，两城相距三百里。交阯贼依福结粤匪犯文山，绍登驰一昼夜入城，率民壮出剿，擒其渠，峒卡悉复。擢云州知州，仍留文山任。

四年，初彭龄来为巡抚，性好察，开化总兵因蒙自变时怯懦为民所轻，衔绍登，谮之，遂以亏空劾。士民刊章胪绍登政绩，胪，陈列；列举。设匭醵金至三万。匭音guǐ，匣子，小箱子。彭龄闻之悔，以完亏奏留任，余金无可返，建开阳书院焉。

七年，署维西厅通判。厅民恒乍绷为乱，巢险不可攻。绍登廉得巢后岩壁陡绝，阻大溪，乃以篾为緪，募善泅者系緪岩树，对岸急引，如笮桥，攀援以登，壮士三百人从之。贼大惊乱，擒馘净尽。九年，卒。

李赓芸，字郰斋，江苏嘉定人。少受学于同县钱大昕，通六书，苍、雅，三礼。乾隆五十五年进士，授浙江孝丰知县。调德清，再调平湖。下车谒陆陇其祠，以陇其曾宰嘉定，而已以嘉定人宰平湖，奉陇其为法，尽心抚字，对百姓的安抚体恤。训士除奸，邑中称神明。嘉庆三年，九卿中有密荐之者，诏询巡抚阮元，元奏：「赓芸守洁才优，久协舆论，为浙中第一良吏。」引见，以同知升用。五年，金华、处州两郡水灾，金华苦无钱，处州苦无米。赓芸奉檄，于恩赈外领银二万，便宜为之。以银之半易钱，运金华加赈，人百钱而钱价平。又以银之半运米至处州，减价粜，辘轳转运，而米亦贱。升处州府同知，调嘉兴海防同知，署台州府。寻擢嘉兴知府，正己率属，无敢以苞苴进者。苞苴，馈赠的礼物。治漕，持官、民、军三者之平，上官每用其言。十年，水灾，减粜有实惠，赈民以粥，全活者众。以继母忧去官。

服阕，补福建汀州，调漳州。俗悍，多械斗，号难治。赓芸召乡约、里正问之曰：「何不告官而私斗为？」皆曰：「告官，或一二年狱不竟，竟亦是非不可知，先为身累。」赓芸曰：「今吾在，狱至立剖。有不当，更言之，无所徇护。为我告乡民，后更有斗者，必擒其渠，焚其居，毋恃贿脱。」众皆唯唯退。已而有斗者，赓芸立调兵捕治，悉如所言，民大惧。赓芸日坐堂皇，重门洞开，愬者直入，命役与俱。召所当治者，限时日。不至，则杖役。至则立平之释去。即案前书狱词，无一钱费。民皆欢呼曰：「李公活我！」漳属九龙岭多盗，下所属严捕，擒其魁十数，商旅坦行。故事，获盗当甄叙，经甄别而加以提升或任用。悉以归属吏。寻擢汀漳龙道。二十年，擢福建按察使，署布政使，逾年实授。

赓芸守漳州时，龙溪县有械斗，令懦不治。署和平令朱履中内狡而外朴，庚芸误信之，请以移龙溪。久之，事不办，始稔其诈。洎署布政使，改履中教职。履中亏盐课，恐获罪。具揭于总督汪志伊、巡抚王绍兰，谓亏帑由道府婪索。督抚密以闻，解赓芸职质讯。赓芸之去漳，监造战船工未竣，留仆督率之，仆假履中洋银三百圆，诡以垫用告。赓芸如数给之，仆匿不以偿。福州知府涂以辀鞫之，阿总督意，增其数为一千六百，逼令自承，辞色俱厉，赓芸终不肯诬服。虑为狱吏所辱，遂自经。系缢；悬吊。

事闻，命侍郎熙昌、副都御史王引之往按其狱，得白。上以赓芸操守清廉，众所共知。其死由汪志伊固执苛求，而成于涂以辀勒供凌逼，褫志伊职，永不叙用。以辀、履中俱遣戍黑龙江，绍兰亦以附和革职。

赓芸家不名一钱，殁无以殓。盐法道孙尔准与之善，（盐法道，清代设置，掌督察盐场生产、估平盐价、管理水陆挽运事务，或兼任分守分巡道。有的省份不设，四川则称盐茶道。）为经纪其丧。初，志伊亦重赓芸，曾荐举之。及擢布政，乘新舆上谒，志伊讽以戒奢，赓芸曰：「不肖为大员，不欲效布被脱粟之欺罔。」志伊素矫廉，衔其语。又以遇事抗执，嫌益深。及狱起，履中忽自承妄讦，诿原揭为其仆窃印，志伊怒，必穷诘之。论者谓漳厂修船，例由龙溪县垫款，籓司发款，至道乃偿之，非赃私也。赓芸狷急，负清名，虑涉嫌不承，而志伊峻待绅士，不理於众。与赓芸善者，或以飞语中之。

方治狱使者至闽，士民上书为赓芸讼冤，感泣祭奠，踵接于门，为建遗爱祠。熙昌等据情奏请赐额表扬，仁宗以「大员缘事逮问，当静俟国法，若此心皦然，横遭冤枉，亦应据实控告，朝廷必为昭雪；乃效匹夫沟渎之谅，殊为褊急，不应特予旌扬。士民追思惠政，捐赀立祠，斯则斯民直道之公，听之」。

伊秉绶，字墨卿，福建宁化人。乾隆五十四年进士，授刑部主事，迁员外郎。嘉庆三年，出为广东惠州知府，问民疾苦，裁汰陋规，行法不避豪右，故练刑名，大吏屡以重狱委之，多所矜恤。陆丰巨猾肆劫勒赎，巨猾，大奸，极奸猾的人。秉绥设方略，缚其渠七人戮之。六年，归善陈亚本将为乱，提督孙全谋不发兵，秉绥乃遣役七十余人夜捣其巢，擒亚本，余党窜入羊矢坑。未几，博罗陈烂屐起事，请兵，提督复沮之。秉绥争曰：「发兵愈迟，民之伤残愈甚。」提督不得已，予三百人。秉绥复曰：「侦虚实，则三四人足矣。如用兵，以寡敌众，徒偾事耳。偾事，败事。」提督不听，令游击郑文照率三百人往，孑身跳归，乱遂成。秉绥适以他事罣议去官，罣，因事或因他人罪案而受牵连。士民籥留军营。时提督既拥兵不前，其标兵卓亚五、朱得贵均通贼纵掠，为伪渠帅。秉绥愤懑，请兵益力，逢总督吉庆之怒，复以失察教匪论戍。会新总督倭什布至惠州，士民数千人诉秉绥冤，上闻，特免其罪，捐复原官，发南河，授扬州知府。

时秉绶方奉檄勘高邮、宝应水灾，刺一小舟，栖户杠渚，必亲阅手记。及莅任，劬躬率属，赈贷之事，锱铢必覈，吏无所容其奸。倡富商巨室捐设粥厂，费以万计。诛北湖剧盗铁库子辈，杖诡道诳愚之聂道和，它奸猾扰民者，悉严治之。民虽饥困，安堵无惶惑。历署河库道、盐运使，胥称职。寻以父忧去，家居八年，嘉庆二十年，入都，道经扬州，卒。

秉绶承其父朝栋学，以宋儒为宗。在惠州，建丰湖书院，以小学、近思录课诸生；在扬州，宏奖文学。殁后士民怀思不衰，以之配食宋欧阳修、苏轼及清王士祯，称四贤祠。

狄尚絅，字文伯，江苏溧阳人，寄籍顺天。乾隆四十六年进士。五十七年，授安徽黟县知县，父忧去。嘉庆四年，起复，发广东，署化州知州。濒海犷悍，尚絅解除烦苛，治以简易。补花县，以乡兵助剿博罗乱匪有功，旋摄香山。十年，铨授江西南康知府。有武举调族侄妇，羞忿自尽，以无告发，事寝有年矣。尚絅甫下车，武举以他事涉讼，反覆诘问，忽露前情。穷究得实，置诸法，群惊为神。不期年，理滞狱百余，尽得情实。饶州有两姓争田，世相仇杀，尚絅为判断调和，争端永息。南安会匪李详诰传徒聚众，事发，大吏檄尚絅按之。戴奉飞实罪首，详诰为从，当减死。承审同官以详诰巨富，欲引嫌。尚絅曰：「无媿于中，何嫌可避？」大吏亦虑与原奏不符，尚絅曰：「不护前非，乃见至公。圣明在上，何虑焉？」卒从其议，株连者亦多省释。尝言：「狱不难于无枉纵，惟干证之牵累，吏胥之需求，受害者不可穷诘。生平思此，时用疚心。」又曰：「人知命、盗巨案之当慎，不知婚姻、财产细务，尤不可忽。盖必原情度势，使可相安于异日，不酿成别故，斯为善耳。」

南康治滨湖，风涛险恶，宋郡守孙乔年筑石堤百余丈，内浚二澳，可泊千艘。朱子知南康，增筑之，名紫阳堤。迤东水啮，音niè，侵蚀。浸及城址，明知府田琯增筑石堤百余丈以卫之，久俱圮。尚絅增修两堤，一准旧制，坚固经久。蓼花池周五十里，受庐山九十九湾之水，北入湖，水门浅隘，尚絅疏浚之，积潦消泄，岁增收谷万石。在任先后二十四年，所设施多规久远。历署饶州、吉安、广信三府，摄粮道。敝衣蔬食，不问生产。生计。引疾去官，不能归，卒余南康。

张敦仁，字古愚，山西阳城人。乾隆四十年进士，授江西高安知县，调庐陵。精于吏事，有循声。迁铜鼓营同知，署九江、抚州、南安、饶州诸府事。嘉庆初，改官江苏，历松江、苏州、江宁知府。六年，调授江西吉安。沿赣江多盗，遴健吏专司巡缉，遴，选择；挑选。责盗族擒首恶，毋匿逋逃，萑苻《左传·昭公二十年》：「郑国多盗，取人于萑苻之泽。」后因以代指贼之巢穴或盗贼本身。以靖，民德之。再署南昌，寻实授。以额定之官职，正式除授实缺。所属武宁民妇与二人私，杀其夫，前守以夫死途中，非由妇奸报。敦仁覆鞫词无异，而其幼子但哭不言，疑之。请留前守同谳，遂得谋杀移尸状，狱乃定。龙泉天地会匪滋事，巡抚檄敦仁往按，未至，镇道已发兵擒二百余人，民惶惧。敦仁廉知匪党与温氏子有隙，非叛逆，法当末减，从轻论罪或减刑。坐为首二人。又会匪素肆掠，富室为保家计，多佯附，实未身与。事发株连，囹圄为满。讯察其冤，尽得释。道光二年，擢云南盐法道，寻以病乞致仕。辞去官职。敦仁博学，精考订，公暇即事著述，所刻书多称善本。寄寓江宁，卒，年八十有二。著书遭乱多佚。

郑敦允，字芝泉，湖南长沙人。嘉庆十九年进士，选庶吉士，散馆授刑部主事，迁员外郎。道光八年，出为湖北襄阳知府。襄阳俗朴，讼事多出教唆。敦允长于听断，积牍为空。访所属衙蠹莠民最为民患苦者十余人，衙蠹，对衙门中贪赃吏役的蔑称。论如律。地号盗薮，请帑筹充缉捕费，多设方略，获盗百余。巨盗梅权者，勇悍多徒党，捕者人少莫能近，众至则逸。侦知所在，夜往擒之，其徒追者数百人。令曰：「欲夺犯者，杀而以尸与之。」众不敢逼。诉者麕集，曰：「久不敢言，言辄火其居。」敦允曰：「苦吾民矣！」遂置之法。

枣阳地瘠民贫，客商以重利称贷，田产折入客籍者多。敦允许贷户自陈，子浮于母则除之，积困顿苏。

汉水啮樊城，坏民居，议甃石堤四百余丈，二年而成。明年，汉水大涨，樊城赖以全。

襄阳岸高水下，遇旱，艰于引溉。颁筒车式，使民仿制，民便之。

调署武昌，会大水，樊城石工掣损，敦允固请回任守修。襄人走迎三百里，日夜牵挽而至，议增筑子埝护堤根。子埝，为防止洪水漫溢决口，在堤顶上临时加筑的小堤。灾民就食者数万，为草舍居老疾稚弱，令壮者赴工自食。敦允昕夕巡视，工未竟，致疾，未几卒，祀名宦。

李文耕，字心田，云南昆阳人。家贫，事亲孝，服膺宋儒之学。服膺，铭记在心；衷心信奉。嘉庆七年进士，以知县发山东，假归养母。母丧，服阕，补邹平。到官四阅月，经过一月。不得行其志，引疾去。以官累，不得归。十九年，教匪起，寿张令以文耕娴武事，娴，熟习。招助城守，训练、防御皆有法，贼不敢窥境。大吏闻其干略，起复补原官。

在邹平五年，治尚教化。民妇陈诉其子忤逆，文耕引咎自责，其子叩头流血，母感动请释，卒改行。听讼无株累，株连牵累。久之，讼者日稀。善捕盗，养捕役，使足自赡，无豢贼，数亲巡，穷诘窝顿。窝藏。尝曰：「治盗必真心卫民，身虽不能及者，精神及之，声名及之。」终任，盗风屏息。课诸生，亲为指授，勉以为己之学，民呼李教官，又呼为李青天。调冠县，迁胶州，浚云、墨二河。道光二年，擢济宁直隶州，未之任。巡抚琦善特荐之，宣宗夙知其名，即擢泰安知府。

调沂州，立属吏程课，规定的学业内容和进程。谓：「官不勤则事废，民受其害。教化本于身，能对百姓，后然可以教百姓。」属吏皆化之。沂郡产槲树，劝民兴蚕，建义仓备荒，捕盗如为令时。寻擢兖沂曹道。司河事，修防必躬亲。属厅请浚淤沙，需银五万，往视之，曰：「无庸！春涨，即刷去矣。」果如其言。

五年，迁浙江盐运使，未几，调山东。时鹾业疲累，充商者多无藉游民。文耕知其弊，请分别征缓，以纾商力。责富商领运，不得因引滞贱价私卖，课渐裕。七年，擢湖北按察使，复调山东。严治胥役，诈赃犯辄置重典。断狱宽平，责属吏清滞狱，数月，积牍一空。谓：「山东民气粗而性直，易犯法，亦易为善，故教化不可不先。」

居三岁，调贵州。州县瘠苦，希更调，不事事。适权布政使，请以殿最为调剂，俾久任专责成。凿桐梓葫芦口，以息水患。黔产䌷，无绵布，设局教之纺织。贫民艰生计，重利而薄伦常，撰文劝导，曰家喻户晓篇。十三年，休致归。

文耕平生以崇正学、挽浇风为己任，在山东久，民感之尤深，殁祀名宦。

刘体重，山西赵城人。乾隆五十四年举人。嘉庆初，以知县发湖南，历署石门、新化、衡阳、宁武、衡山、湘阴。晋秩同知，改江西。道光中，补袁州同知，擢广信知府。调吉安，又调抚州，所至有声。在抚州治绩最著，巡历属县，问民疾苦，集父老子弟勉以孝弟力田。属吏不职，参劾无徇。胥吏揽讼，痛惩之。厚书院廪饩，（科举时代由公家发给在学生员的膳食津贴。）课士以经，动绳以礼法。遇大水，尽心赈恤，灾不为害。建义仓，积谷五万石。十四年，擢河南彰卫怀道，筦河事，修防有法。终任，黄流安澜。沁水堤由民筑，多单薄，择其要区加筑子埝，筹岁修费垂永久。漳河无堤防，勤疏浚，水患并息。创建河朔书院，仿朱子白鹿洞规条，以课三郡之士。十九年，擢江西按察使，迁湖北布政使。二十二年，乞病归，卒于家。

体重廉平不苟，尤长治狱。所居，吏畏民怀，讼狱日简。河北士民尤感之，殁祀名宦祠。

子煦，由拔贡授直隶知县，历权繁剧。咸丰初，迁开州知州。河决，赈灾，全活数万。治团练有功，署大名知府。十一年春，直隶、山东匪迭起，守城四十日，乘间出奇击贼，城获安。既而东匪西窜，势甚张，畿辅震动。煦督师破清丰贼垒，乘胜进攻濮州老巢。遇大雨，贼决河自卫，煦激励兵团，坚持不懈，贼穷蹙乞降，遂复濮州。开、濮之间，积水多沮洳，低湿之地。土人谓之水套，匪辄凭匿。至冬，复竖旗起事。煦率乡团八千人，追贼于冰天泥淖之中，三战皆捷，水套底定。平定；安定。同治元年，擢大顺广道，命偕副都统摭克敦布办理直、东交界防剿事宜，以劳卒于官。优诏赐恤，大名及原籍并建专祠。

张琦，初名翊，字翰风，江苏阳湖人。嘉庆十八年举人，以誊录议叙知县。议叙，清制对考绩优异的官员，交部核议，奏请给予加级、记录等奖励。道光三年，发山东，署邹平县。抵任，岁且尽。阅四百七十村，麦无种者。即申牒报灾，亲谒上官陈状。破成例请缓征，因邹平得缓者十六州县。民失物，误讼邻邑长山，归狱于琦。琦曰：

「汝失物地，大树北抑大树南？」曰：「树北。」琦曰：「若是，则我界也。」民愕然，曰：「诚邹平耶？即不欲以数匹布烦父母官。」持牒去。后权章丘，邹平民时赴诉，琦曰：「此于法不当受。」慰遣之。章丘民好讼，院、司、道、府五府吏皆籍章丘，走书请讬，掎摭短长。掎摭，指摘。琦任岁余，无一私书至。结案二千有奇，无翻控者。

五年，补馆陶，会久旱风霾，麦苗皆死，饥民聚掠。琦祷雨既应，严捕倡掠者。廉得富家闭粜居奇状，按治之，民大悦。乃请普赈两月。馆陶地褊小，赈数多邻邑数倍，大吏呵之。寻有诏责问岁饥状甚切，乃按临灾区，民迎诉赈弊，惟馆陶得实。始劾罢他邑令，厚慰琦。士有讼者，阅其辞不直，则曰：「课汝文不至，讼乃至耶？」先试以文，不中程，责后乃决事，士讼遂稀。馆陶地斥卤，不宜谷，又卫水数败田。琦精求古沟防及区田法试行之，未竟，病卒。

在馆陶八年，民爱戴之，理讼不待两造集，即决遣之。以其辞质后至者，莫敢狡饰。有疑狱，亦不过再讯。胥吏扰民，必严论如法。然筹其生计必周，故无怨者。

琦少工文学，与兄编修惠言齐名，舆地、医学、诗词皆深造。五十后始为吏，治绩尤著。时江西同知石家绍亦儒者，为治有古风，殆相亚云。

家绍，字瑶辰，山西翼城人。以拔贡为壶关县教谕。道光二年成进士，授江西龙门知县。发奸摘伏，以神明称。调上饶，再调南昌。首邑繁剧，而尽心民事，理讼尝至夜不辍。连年水患，饥民闻省会散赈，麕聚郭外。家绍与新建令同主赈，始散米，令饥民自爨。来者益众，赈所濒河，几莫能容。乃改散钱，令各返乡里，候截留漕米济之。时水灾益棘，家绍请开仓平粜，复分厂煮粥以赈。主者循例备三千人食，而就食者五万，汹汹不可止。家绍至，谕之曰：「食少人众，咄嗟不能办。咄嗟，时间仓卒；迅速。汝等姑退，诘朝来，诘朝，平明，清晨。不使一饥民无粥啖也。」众皆迎拜曰：「石爹爹不欺人，原听处置。」爹爹者，江西民呼父也。历署大庾、新城、新建三县，擢铜鼓营同知，署饶州、赣州二府，所至皆得民心。

家绍口呐呐若不得辞，自大吏、

僚友、缙绅、士民、卒隶无不称为循吏，顾自视欿然。尝曰：「吏而良，民父母也；不良，则民贼也。父母，吾不能；民贼也，则吾不敢，吾其为民佣乎！」十九年，卒。五县皆祀名宦，南昌民尤德之，建祠于百花洲。

刘衡，字廉舫，江西南丰人。嘉庆五年副榜贡生，充官学教习。十八年，以知县发广东。奉檄巡河，日夜坐卧舟中，与兵役同劳苦，俾不得通盗，河盗敛戢。署四会县，地瘠盗炽。衡团练壮丁，连村自保。诇捕会匪，焚其籍，以安反侧。祗治渠魁，众乃定。调署博罗，城中故设征粮店数家，乡又设十站，民以为累，衡至即除之。俗多自戕，里豪蠹役杂持之，害滋甚。衡释诬滥，严惩主使，锢习一清。补新兴，父忧去。服阕，道光三年，授四川垫江，俗轻生亦如博罗，衡先事劝谕，民化之。获啯匪初犯者，（啯匪，清朝四川最大的黑恶势力，民间称为「啯噜子」，官方则称为「啯匪」。）曰：「饥寒迫尔。」给赀使自谋生，再犯不宥，匪辄感泣改行。

调署梁山，处万山中，去水道远，岁苦旱。衡相地修塘堰，以时蓄泄，为永久之计。捐田建屋，养孤贫，岁得谷数百石，上官下其法通省仿行。寻调巴县，为重庆府附郭，号难治。白役七千余人，白役，旧时官署中的编外差役。倚食衙前。衡至，役皆无所得食，散为民，存百余人，备使令而已。岁歉，衡谓济荒之法，聚不如散，命各归各保，以便赈恤，是年虽饥不害。

衡尝谓律意忠厚，本之为治，求达爱民之心。然爱民必先去其病民者，故恒寓宽於严。官民之阻隔，皆缘丁胥表里为奸。所至设长几于堂左右，分六曹为六槅。吏呈案，则各就左几槅庋之，击磬以闻。衡自取，立与核办，置之右几。吏以次承领，壅蔽悉除。有诉讼，坐堂皇受牍，亲书牒令原告交里正，转摄所讼之人，到即讯结。非重狱，不遣隶勾摄；拘捕；传拿。即遣，必注隶之姓名齿貌于签。又令互相保结，设连坐法，蠹役无所施技。性素严，临讼辄霁颜，收敛威怒之貌。俾得通其情，挟不过十，惟于豪猾则痛惩不稍贷。尝访延士绅，周知地方利害，次第举革。待丞、尉、营弁必和衷，时周其乏，缓急可相倚。城乡立义学，公余亲课之。为治大要，以恤贫保富、正人心、端士习为主。总督戴三锡巡川东，其旁邑民诉冤者皆乞付刘青天决之，语上闻。

七年，擢绵州直隶州知州，宣宗召对，嘉其公勤。八年，擢保宁知府，九年，调成都。每语人曰：「牧令亲民，随事可尽吾心。太守渐远民，安静率属而已，不如州县之得一意民事也。」然所在属吏化之，无厉民者。后擢河南开归陈许道，道是明清时在省、府之间所设的监察区，「开归陈许」指开州（今河南濮阳市）、归德（今河南商丘市）、陈留（今河南陈留县）、许昌（今河南许昌市）。未几，病。巡抚为陈情及治蜀状，请优待之，以风有位。特诏给假调理。久之，病不愈，遂乞归。数年始卒。博罗、垫江、梁山、巴县皆请祀名宦祠。

同治初，四川学政杨秉璋疏陈衡循绩，并上遗书。穆宗谕曰：「刘衡历任广东、四川守令，所至循声卓著。去官四十余年，至今民间称道弗衰。所著庸吏、庸言、蜀僚问答、读律心得等书，尤为洞悉闾阎休戚，闾阎，泛指平民老百姓。于兴利除弊之道，筹画详备，洵无媿循良之吏。将历任政绩宣付史馆，编入循吏传，以资观感。」衡所著书，皆阅历有得之言，当世论治者，与汪辉祖学治臆说诸书同奉为圭臬。其后有徐栋著牧令诸书，亦并称焉。

栋，字致初，直隶安肃人。道光二年进士，授工部主事，累迁郎中。究心吏治，以为天下事莫不起于州县，州县理，则天下无不理。称州县之职，不外于更事久，读书多。然更事在既事之后，读书在未事之先，乃汇诸家之说为牧令书三十卷。又以保甲为庶政之纲，天下非一人所能理，于是有乡、有保、有甲。自明王守仁立十家牌之法，后世踵行，为弭盗设，此未知其本也。亦集诸说，成保甲书四卷。二十一年，出为陕西兴安知府，调汉中，又调西安，所至行保甲，皆有成效。兴安临汉江，栋补修惠春、石泉两堤，加于旧五尺，民颇苦其役。十数年后，大水冒旧堤二尺，乃感念之，肖像以祀。旧禁运粮下游，栋以兴安卑湿，积谷易霉变。既不能久储，又不能出境，图利者改种菸叶、蓝靛，歉年每至乏食。乃弛运粮之禁，民便之。举卓异，二十九年，以病归。咸、同之间，在籍治团练，修省城，有诏录用，以老病辞，寻卒。祀兴安名宦祠。

姚柬之，字伯山，安徽桐城人。七世祖文燮，见本传。柬之少负异才，从族祖鼐学，道光二年成进士，授河南临漳知县，屡决疑狱。县民张鸣武控贼杀妻，称贼攀二窗櫺入室。柬之勘窗櫺窄，且夫未远出。诘之，果夫因逐贼，误斫杀妻。又常姚氏被杀，罪人不得。柬之察其时为县试招覆之前夜，所取第一名杨某不赴试，疑之。召至，神色惶惑，询其居，与常邻。乃夜至城隍庙，命妇人以血污面，与杨语，遂得图奸不从强杀状。每巡行乡曲，劝民息讼，有诉曲直者即平之。漳水溢，赍粮赴灾区，且勘且赈，全活者众。兼摄内黄，民服其治，闹漕之风顿革。境与直隶大名毗连，多贼巢，掘地为窟，积匪聚赌，排枪手为拒捕计。柬之约大名会捕，赌窟除而盗风息。母忧去。

十二年，服阕，补广东揭阳。濒海民悍，械斗掳掠，抗赋戕官，习以为常。柬之训练壮勇，集神耆于西郊，谕以保护善良，与民更化。最顽梗之区曰下滩，（顽梗，愚妄而不顺服。）盗贼、土豪相勾结，柬之会营往捕，拒者或死或擒。一盗积犯十八案，召被害者环观，僇之，境内称快。有凶盗居钱坑，其地四面皆山，不可攻。潮州故事，凡捕匪不得，则爇其庐，空其积聚。柬之戒勿焚烧，召耆老，谕交犯，不敢出。乃乘舆张盖入村，从仅数人，见耆老一一慰劳，皆感泣，原更始。重新开始；除旧布新。民在四山高望者，咸呼「好官」，次日遂交犯。自下滩示威，钱坑示德，恩信大著。收获时，巡乡为之保护，树催科旗；值械斗，则树止斗旗。一日，涂遇持火枪者，结队行，望见官至，悉没水中，命以渔网取之。讯为助斗者，按以法，自此械斗浸止。兴复书院，厚待诸生，回乡以新政告乡人，有变则密以闻，官民无隔阂。逋赋者相率输将，强梗渐化，强梗，骄横跋扈。县大治。

迁连州绥瑶厅同知，民、瑶构讼，判决时必使相安，遂无事。普宁县匪徒戕官肆劫，奉檄从镇道往捕治。匪以涂祥为巢穴，磨盘山为声援，地皆险。乃设方略，正军攻涂祥，调揭阳壮勇自磨盘岭突进破贼巢，获六百余人。事定，言官误论劾。朝使查勘，其诬得白。

十七年，署肇庆府，端溪大涨，城不没数版，柬之日夜立城下守御。预放兵粮，以平米价，民不知灾。十九年，擢贵州大定知府，俗好讼，柬之速讯速结，不能售其欺，期年而讼稀。白蟒洞地僻产煤、铁，有汪摆片者，据其地聚众结会，为一方害，捕灭解散，地连川、滇，得弭钜患焉。大定民、苗杂居，宜治以安静。大吏下令，柬之必酌地方之宜，不使累民。见多不合，遂引疾归。数年始卒。

吴均，字云帆，浙江钱塘人。嘉庆二十四年举人，道光十五年，大挑知县，发广东，授乳源，调潮阳。历署揭阳、惠来、嘉应、海阳。在海阳捕双刀会匪黄悟空，置之法。举卓异，署盐运司运同，古代盐政官名。位仅次于运使。擢佛冈厅同知，署潮州知府。咸丰二年，惠州土匪肆劫，均奉檄往，获匪千余，分轻重惩治，遂肃清。三年，实授。时东南各行省军事亟，福建、湖南大吏闻均名，先后奏调往襄剿匪，广东方倚为保障，坚留之。四年，江南大营散兵回粤，结匪为乱。贼首陈娘康拥众围潮阳，陈娘康，大长陇人，清代后期广东天地会东路潮州府属农民起义「洪兵」的首领。分党陷惠来，攻普宁。援军失利，均亲督战，败贼。甫解潮阳围，海阳彩阳乡匪首吴中庶乘间纠党陈阿拾煽众，旬日至万余人。大掠海阳，偪攻郡城，澄海匪首王兴顺亦与合。均檄潮阳令汪政分兵援郡城，战城下，歼贼数千，围解。自移军澄海，冒雨破贼巢，分路搜捕，清余孽。旋克惠来，斩陈娘康等于阵。未几，以积劳卒于官。

均性清介，治潮最久，诛盗尤严。每巡乡，辄以二旗开导，大书曰：「但愿百姓回心，免试一番辣手。」化莠为良，保全弥众。从役有取民间丝粟者，立斩马前，民益畏服。在潮阳以滨海地咸卤，开渠以通溪水，筑堤六千余丈，淡水溉田，瘠土悉沃。在海阳浚三利溪，加筑北堤，为郡城保障。及守潮州，修复州东广济大桥。附郭西湖山高出城上，登瞰全城如指掌，旧有高墉为犄角，久圮。均筑展新城，跨壕而过，围山于城内。至是匪乱围攻，竟不能破，民咸颂之。殁后，追赠太仆寺卿。光绪间，潮州建专祠。

王肇谦，字琴航，直隶深泽人。道光十四年举人，授福建海澄知县。马口乡民构衅互掠，亲谕利害，积嫌顿解。捕巨盗许蟳置诸法，群盗敛迹。富绅争产累讼，男妇数十人环跪堂下，援引古义喻之，更反自责。众赧然，谓今日始知礼义，讼以是止。邑民李顺发负杨茄柱金，为杨所留，乃以劫财诉诸教堂。教主移牒请严究，众汹汹。肇谦白上官：

「茄柱无罪，不必治；教士骄心，不可长。」总督刘韵珂嘉其抗直。闽县上箪村故盗薮，檄肇谦往捕。至则召其父老开陈大义，曰：「我来活若一乡，若列铳拒官，大府欲屠之，尚不知耶？」众大恐，肇谦曰：「某某皆大盗，速缚来！三日缮齐保甲册，吾保若无事。」遂立以盗献。厦门洋人因赁屋与民龃龉，奉檄往治，据理剖决，两无所徇，洋人帖服。

咸丰二年，署上杭，时粤匪据江宁，福建贼林俊遥应之，陷漳州、永春、大田诸郡县。肇谦建碉储粟，制器械，简丁壮，为坚壁清野计，赖以无虞。三年，淫雨为灾，且赈且治军，率团勇越境剿松源县贼四千。擢永春直隶州知州，募乡兵二万，破林俊于城南山，擒土匪邱师、辜八等。

署漳州知府，漳浦古竹社蔡全等为乱，肇谦设方略，约内应，生擒全，诏嘉之，晋秩知府。漳俗犷悍难治，肇谦谓民不奉法，由吏不称职。课所属清案牍，勤催科，惩械斗，严缉捕，表义行，振文教，以能否为殿最，漳人以为保障。署延建邵道，调署兴泉永道，未行，粤匪窜入境，肇谦誓以死守，督军随按察使赵印川十三战皆捷，以劳卒。诏赠光禄寺卿，祀上杭名宦祠。

曹瑾，字怀朴，河南河内人。今河南省沁阳县。嘉庆十二年举人。初官直隶知县，历署平山、饶阳、宁津，皆得民心。赈饥惩盗，多惠政。补威县，调丰润，今唐山市丰润区。以事落职。寻复官，发福建，署将乐。又以失察邪教被劾，引见，仍以原官用。

道光十三年，署闽县，旗兵与民械斗，持平晓谕利害，皆帖服。值旱，迎胡神于鼓山祷雨，官吏奔走跪拜街衢间，瑾斥其不载祀典，独屹立不拜。大吏奇之，以为可任艰巨。时台湾岁歉多盗，遂补凤山。问疾苦，诘盗贼，剔除弊蠹，顺民之欲。淡水溪在县东南，由九曲塘穿池以引溪水，筑埤导圳。水沟，水渠。凡掘圳四万余丈，灌田三万亩，定启闭蓄泄之法，设圳长经理之。

二十年，擢淡水厅同知，海盗剽劫商贾，漳、泉二郡人居其间，常相仇杀，又当海防告警，瑾至，行保甲，练乡勇，清内匪而备外侮。英吉利兵舰犯鸡笼口，瑾禁渔船勿出，绝其乡导，悬赏购敌酋，民争赴之。敌船触石，擒百二十四人。屡至，屡却之。明年，又犯淡水南口，设伏诱击，俘汉奸五、敌兵四十九人。事闻，被优赉。未几，和议成，英人有责言。总督怡良知瑾刚直，谓曰：「事将若何？」瑾曰：「但论国家事若何，某官无足重，罪所应任者，甘心当之。但百姓出死力杀贼，不宜有负。」怡良叹曰：「真丈夫也！」卒以是夺级。后以捕盗功晋秩，以海疆知府用。瑾遂乞病归，数年始卒。

桂超万，字丹盟，安徽贵池人。道光十二年进士，以知县发江苏。署阳湖四十日，巡抚林则徐贤之，捕荆溪。未任，父忧去。十六年，服阕，授直隶栾城。捕盗不分畛域，每于邻邑交界处破贼巢，盗风息。浚洨河、金水河及城河，通沟洫，平道路，水潦无患。限绅户免役不得过三十亩，免累民。劝树畜，修井粪田，种薯芋以备荒。复书院，设义塾，化导乡民，习异教者多改行。调万全，署丰润。值英吉利犯天津，沿海戒严。超万训练乡勇，募打鸭善枪法者以备战。后粤匪犯畿辅，天津练勇效超万法，颇收鸭枪狙击之效。诏举贤吏，总督讷尔经额荐超万持躬廉谨，尽心民事，迁北运河务关同知。

二十三年，擢授江苏扬州知府。扬俗浮靡，超万励勤俭，严禁令，凡衙蠹、营兵、地棍、讼师诸害民者，悉绳以法。讼于府者，一讯即结。逾两年，调苏州。时漕弊积重，大户短欠，且得规包纳运丁，需索日增，官民交困。超万为减帮费、均赋户之议。乃访惩豪猾，示均收章程，依限完纳，即赦既往。请大吏奏定通行，积困稍甦。屯佃求减租，聚众殴业主，粮艘水手因行海运失业，勾结滋事，势皆汹汹。超万处以镇静，先事戒备，得弭乱萌。署粮储道。二十九年，擢福建汀龙漳道。乞病归。咸丰中，粤匪扰安徽，超万在籍治乡团。同治初，福建巡抚徐宋幹荐之，署福建粮储道，寻擢按察使。年八十，卒于官。

张作楠，字丹邨，浙江金华人。嘉庆十三年进士，铨授处州府教授。擢江苏桃源知县，调阳湖。治事廉平，人称儒吏。道光元年，擢太仓直隶州知州。三年，大水，作楠冒雨履勘灾乡，问民疾苦，停征请赈，借帑平粜。疏浚境内河道，以工代赈。水得速泄，涸出田亩，不误春耕，人刊娄东荒政编纪其事。寻奉檄赴松江谳狱，乡民讹传去官，虑仍收漕，纷纷奔诉。会濒海奸徒乘间蠢动，作楠闻变，驰回，中途檄主簿萧赴茜泾捕首恶，胁从罔治，事遂定。作楠勤于治事，案无滞牍。暇则篝灯课读，妻、女纺织，常至夜分。人笑其为校官久，未改故态。

五年，擢徐州知府，受代，以平粜亏帑二万金，弥补未完。作楠自危，巡抚陶澍曰：「救灾民如哺儿，失乳即死。吾方咎汝请粜时，顾虑折耗不兑稍稽。遗大投艰者，遗大投艰，交给重大艰难的任务。胡亦泥此？且绅民已代致万金，不汝责也！」徐州亦被灾，筹赈甚力，民赖以甦。

在任两载，乞养归。乡居二十余年，足迹不入城市。三子皆令务农、工，或问：「何不仍业儒？」曰：「世俗读书为科名，及入仕，则心术坏，吾不欲其堕落也。」作楠精算学，贯通中西。在官以工匠自随，制仪器，刊算书。所著书，汇刻曰翠微山房丛书，行于世，学者奉为圭臬焉。卒，祀乡贤祠。

云茂琦，广东文昌人。道光六年进士，授江苏沛县知县。询民疾苦，恳恳如家人。劝以务本分、忍忿争，讼顿稀。县地卑，多积潦，开浚沟洫，岁获屡丰。筹缉捕经费，获盗多，给重赏，盗贼屏迹。课诸生，先德行，后文艺，语以身心性命之学。邻邑闻风而来，书院斋舍至不能容。总督蒋攸銛称其有儒者气象。调六合，连年大水，灾民得赈，无流亡。邑多淫祀，毁其像，改书院。卫田多典质，为清理复业，运户得所津贴，漕累以纾。考最，入觐，改官兵部郎中，又改吏部。未几，告养归。家居十数年，置田赡族，乡邑兴革，无不尽力。主讲课士有法。卒，祀名宦祠。

徐台英，字佩章，广东南海人。道光二十一年进士，授湖南华容知县。俗好讼，台英谓讼狱纠缠，由于上下不通。与民约，传到即审结，胥役需索者痛惩之。一日，阅呈词，不类讼师胥吏笔，鞫之，果诸生也。拘至，试以诗、文，文工而诗劣。谕曰：「诗本性情，汝性情卑鄙，宜其劣。念初犯，姑宥，其改行！」其人感泣去。规复沱江书院，规复，图谋恢复。月自课之。曰：「陆清献作令，日与诸生讲学。吾不晓讲学，若教人作文，因而诱之读书立品，是吾志也。」县田有圻田、垸田、山田之分。濒湖地，旱少潦多，垸、圻例有蠲缓，田无底册，影射多。书役垫征，官给空票。花户粮数，任其自注。役指为欠者，拘而索之，官不知所征之数。保户包纳漕米，相沿以为便，挟制浮收，无过问者。积欠数万，官民交病。台英知其弊，乃清田册，注花户粮数、姓名、住址，立碑垸上，使册不能改。应缓、应征者可亲勘，而影射之弊绝。申粮随业转之例，即时过割，而飞洒之弊绝。收漕分设四局，俾升合小户，就近输纳，免保户之加收，而包纳之弊绝。垸田旧有堤修费，出田主。有挪垸田作圻田，冀免堤费者；有卖田留税，派费赔累者；有卖税留田，派费不至者：堤费不充。一垸堤溃，他垸同希豁免。凡借帑修堤者，久无偿，相率亡匿。台英丈田均费，低洼者许减派，不许匿亩。其人户俱绝，归宗祠管业承费。巨族有抗者罪之。行之期年，堤工皆固，逋赋尽输。

调耒阳。耒阳征粮，由柜书里差收解，柜书，会计、财务人员。取入倍于官。刁健之户轻，刁健，狡悍，刁悍。良善之户重，民积忿。有杨大鹏者，以除害为名，欲揭竿为乱。事平，台英遂尽革里差。时上官欲命举甲长以代里差，仍主包收包解。台英以甲长之害，与里差同。因集乡绅问之曰：「巡抚命汝等举甲长，何如？」曰：「无人原充。」台英曰：「甲长所虑在不知花户住址，汝等所虑在甲长包收。吾今并户于村，分村立册。以各村粮数合一乡，以四乡粮数合一县。各村纳粮，就近投柜，粮入串出，胥吏不得预。甲长衹任催科，无昔日包收之害。此可行否？」众皆拜曰：「诺。」台英曰：「隐匿何由核？」众曰：「取清册磨对，有漏，补入可耳。」曰：「虚粮何由垫？」曰：「虚粮无几，有则按亩匀摊可耳。」数月而清册成，粮法大定。大鹏之乱，诱胁者多。台英禁告讦，一县获安。以忧去官。同治元年，诏起用，发浙江，署台州知府，未任，卒。

牛树梅，字雪桥，甘肃通渭人。道光二十一年进士，授四川彰明知县，以不扰为治。决狱明慎，民隐无不达，咸爱戴之。邻县江油匪徒何远富纠众劫中坝场，地与彰明之太平场相近。树梅率民团御之，匪言我不践彰明一草一木也。迨官军击散匪众，远富匿下庄白鹤洞，恃险负隅。遥呼曰：「须牛青天来，吾即出。」树梅至，果自缚出。擢茂州直隶州知州，寻署宁远知府。地大震，全城陷没，死伤甚众。树梅压于土，获生。蜀人谓天留牛青天以劝善。树梅自咎德薄，不能庇民，益修省。所以赈恤灾黎甚厚，民愈戴之。父忧去官。

咸丰三年，尚书徐泽醇荐其朴诚廉幹，诏参陕甘总督舒兴阿军事。八年，湖广总督官文荐循良第一，发湖北，病未往。同治元年，四川总督骆秉章复荐之，擢授四川按察使，百姓喜相告曰：「牛青天再至矣！」三年，内召，以老病不出，主成都锦江书院。

时甘肃回匪尚炽，树梅眷念乡里，遗书当事，论剿回宜用土勇。略云：「军兴以来，剧寇皆南勇所扫荡。今金积堡既平，河州水土犹恶。若参用本省黑头勇，其利有六：饱粗粝，耐冰霜，一也；有父母兄弟妻子之仇，有田园庐墓之恋，二也；给南勇半饷，即乐为用，三也；无归之民，收之，不致散为贼，四也；久战狄、河一带，不费操练，五也；地势熟习，设伏用奇，无意外虞，六也。」后总督左宗棠采其说，主用甘军，卒收其效。光绪初，归里，卒，年八十四。

何曰愈，字云畡，广东香山人。

父文明，河南洧川知县，有惠政。曰愈少随父宦，读书励志，有干材。道光初，授四川会理州吏目。土司某桀骜，所部夷人杀汉民，知州檄曰愈往验，以贿乞免，却之。乃率众来劫，不为动，卒成验而还。狱上，大吏廉得直，曰愈由是知名。捐升知县，以习边事，办西藏粮台，三载，还补岳池县。不畏强御，豪右敛戢。练乡团，缮城郭，庀器械。庀，具备；备办。逾数年，滇匪犯岳池，后令赖所遗械以拒贼，时比张孟谈之治晋阳云。调署平山，以母忧去。

咸丰六年，服阕，宁远府野夷出巢焚掠，大吏檄曰愈参建昌镇军事。川西倮夷凡数十支，自雷波、瓘边，滇南二十四寨，频年肆扰。值西昌县告变，曰愈驰至，众大哗，曰：「夷伤吾人。」曰愈曰：「若等平日欺夷如鹿豕，使无所控告，故酿祸。今且少息，吾为若治之。」乃集兵练出不意捣夷巢，夷皆匍匐听约束。汉民屋毁粟罄，夷请以山木供屋材，并贷谷为食。曰愈谕民曰：「此见夷人具有天良，若等毋再生衅。」汉、夷遂相安。曰愈既益悉夷、番之情伪，山川之险隘，拟绥边十二策，格不得上。

未几，滇匪韩登鸾纠众入会理州境，声言与回民寻仇。回民疑汉民召匪，因焚民居。曰愈率一旅往，闻流言奸细伏城内，乃下令毋闭城。三日后，按户搜查，容奸细者从军法。越三日，城内外贼党悉遁。曰愈曰：「吾不闭门、不遽搜者，正开其逃路耳。」众皆服。遣人持榜文谕登鸾，遵示释怨退去。复持谕回民，回民曰：「昔日被水灾，田庐尽没。何公一骑渡水赈我，又为我浚河，至今无水患。戴德未忘，今敢不遵谕！违者诛之。」自是回民亦不扰州境。事定，镇府上其功，会有攘之者，遂不叙。比粤匪犯蜀，曰愈数陈机宜，当事不能用。退居灌县，后归，卒于家。子璟，官至闽浙总督。

吴应连，江西南城人。道光元年举人，以知县拣发四川。历署天全、涪州、永川、安岳、蒲江、新津、绵竹、仁寿诸州县。补石泉，调彭县。宦蜀先后二十年，所至修塘堰，浚河渠，平治水陆道涂，捕盗贼、土豪，抚灾民，皆有实政。咸丰初，蜀匪渐炽，应连在彭县，编团储械，以备不虞。四年，卒于官。未几，悍匪迭来犯，赖乡勇保全危城，民思遗绩，留殡于城内三忠祠旁，岁时祀之。涪州、安岳、永川、石泉、仁寿先后请祀名宦祠。

刘秉琳，字昆圃，湖北黄安人。咸丰二年进士，授顺天宝坻知县。持躬清苦，恤孤寡，惩豪猾，悉去杂派及榷酤赢余者。索伦兵伐民墓树，纵马躏田禾，反诬村民絷其马，秉琳力争得直。蝗起，督民自捕，集赀购之，被蝗者得钱以代赈，且免践田苗。迁宛平京县。十年，英法联军犯京师，秉琳奉檄赴营议槁，纳刀靴中，虑以非礼相加，义不受辱。抗论无少屈，犒具皆如议。寻引疾归。

穆宗登极，有密荐者，复至直隶，署任丘。民以驿车为累，筹赀招雇，永除其害。擢深州直隶州知州。七年，捻匪张总愚窜畿辅，且至。人劝其眷属可避，秉琳曰：「吾家人皆食禄者，义不可去。」授兵登陴，乡民及邻境闻之，咸挈入保，至十余万人。婴城四十余日，婴，绕：，围绕。贼围之，不破。秉琳上书统帅，言贼入滹沱，河套势益蹙，宜兜围急击，缓将偷渡东窜。卒如其言。寇平，优叙。州地多斥卤，民以盐为恒产，课与常赋埒，水旱不得报灾，非漉盐无以应正供。秉琳议官销法，以杜私贩，民悦服。

九年，擢正定知府。滹沱溢，发所储兵米以赈。筑曹马口、回水、斜角三堤，水不啮城，民用安集。郡与山西接壤，固关守弁，苛税煤铁，商贩委物于路，聚众上诉。秉琳往解散，除其重徵。镇将获盗三，已诬服，秉琳鞫之，乃兵挟负博嫌，栽赃刑逼，以成其狱，释三人者而重惩其兵。

光绪元年，擢天津河间道，兼辖南运河工。请复岁修银额，河兵口食足，乃无偷减工料之弊。筑中亭河北堤，涸出腴田千余顷。时方旱，流民集天津，设粥厂，躬亲其事，所活甚众。尝太息曰：「哺饥衣寒，救荒末策也。本计当于河渠书、农桑谱中求之。」四年，乞病归，数年卒。同治初年，军事渐定，始课吏治。大学士曾国籓为直隶总督，下车即举贤员，如李文敏、任道镕、李秉衡，后并至巡抚。

秉琳及陈崇砥、夏子龄、萧世本诸人，治行皆卓著，当时风气为之一振云。

崇砥，字亦香，福建侯官人。道光二十五年举人，咸丰三年，大挑知县，发直隶，授献县。盗贼充斥，严缉捕，渠魁多就擒。治乡团十六区，合千五百人，分班轮值，邑以有备。捻匪张锡珠扰畿辅，崇砥开城纳逃亡，誓众效死。县境臧家桥为通衢，河间守欲毁桥阻贼，崇砥谓：「方宜安集难民，遥为声援，岂可夷险示弱？且委东乡于贼，非计也。」竟不毁桥，贼旋引去。大学士祁俊藻疏荐之，擢保定府同知，筦水利。崇砥以府河港汊纷歧，苦易淤。设水志，增夫役、器具，以时汰淤。商船打坝阻水，为设坝船，给板椿，过浅构桥咸称便。

同治八年，署大名知府，兵乱时，民多筑寨堡自卫，后事定，浸至藏奸抗官。崇砥亲履勘，收缴军械，易正绅司之，浇风渐息。畿南久苦旱，赈难普及，崇砥议有田十亩以上者不赈；极贫，大口钱千，小口半之，壮者不给。先编保甲，造细册，不曰赈而曰贷。事毕，奏请蠲贷，民安之。南乐县民抗徭聚众，令告变。崇砥轻骑往，平其轻重，众欢然输纳。副将驻兵献县，兵不戢，收起兵器。乡团疑其匪也，戕副将。既而知误，畏罪，众聚不散。檄崇砥往治，令缚首祸者，胁从皆免之。

调署顺德府，寻擢河间知府。河间素多讼，崇砥剋期审结，剋期，限期；定期；如期。数决疑狱，期年而清。滹沱下游为灾，崇砥请筑古洋河堤，自献县至肃宁六十里。于蔡家桥作堤防支流，开沟六千丈，以资宣泄。自冯家村至高旦口，造桥建傍，防子牙河暴涨。于是古洋通流，近地皆大稔。光绪元年，卒于官，祀名宦。

夏子龄，字百初，江苏江阴人。道光十六年，会试第一，成进士。初官礼部主事，任事果决，尚气节。库丁贿当事，请准捐考，力持驳议，时称之。改授河南汲县知县，勤听讼，严治盗，遇事持大体。咸丰初，诏求人才，巡抚潘铎特荐之，会母忧去官。

服阕，授直隶深泽，调饶阳。比岁旱蝗，盗劫肆扰，选健役百人，教以技击，更番直。有事，虽午夜立率以出，捕剧盗几尽。分境内团练为八区，轮期会操，久之皆可用。十年，英法联军入京师，畿南土匪蜂起，冀州王洛悦、河间刘四、贾瀣等，各麕集千人，连扰郡邑。子龄率团勇迎击境上，斩获数百。刘四受创遁，王洛悦闻风惊溃。刘四等寻于他县被擒伏法，王洛悦亦就抚。事平，优叙。

县旧为滹沱所经，北徙已久。十一年，上游决溢，水骤至，近郊为泽国。访寻故道，浚老涧沟，上接安平境，下入献县之廉颇洼，以资宣泄。次年，水复至，畅流不为患。城西官道冲刷成河，建长桥五十丈，民便之。迁宛平京县。

擢易州直隶州知州。西陵在州境，故事，护陵俸饷及祭品、牛羊、刍豆，州领帑给之。陵员与州吏因缘为侵蚀，数烦朝使察治。子龄与守陵大臣议订章程，弊去泰甚，始相安焉。岁旱，奸民聚众扰大户，立杖毙煽众者。劝捐赈恤，灾不为害。

同治六年，河北马贼起，扰及邻境，募勇治团如饶阳时，匪慑其名不敢犯。次年，捻匪窜扰畿辅，守要隘，清内匪，防军久驻，有淫掠者，立斩以徇，阖境肃然。论功，晋秩知府。美利坚教会私购民居为耶苏堂，执条约与争。以其无游历执照，购屋未先告，州境附近陵寝，有关风水，皆与约背，竟退价撤契，且杜其后至。寻请离任，以知府候补。未几，卒。易州、饶阳并祀名宦祠。子诒钰，官永年知县，亦以廉平称，有治绩。

世本，字廉甫，四川富顺人。同

治二年进士，选庶吉士，散馆授刑部主事，改直隶知县。先在籍治团练有声，曾国藩莅直隶，辟为幕僚。九年，天津民、教相閧，哄闹。毙法国领事，几肇大衅。遂以世本署天津县，寻实授。天津民悍好斗，锅夥匪动为地方害，锅夥，旧时天津同居共食的无赖游民。清张焘《津门杂记·混星子》：「天津土棍之多，甲于各省。有等市井无赖游民，同居伙食，称为锅伙，自谓混混儿，又名混星子，皆愍不畏死之徒。」世本严惩之。地为通商大埠，讼狱殷繁，世本手批口鞫，断决如神。逾年，父忧去。服阕，仍补天津。岁旱，灾。黎就食万数，给粥、施医无失所。调清苑，擢遵化直隶州知州，复以母忧去。服阕，以知府候补，筦天津守望局。捕诛大盗王洛八、谢昆，海道肃清。倡修运河堤，以免水患。疏潴龙河故道，开范家堤及石碑河、宣惠河、金沙岭下水道四十余里。皆藉赈兴工，民利赖之。署天津、正定两府。十三年，卒。附祀曾国藩祠。

李炳涛，字秋槎，河南河内人。咸丰中，就职州判，谒曾国藩于军中，寻佐皖军营务。能调和将士，积功晋同知，留安徽。同治四年，国藩北征捻匪，炳涛上书言四事："一，专责防堵，以严分窜；一，联络民团，以孤贼势；一，设局开荒，以资解散；一，多备火器，以夺贼长。"国藩颇采其言。檄查亳州圩，炳涛微服出入，尽得诸匪徒姓名及蠹役胡采林通匪虐民状，诱采林诛之，竿其首，一州惊欢。自是讼狱者咸取决于炳涛。按圩查阅，立条教，别良莠，戮悍贼二百，予自新者三千。期年而俗变，无盗窃者。五年，捻匪窜州境，晓诸圩以大义，虽与寇有亲故者，无敢出应，捻匪引去。

六年，署蒙城县。蒙、亳接壤，瘠苦尤甚。炳涛耡强梗，抚良懦，振兴书院，弦诵声作。捻匪余党解散及各军凯撤还乡者数千人，弹压安辑，民用晏然。巡抚英翰疏陈炳涛治行为安徽第一，被诏嘉奖。十年，调署亳州。

寻擢庐州知府。庐州故剧郡，中兴以来，元勋宿将相望，豪猾藉倚声势为不法，官吏莫敢谁何，炳涛严治之，稍戢。无为州江堤，官督民修，炳涛禁胥吏索规费，工必覈实。府东施河口为冲途，冬涸，商船以数牛牵挽始行。时值旱灾，以工代赈，浚河深通，运赈者皆至，商民便之。西洋人欲于城内立教堂，成有日矣。炳涛谕地主曰：「尔不闻宁国之变耶？他日民、教有争端，尔家首祸。」其人惧，事得寝。光绪二年，大江南北讹言有妖术剪人发者，民情汹汹，奸民藉以倡团立卡，多苦行旅。炳涛遍示城邑无妄动，诛一真匪，其疑似者悉不问，人心旋定。三年，母忧去官。皖南兴办保甲垦荒，大吏奏调炳涛主其事。五年，卒于宁国。

炳涛机警，善断狱。在蒙城，营马为贼所劫。乃传谕，诘旦城但启一门。见有马奔出，有鞍而无辔，命羁之。俄一人手持一封，将出城，回顾者再，缚之。发其封，则辔与劫物皆在，其人伏罪。在亳州，田父报子夜投井死，验无伤，井旁有汲水器。炳涛念夜非取水时，既原死，何暇持器。询其妇，无戚容。侦其平日与邻妇往来，拘邻妇鞫之，果得状。盖邻妇弟与妇通，欲害其夫。适其夫以事忤父，邻妇邀醉以酒而投之井。置汲器者，欲人信其取水投井也，于是皆伏法。

时皖北被兵久，抚辑遗黎，多赖良吏，炳涛为最。又有俞澍、朱根仁、邹锺俊、王懋勋，并为时所称。

澍，直隶天津人。以县丞发安徽，襄寿春镇军事。咸丰六年，署蒙城知县。时县城初复，人烟寥落，招集流亡，以大义激绅民，筑城筹守御，趋工者踊跃，不费公家一钱。捻渠苗沛霖，反侧叵测，窥县城十余次，不能破城。有内应贼者，捕斩三人而贼退。七年，攻贼于酆墟，擒其酋徒成德等。八年，攻克龙元贼垒。捻酋孙葵心来犯，出奇计击走之。附近捻墟，慑於声威，往往反正受约束。九年，实授。先后叙功，晋同知直隶州。在官数年，洁己爱民。及殁，民皆痛哭，送其柩二千里归葬。诏赠道衔，建专祠。

根仁，字礼斋，江苏常熟人。以州判从军，晋秩知县，留安徽。同治三年，署定远。兵燹初定，征调尚繁。前令试办开征，根仁以民不堪命，请缓之。筹备供亿，民无所扰。捕巨猾雍秀春未获，得党羽名册，根仁曰：「我何忍兴大狱以博能名？丧乱未平，民气未固，激之生变，可胜诛乎？」遂火其册，闻者为之改行。跕鸡冈周姓聚族居，有从逆者已死，里人利其田庐，致周族人于狱，根仁一讯释之。后再署定远，捻匪扰境，根仁修城浚隍，聚粮固守。暇辄轻骑巡乡，劝民修复陂堰，十家治一井，田二顷辟一塘，旱不为灾。历署阜阳、怀宁，捕阜阳积匪程黑，置之法。补全椒，兴水利，有实政。光绪四年，卒。

锺俊，字隽之，江苏吴县人。同治中，以州判官安徽，积劳晋秩知县，补太平。平反冤狱，慈祥而人不欺。垦荒劝农，蒿莱尽辟，（蒿莱，野草；杂草。）不追呼而赋办。邑行淮盐，与浙引接界，屡以缉私酿大狱，乃请以官牒领盐，试办分销，民始安。修复水利，兴书院，储书七万卷。辑儒先格言，曰人生必读书。训士敦本行，旌节孝，修祠祀，举行宾兴乡饮酒礼。在任五年，以兴养立教为务。调太和，历署怀宁、六安、阜阳、芜湖、涡阳，所至有声。光绪中，乞休，卒于家。清贫如故。子嘉来，官至外务部尚书，守其家法焉。

懋勋，字弼丞，湖北松滋人。咸丰中，以议叙县丞，发安徽，从军有功，晋知县。历署颍上、合肥、亳州、泗州。补六安直隶州知州，因事去职。寻因筹赈捐，奖以知府候补。懋勋先后官安徽近五十年，任亳州、泗州皆三次。初至亳，捻匪苗沛霖初平，清查户口，收缴军械，平毁寨堡数百，民始复业。惩械斗，清积案，釐学产，复书院，士民戴之。以父忧去，会巡抚过境，州人万众乞留懋勋，巡抚许以俟服阕重任，后如其言，夹道欢迎。光绪初，洊饥，煮粥以赈。河南、山西、陕西饥民流转入境，留养资遣，全活无算。泗州濒洪泽湖，为匪薮，捕诛剧盗数十，闾阎得安。治狱无株连，禁差保扰民。劝农事，励风化，亲历乡曲，民隐悉达。最后至泗，距前已二十余年，盗贼闻风远窜，奸胥皆避归田野。宣统元年，卒。

蒯德模，字子范，安徽合肥人。咸丰末，以诸生治团练，积功洊保知县，留江苏。同治三年，署长洲。时苏州新复，盗日数发，德模侦之辄获。有匿镇将营者，亲往擒以归，置之法。车渡民聚众抗租，或欲慑以兵。德模曰：「是激之变也。」扁舟往，治首恶，散胁从，事立平。治有天主堂，雍正间鄂尔泰抚苏，改祠孔子，泰西人伊宗伊以故址请。德模曰：「某官可罢，此祠非若有也。」卒不行。奸人诱买良家女，倚势豪为庇，德模挈女亲属往出之，豪亦屈服，其不畏强御类此。常周行乡陌，田夫走卒相酬答，周知民隐。驭下严而恤其私，胥役奉法，不敢为蠹。附郭讼狱故繁，日坐堂皇判决，间用俳语钩距发摘，豪猾屏息。然执法平，不为覈刻。上官遇疑狱，辄移鞫治，多所平反。治长洲四年，判八百余牍，尽惬民意，或播歌谣焉。

江北大水，灾民麕集，德模请于大吏，分各县留养，三万余人无失所。民有为饥寒偷窃者，设化莠室，给衣食，使习艺，艺成遣归。为浒墅关营筹刍秣费，永免比闾供役。修望亭塘，为桥二十八，以利行旅。兵祲之后，百废待举，坛庙、仓庾、书院、善堂、祠宇及先贤祠墓，率先修复；不足，则斥俸助之。征漕，旧有淋尖、踢斛、花边、样米、捉猪诸色目，又有截串、差追诸弊，一皆革除，不追呼而赋办。惟大小户均一，便于民而不便于绅，御史朱镇以浮收劾奏，事下按治，总督曾国藩、巡抚郭柏荫奏雪之。诏以「是非倒置」切责原奏官。旋署太仓直隶州知州、苏州知府。

九年，调署镇江，时天津民击毙法兰西领事丰大业，沿江戒严。德模至，则葺外城，浚甘露港，召还居民之闻警远徙者，人心始定。调署江宁，未几，擢四川夔州知府。府城滨江，屡圮于水，修筑辄不就。德模自出方略，筑保坎十三道，甃以方丈大石，层累而上。捐万金以倡其役，不二年遂成。附郭有臭盐碛，盛涨则没水，水落，贫民相聚煎盐。嗣为云阳灶户所持，请封禁，然冬令私煎如故，聚众抗捕无如何。德模请弛禁，官买其盐，运销宜昌。不夺奉节贫民之业，不侵云阳销引之岸，遂著为令。劝民种桑，奉节一县二十二万株，他邑称是。在夔四年，卒于官。长洲、太仓、夔州皆祠祀之。

林达泉，字海岩，广东大埔人。咸丰十一年举人，江苏巡抚丁日昌辟佐幕府。留心经济，每论古今舆图、武备及海外各国形势，历历如指掌，日昌雅重之。同治三年，粤匪余孽窜广东，达泉归里练乡勇，筹防御，大埔得无患。叙绩，以知县选用。七年，随剿山东捻匪有功，晋直隶州知州，发江苏。八年，署崇明知县。乱后彫敝，达泉革陋规，清积狱，修城垣，浚河渠，建桥梁，置义冢，增书院膏火，设同仁育婴堂。利民之政，知无不为。及去任，父老遮道攀留。其后兵部侍郎彭玉麟巡阅过境，见老者饥踣于道，与之食，曰：「若林公久任于此，吾邑岂有饥人哉？」

十一年，署江阴。城河通江潮，又县境东横河关，农田十余万亩，灌溉之利，乱后皆淤塞，大浚之。建义仓，劝捐积谷。所定章程，历久遵守。光绪元年，授海州。达泉先奉檄勘海、沭盐河，请以工代赈，下车次第举办。浚甲子河及玉带河，复桥路，增堤防，民咸称便。州地瘠民贫，素为盗薮。达泉时出巡，擒巨憝，置之法。土宜棉，设局教民纺绩，广植桐柏杂树於郭外锦屏山，所规画多及久远。

时方经营台湾，船政大臣沈葆桢疏荐达泉器识宏远，洁己爱民，请调署新设之台北府。格于部议，特诏从之。达泉至，陈治台诸策。议建置，减征收，整饬防军，招民垦荒，皆因地制宜，事事草创，积劳致疾。四年，丁父忧，以毁卒。

方大湜，字菊人，湖南巴陵人。咸丰五年，以诸生从巡抚胡林翼军中，洊保知县，授广济县。清保甲，治团练，盗贼屏息。筑盘塘石堤，下游数县皆免水患。十年，土匪何致祥等谋结皖贼，袭攻官军，大湜偕员外郎阎敬铭驰往擒之。十一年，皖贼窜湖北，黄州、德安诸属县先后陷，广济亦被扰。大湜被吏议，革职留任。调署襄阳，飞蝗遍野，大湜蹑屩持竿，屩音juē，草鞋。躬率农民扑捕，三日而尽。浚城南襄水故道，渠成，涸复田数万亩。同治初，巡抚严树森疏陈大湜政绩优异，复原职。

八年，擢宜昌知府。九年，大水，难民避高阜，绝食两日。大湜捐赀煮粥糜，又为馎饦数万赈之。馎饦，汤饼的别名。古代一种水煮的面食。谕米商招民负米，日致数十石，计口散给，灾户无失所。摄荆宜施道。十年，调武昌。樊口有港蜿蜒九十余里，外通江，内则重湖环列，周五百里。江水盛涨，由港倒灌，近湖居者苦之。佥请筑坝樊口，以御江水。大湜谓闭樊口则湖水无所泄，环湖数县受其害，上下江堤亦危，力持不可。光绪五年，再署荆宜施道，寻擢安襄郧荆道，历直隶按察使、山西布政使。八年，开缺，另候简用，遂乞病。为言者所劾，镌级归。

大湜生平政绩，多在为守令时。所至兴学校，课蚕桑，事必亲理，胥吏无所容奸，民亲而信之。时周历民间，一吏一担夫自随，即田陇间判讼。守武昌时，勘堤过属县，暮宿民家，已去而县官犹不知。严义利之辨，尝曰：「以利诱者，初皆在可取不可取之间。偶一为之，自谓无损，久则顾忌渐忘。自爱者当视为酖毒，饥渴至死，不可入口。」又曰：「居官廉，如妇人贞节，不过妇道一端。若恃贞节，而不孝、不敬、不勤、不慎，岂得谓贤乎？」公暇辄读书，所著平平言及蚕桑、捕蝗、修堤、区田诸书，皆自道所得。归田后，谓所亲曰：「官至两司，不如守令之与民亲，措置自如也。」遂不出，卒于家。

陈豪，字蓝洲，浙江仁和人。同治九年优贡，以知县发湖北，光绪三年，署房县。勤于听讼，每履乡，恒提榼张幕，榼，古代盛酒或贮水的器具。憩息荒祠，与隶卒同甘苦。会匪柯三江谋乱，立擒置之法。置瓯县门，谕胁从自首，杖而释之。征米斗斛必平，不留难，不挑剔，民大悦，刁绅感而戢讼。禁种莺粟，罂粟。募崇阳人教之植茶，咸赖其利。历署应城、蕲水。

授汉川，频年襄河溢，修筑香花垸、彭公垸、大兴垸诸堤，疏浚茶壶沟、县河口，以工代赈。新沟者，毗汉阳，冬涸舟涩。江口奸民辄恃众索诈，捕治，谕禁之。因病乞休沐，休息，洗沐，指休假。将去任，有淹讼久未决，虑贻后累，舁胡床至厅事判定，两造感泣听命。值年饥，发赈，大吏知豪得民心，强起，力疾往，民夹道欢呼。赈未半，复以疾去。

寻署随州，素多盗，豪如治房县时，置瓯令自首。选贤绅，行保甲，盗风顿戢。俗多自戕图诈，豪遇讼，实究虚坐，不稍徇，浇风革焉。立辅文社，选才隽者亲教之，多所成就。治随二年，濒行，闻代者好杀，竭数昼夜之力，凡狱情可原者，悉与判决免死。后因养母，乞免，归。浙中大吏辄谘要政，多所匡益。家居十余年，卒。豪在随州，重修季梁祠。及卒，随人思其德，于西偏为建遗爱祠祀之。

杨荣绪，字黼香，广东番禺人。咸丰三年进士，选庶吉士，授编修，擢御史。英法联军犯京师，驾幸热河，荣绪与同官抗疏请回銮，又劾参赞国瑞骫法营私，骫音wěi，后多作「委」，枉曲。风裁颇著。

同治二年，出为浙江湖州知府。粤匪据湖州四年，时甫克复，荒墟白骨，阒无人烟。阒，空。荣绪置善后局，规画庶政，安集流亡，闾阎渐复。属县粮册无存，荣绪招来垦辟，试办开征，岁有起色。湖蚕利甲天下，经乱，桑尽伐，课民复种，贫者给以桑苗，丝业复兴。

郡称泽国，汇天目诸山之水入太湖，乌程、长兴境内旧有溇港，各三十六，以为宣泄，乱后多淤塞。五年，荣绪奉檄开濬，至八年粗毕，乌程溇港尤易淤，赖设闸以御湖水之倒灌。九年，重修诸闸，因经费不充，频年经营，犹未尽也。十年，内阁侍读学士锺佩贤疏陈其事，朝命大加浚治，时荣绪举卓异入觐，宗源瀚代摄郡，源瀚亦能事，规画举工。及荣绪回任，集丝捐，得巨款，以资兴作。屏去傔从，轻舟巡验，常驻湖滨，逾年工始竣。以溇港旋开旋淤，议定分年疏浚之法及铲芦、捞浅、闸版启闭章程，数十年遵守不辍。又开碧浪湖，疏北塘河及城河。葺学校，建考舍，修书院，建仓库，造桥梁，复育婴堂，百废具举。

鞫狱详审，吏胥立侍相更代，终日无倦容。亲受讼牒，指其虚谬，曰：「勿为胥吏所用也。」手书牒尾，辄数百言，剖析曲直，人咸服之。

讼以日稀，刑具朽敝。隶役坐府门，卖瓜果自活。客坐无供张，俭素如布衣时，远近颂为贤守。在任十年，嗣为人所谮，遂求去。捐升道员，离任。寻卒。郡人思之，请祀名宦祠。

林启，字迪臣，福建侯官人。光绪二年进士，选庶吉士，授编修。督陕西学政，驭士严正。任满，迁御史，直言敢谏，稽察禄米仓，不受陋规，为时所称。十九年，出为浙江衢州知府，多惠政。二十二年，调杭州，除衙蠹，通民隐，禁无名苛税。余杭巨猾杨乃武，杨乃武（一八四一——一九一四），字书勋，浙江余杭人。同治举人。被诬与毕秀姑（外号小白菜）通奸杀夫，在刑求后认罪，身陷死牢，含冤莫雪。此案被称为清末「四大奇案」之一。因奸通民妇葛毕氏，兴大狱。刑部讯治，幸免重罪。归则益横，揽讼事，挟制官吏，莫敢谁何。启捕治之，乃武控京师，不为动，卒论如法。尤以兴学为急务，时各行省学堂犹未普立，杭郡甫建求是书院，启复养正书塾，并课新学。旧有东城讲舍，益振兴之。兼经义、治事，阴主程、朱之说，而变其面目。诱诸生研寻义理，以成有用，一时优秀之士皆归之。又以浙中蚕业甲天下，设蚕学馆于西湖，讲求新法，成效颇著。遇国外交涉事，持正无迁就，远人亦心服。治杭四年，刚直不阿，喜接布衣，士民翕然颂之。卒官，葬于孤山林处士墓侧，杭人岁设祭焉，号曰林社，久而勿辍。启之治杭，得友高凤岐为之助，后官广西梧州知府，亦有声。殁而杭人附祀于林社云。

王仁福，字竹林，江苏吴县人。少诚悫，勇于任事。祖宦河南，殁后，仁福扶柩归葬。道经徐州，遇捻匪，徒步率厮役出入烽火，肩行四十里，竟免。寻入赀为东河同知。粤匪犯开封，城壕沙淤如平地，仁福奉檄督工浚治，刻期蒇chan完成，解决。事而贼至，城守赖之。同治五年，署祥河厅同知。黄河自北徙，中原多故，工帑大减。频年军事亟，发帑复不以时。岁修不敷，堤埽残缺，料无宿储。祥河汛地当冲，险工迭出，人皆视为畏途。仁福尽力修守，不避艰危。六年秋，汛水骤涨，掣埽去如削木柹。同「柿」，削下的木片、木皮。仁福奔走风雨泥淖中，抢护历七昼夜。款料俱竭，堤岌岌将破。居民蚁附堤上，仁福对之流涕，曰：「我为河官，挤汝等于死，我之罪也，当身先之！」跃立埽巅。风浪卷埽，走入大溜沉没。大溜，江河中心速度大的水流。河声如吼，堤前水陡落。风止浪定，大溜改趋，残堤得保。众咸惊为精诚所格，令善泅者觅其尸，不得，乃以衣冠敛。事闻，诏依阵亡例赐恤，附祀河神祠。

朱光第，字杏簪，浙江归安人。少孤贫，幕游江南，奉汪辉祖佐治药言为圭臬。《佐治药言》是汪辉祖做州县幕友时期辅佐吏治的心得记录。咸丰末，捻匪方炽，佐萧县令筹防御，屡破贼。都统伊兴额上其功，累晋秩知州，分发河南，佐谳局，治狱平。光绪中，补邓州。在任三年，大祲之后，壹意休养。善治盗，民戴之。王树汶者，邓人，为镇平盗魁胡体安执爨。cuàn 司炊事。镇平令捕体安急，乃贿役以树汶伪冒，致之狱。既定谳，临刑呼冤。重鞫，则檄光第逮其父季福为验。开归陈许道任恺先守南阳，尝谳是狱，驰书阻毋逮季福。且诱怵之。光第曰：「吾安能惜此官以陷无辜？」竟以季福上，则树汶果其子。巡抚李鹤年祖恺，持初谳益坚。河南官科道者，交章论其事。命东河总督梅启照覆讯，树汶犹不得直，众论大哗。刑部提鞫，乃得实。释树汶，自鹤年、启照以次谴黜有差，而光第已先为鹤年摭他事劾去官，贫不能归，卒于河南。后邓州士民请祀名宦，以子祖谋官礼部侍郎，格于例，不行。

冷鼎亭，字镇雄，山东招远人。同治四年进士，即用知县，发江西，署瑞昌。地瘠而健讼，乡愚辄因之破家。捕讼师及猾吏数人，绳以法。因事诣乡，使胥役尽随舆后，返则令居前而己殿之，未尝以杯勺累民。调署德化，惩防军之陵民者，境内肃然。修濒江堤塘，费省工速。德化、瑞昌、黄梅三邑民争芦洲，累岁相斗杀。鼎亭谕解之，建台于斗所，官吏誓不私，民皆悦服。白鹤乡人叔与侄争田，即树下谕解，遂悔悟如初。旱，蝗起，徒步烈日中，掩捕经月，露宿祷神，得雨，蝗皆死。历署新昌、彭泽，皆有实政。

上官以为贤，调补新建。附省首邑，官斯者多昕夕伺上官，（昕，黎明；天亮。）不遑治民事。鼎亭先与上官约，屏酬应，亲听断，民歌颂之。寻调鄱阳，值大水，发赈亲勘给印票，尽除侵蚀旧习。次年，复灾，跣足立沮洳中，湿疾遍体，十阅月。常小舟行骇浪中，屡濒于危，深夜返署理讼牍。侍郎彭玉麟巡江过境，寄书巡抚曰：「某所至三江五湖数千里，未见坚刚耐苦如冷知县者也。」

历官十年，食无兼味，妻子衣履皆自制。以廉率下，胥吏几无以为生。俸入辄捐为地方兴利，训士以气节为先。鄱阳俗好斗，鼎亨曰：「化民有本，未教而杀之，非义也。」以孝经证圣祖圣谕广训为浅说，妇孺闻之皆感动。治教案必持平，屡遇民、教龃龉事，桀黠者欲借以鼓众毁教堂，虑遗祸好官而止，盖有以感之。光绪十年，擢南昌府同知，巡抚潘霨疏荐入觐，遂乞归，卒于家。

孙葆田，字佩南，山东荣成人。同治十三年进士，授刑部主事，改知县，铨授安徽宿松。勤政爱民，日坐堂皇，妻纺绩，室中萧然如寒士。调合肥，大学士李鸿章弟子之傔人横于乡，（傔人，随从佐吏；随身的差役。）以逼债殴人死。葆田检验尸伤，观者数万人，恐县令为豪强迫胁验不实。葆田命仵作曰：（仵作，旧时官府检验命案死尸的人。）「敢欺罔者论如律。」得致命状，人皆欢噪，谓包龙图复出，谳遂定。有御史劾葆田误入人死罪，诏巡抚陈彝按之，卒直原谳。葆田遂自免归，名闻天下。逾数年，安徽将清丈民田，巡抚福润疏调葆田主其事，辞不赴。贻书当事，言清丈病民，陈：

「清赋之要，熟地报荒者，当宽其既往，限年垦复。平岁报灾者，当警其将来，分年带征。弊自可除，无事纷扰。」时以为名言。

葆田故从武昌张裕钊受古文法，治经，实事求是，不薄宋儒。历主山东、河南书院，学者奉为大师。巡抚张曜疏陈其学行，赐五品卿衔。中外大臣迭荐之，诏征，不出。宣统元年，卒，年七十。

柯劭憼，字敬儒，山东胶州人。光绪十五年进士，即用知县。亦官安徽，署贵池，补太湖。贵池自粤匪乱后，地丁册为吏所匿，托言已毁。征赋由吏包纳，十不及四五，而浮收日甚，民苦之。劭憼知其弊，令花户自封投柜，吏百计挠之，不为动。民输将恐后，增收银二万余两，民所节省数且倍。巡抚邓华熙初听浮言将奏劾，总督刘坤一曰：「柯令，皖中循吏，奈何登于弹章？弹劾官吏的奏章。」华熙悟，遂疏荐送觐，晋秩直隶州。劭憼为治清简，断狱明决，所至民爱戴。亦绩学，善为古今体诗。时与葆田并称儒吏。

涂官俊，字劭卿，江西东乡人。光绪二年进士，截取知县，发陕西，署富平、泾阳、长安诸县。补宜君，县名，位于陕西省中部铜川市北部。山邑地瘠民朴，官此者多不事事。官俊劝农桑，兴水利，成稻田数百亩。躬巡阡陌，与民絮语如家人。调泾阳，历官皆有声。凡两任泾阳，政绩尤著。初至，值回乱后，清积讼千馀，庶政以次规复，期年而改观。龙洞渠，故白渠也，官俊倡言开濬，众议以工钜为难，独毅然为之。由梯子关而下，水量增三分之一，复于清治河畔修复废渠二，水所不至者，劝民凿井以济之。先后增井五百有余，无旱忧。

泾民多逐末，不重盖藏，储藏。义仓无实储。官俊谓积谷备荒，莫善于年出年收。躬诣各乡劝谕捐谷，严定收放之法，民感其诚，输纳恐后，仓皆充实。十九年，旱荒，全活凡数万人。编保甲，捕盗贼，地方靖谧。官俊故绩学，立宾兴堂，置性理、经济有用之书，日与诸生讲习。增义塾，定课程，亲考校之。凡有利于民者，为之无不力。二十年，卒。疾笃时，犹强起治事，捐俸千金以恤孤贫。民为祠，岁时祀之。

陈文瀓，湖南长沙人。以诸生入赀为通判。同治间，从军，积功晋同知，留陕西。光绪七年，署鄠县知县，以教化为先，政平讼理。九年，授留坝厅同知。厅狱旧有枣茨，经费岁徵之民，文敝革之。境内无质库，（中国古代进行押物放款收息的商铺。亦称质舍、解库、解典铺、解典库等。即后来典当的前身。）贫民称贷，盘剥者要重息。文敝设裕民公所，贷民钱，息以十一，取其赢以备公用，民便之。厅境山多于田，无物产以资生。乃周历山谷，辨其土宜，作种橡说及山蚕四要，遍谕乡民。颁给树秧蚕种，募工导之。丝成，制机教织，设局收买，重其值以招之。又购紫阳茶种，课之树艺，于是地无弃利。俗素朴陋，岁科试附凤县额，每试或不得一人。建书院、义塾，置书籍，延高才者为之师。数年之后，横舍彬彬，遂请奏设厅学，建官置额。

谿河多壅阏，横溢为患。陈开河策，未果行，值水猝发，已逾报灾例限，便宜开仓赈之。跋涉沮洳，劳疾不辍。煮粥赈近郊，多所全活。久之，流民坌集，复申开河议，以工代赈，不得请。则因其众治道路，浚沟渠，出私钱给值，负累至数千缗，民感其德。厅介万山中，林谷深阻，奸民狙伏行劫，或掠妇孺卖境外。文敝密图其处示捕役，时复微服迹之，多就擒治。实行保甲，于民户职业、田产、丁口、年岁、婚嫁，载册不厌烦琐。及赈饥，稽之册，如家至户觌，诉讼亦莫敢欺，事益简焉。民有杀子妇匿其尸者，母家以无左验，不得直。文黻偶行山径，群鸦噪于前，索而得之，一讯具服，人以为神。十八年，调署潼关厅，未任，卒。

李素，字少白，云南保山人。同治六年举人。光绪初，授陕西商州直隶州知州。值州境歉收，饥民聚掠。时山西大祲，商州为转运要冲。素招民运赈粮，使饥者得食。集赀数万缗，购籽粮散给。设粥厂十余所，灾后仓储一空，捐谷万石。六年，大水，加意抚恤，灾不为害。州城滨丹河，遇盛涨则负郭田庐漂没，城中亦半为泽国。素创筑石堤二百余丈，城门月堤十余丈，遂无水患。开州东隶花河山路三十余里、州西麻蓑岭山路二十余里，行旅便之。扩充商山书院，延硕儒课士，设义塾三十余区，弦诵闻于比户。陋规病民者悉除之。每岁寒冬，出私钱给孤寡。缉捕筹经常之费。绿营饷薄，岁资助之。凡赈饥、积穀、筑堤、修城、兴学，莫不以巨赀倡。一署同州知府。先后在官十八年，两举卓异。以病免归，卒。士民感之，多私祠祀焉。

张楷，字仲模，湖北蕲水人。同治十年进士，选庶吉士，授编修，累迁至侍讲。光绪初，疏论伊犁事，又请撤销总兵周全有恤典，朝廷对去世官吏分别给予辍朝示哀、赐祭、配飨、追封、赠谥、树碑、立坊、建祠、恤赏、恤荫等的典例。为时所称。八年，出为浙江金华知府。永康山中七堡、八堡，地险僻，盗薮也。楷设方略，捕诛匪首蒋元地，移县丞驻山麓，犷俗一变。父忧去，服阕，补山西汾州。汾阳、平遥两县濒河，乡民冬令拦河筑堰，引水灌田，水不得畅流。夏秋涨溢，各筑护堤。以邻为壑，辄械斗蔓讼。楷禁筑拦河堰，浚引渠以泄水，患纾而讼息。以南方戽水法导民，使开稻田，植桑课蚕。有山曰黑烟，与交山葫芦峪相连，匪徒窟穴其间，侦其姓名，掩捕尽获之。治汾州七年，考绩为山西最。调太原，未任，母忧去。服阕，补河南府。巩、洛之间素多盗，捕治巨魁，椎埋敛迹。椎埋，劫杀人而埋之。亦泛指杀人。治狱多平反。调开封。二十五年，畿辅拳匪乱起，大河南北，群情汹汹，大吏持重不敢决。楷力陈邪教不可信，外衅不可开。揭示：「义和团既号义民，谓能避枪砲。令诣城外空营候试，以枪击果不入，编伍充兵。」奸民不得逞。联军入都，溃兵南下，楷创议守河。自汜水讫兰仪，严稽渡口，凡持械之士，悉阻之不令入城，属境安堵。论者谓微楷之坚定，中原祸未艾也。事定，开缺，以道员候补。三十年，卒。

王仁堪，字可庄，福建闽县人，尚书庆云之孙。光绪三年一甲一名进士，授修撰。督山西学政，历典贵州、江南、广东乡试，入直上书房。时俄罗斯索伊犁，使臣崇厚擅定条约，仁堪与修撰曹鸿勋等合疏劾之。太和门灾，复与鸿勋应诏陈言，极论时政。其请罢颐和园工程，谓：「工费指明不动正款，夫出之筦库，何非小民膏血？计臣可执未动正款之说以告朝廷，朝廷何能执未动正款之说以谢天下？」言尤切直。

十七年，出为江苏镇江知府。甫下车，丹阳教案起，由于教堂发见孩尸。仁堪亲验孩尸七十余具，陈于总督刘坤一曰：「名为天主教堂，不应有死孩骨。即兼育婴局，不应无活婴兒。传教约本无准外国人育婴之条，教士于约外兼办育婴，不遵奏行章程，使地方官得司稽察，祸由自召。请曲贷愚民之罪，以安众心；别给抚恤之费，以赡彼族。」坤一迁之，卒定犯罪军流有差。时外使屡责保护教堂，仁堪请奏定专律，谓：「条约无若何惩办明文，每出一事，任意要挟。宜明定焚毁教堂，作何赔偿；杀伤教士，作何论抵；以及口角斗殴等事，有定律可遵。人心既平，讹言自息。」英人梅生为匪首李鸿购军火，事觉，领事坐梅生罪仅监禁，仁堪上书总理各国事务衙门论之。又洋人忻爱珩遍谒守令，募捐义学，无游历护照。仁堪请关道送领事查办，复议无照私入内地，应按中国律法科罪。虽皆未果行，时论韪之。

郡地多冈垅，旱易成灾，仁堪以设渠塘为急务，不欲扰民，捐廉为倡。驰书乞诸亲旧，商富感而输助，得钱三万缗，开塘二千三百有奇，沟渠闸坝以百计。

十八年秋，丹阳大祲，恩赈之外，劝绅商捐赀，全活甚众。又假官钱于民，使勿卖牛，名曰牛赈。浚太平港、沙腰河、练湖、越渎、萧河、香草、简渎之属，凡二十余所，支沟别渠二百三十有奇。又凿塘四千六百，以蓄高原之水。皆以工代赈，东西百余里间，水利毕举。次年春，赈毕，余四万金，生息备积谷。牛赈余钱，仿社仓法创社钱，按区分储，为修沟洫、广义塾之用。郡西乡僻陋不知学，立榛思文社以教之。出私钱于府治前建南畾学舍。在任两年，于教养诸端，尽力为之。

调苏州，已积劳致疾，日坐谳局清积案，风采动一时。甫三阅月，猝病卒，时论惜之。镇江士民列政绩，籥请大吏上闻，谓其「视民事如家事，一以扶植善类、培养元气为任，卓然有古循吏风」。诏允宣付史馆立传，以表循良。自光绪初定制，官吏殁后三十年，始得请祀名宦。于是疆臣率徇众意，辄请宣付立传表章，旷典日致猥滥，多而滥。仁堪为不愧云。

循吏是中国历史的正能量

「正能量」本是个物理概念，时下却成了一个文化热词，人们倾向于将积极的、健康的、催人奋进的、给人力量的、充满希望的人和事称为正能量，从这个意义上说「循吏」可以称为中国历史上的正能量。循吏之名最早见于《史记·循吏列传》，二十五史中，除《三国志》《陈书》《周书》和两五代史外，其余二十部纪传体正史均有《循吏传》，有的史书或名《能吏传》，或名《良吏传》，或名《良政传》。循吏在古代的语境中，有两层含义。其一是指一个官吏群体，即奉公守法、勤廉施政、出类拔萃的州县级地方官吏，相当于现在市、县两级地方主官。其二是指循吏政治，国家通过树立循吏这样一个典型，来推行「爱人以德」「德主刑辅」的行政原则。

司马迁首创《循吏传》，这篇类传记叙了春秋战国时期五位贤官良吏的事迹。司马迁是西汉时人，他所列的循吏却无一西汉人，这里包含了他对现实政治的失望和批判。秦始皇并灭东方六国后，建立了一个崭新的朝代。它在政治上的特色是建立了官僚体系的中央集权制，郡守、县令等地方首长悉由皇帝任免，只有皇帝仍是世袭。这种中央权力直达地方的运作方式对官员的行政能力和道德水平都提出了较高的要求，所谓「天高皇帝远」，下层社会感受到的是各级官吏的统治，尤其是郡县两级官员。秦奉行以法为治，以吏为师，严刑峻法，百姓摇手犯禁，偶语获罪。在高压政治之下，滥施刑罚、过度使用民力，极大地激化了社会矛盾。陈胜、吴广大泽乡起事，起初只是九百多名失期当斩的服役农民掀起的「群体事件」，这一「群体事件」却掀开了高压统治的盖子，各种社会矛盾如火山喷发一般，不数年，强大的秦帝国土崩鱼烂。西汉建立后，鉴亡秦之失，与民休息，实行「黄老」无为之治。但经历了六十多年的无为而治，累积的内外问题越来越多，汉武帝认识到「汉家庶事草创，加以四夷侵凌中国」，「不变更制度，后世无法；不出师征伐，天下不安」。汉武帝的雄才大略和文治武功为后世所称道，但武帝时代，政治急苛、酷吏当道，有蹈亡秦之迹的危险，也是不争的事实，汉武帝在晚年的「罪己诏」中也承认「所为狂悖，使天下愁苦」。司马迁认识到了这种危机，他在循吏传中提出了自己的政治主张：「奉职循理，亦可以为治，何必威严哉？」汉宣帝「兴于闾阎」，对民间疾苦有所体验，「知百姓苦吏急也」，「吏急」即官吏过于苛酷，他认识到了治天下在于治官的重要性，汉宣帝时代是西汉乃至整个封建社会吏治较为清明的时代，所谓的循吏政治，也在朝廷的提倡和地方官的实践中逐渐形成了它的基本模式，其核心是爱惜民力，使民以时，先富而后教，敬畏并顺应民心。这种模式也被后世肯定和尊奉，并形成了中国历史中延绵不断、蔚为大观的循吏文化。

从中国历史的大维度看，循吏政治与国家政治大环境是正相关的关系。君主励精图治、政治比较清明的王朝初期一般是产生循吏较多的时期，所谓「自古国家上有宽厚之君，然后为政者得以尽其爱民之术，而良吏兴焉」。著名史学家孟森先生曾对《明史》中的循吏做过专门的数据统计，他说：全传百二十人，宣德以前六十余年时得百人以上，正统至嘉靖百三十余年间十余人，隆庆、万历五十余年间仅两人，天启、崇祯两朝无一人。宣德以前，尚多不入循吏传之循吏。

有学者曾对中国历史上自汉至清的循吏作专门的研究，指出他们的成就表现出三个主要特征：政善人民的经济生活；教育；理讼。具体来讲，他们勤政爱民，尽心尽力地「为民兴利」，或「凡有利于民者，为之无不力」，如注重地方公益事业——道路、桥梁、水利设施等的兴修和建设，关注民生，注重赈灾恤民特别是救济老弱孤贫；注重发展农业生产，施政以惠民富民为务。尤其值得提出的是循吏对于法治的尊重，他们理讼公正允当，不尚严苛。而酷吏的所谓「重法」，其实不过是锻炼周纳、罗织罪名，入民以罪。循吏反对无限度地剥削农民，反对「苛政」，主张「节用而爱人，使民以时」，希望在保障百姓最基本生活的基础上对他们施以道德教化和礼的约束。历代出现的「盗贼」，往往都是由于贪官污吏巧取豪夺，破坏了农民正常的生产生活，搞得经济凋弊，民不聊生，最终走上了铤而走险的道路。有的循吏对于「官逼民反」有着深刻的认识。如《汉书·循吏传·龚遂》载，渤海左右郡岁饥，盗贼并起，二千石不能禽制。龚遂指出「民困于饥寒而吏不恤」才是问题的根本所在。

循吏大都具有严格、强烈、自觉的自律意识，追求道德的自我完善，他们忠于职守，遵守国家的各项政纪法规，清正廉明，自奉简约，生活清苦。

循吏在生前身后赢得了普遍尊敬和爱戴，如班固《汉书·循吏传》所言，他们「所居民富，所去见思，生有荣号，死见奉祀」。国家通过对循吏的褒奖，在中国的历史传统中，形成了判断良吏与恶吏的价值标准，这一价值理念使乱臣贼子惧，没有任何一个贪官和酷吏敢于宣称自己要做贪官和酷吏，这就是价值标准的力量；在中国古代社会中，中央政府的公信力在很大程度上是靠循吏来维护的，循吏重视教化，传播文化，也为我们中华民族的文化整合做出了贡献，中国古代循吏的道德追求、执政理念是值得我们珍视的宝贵历史遗产。

中国历代积极推行循吏政治，从根本上讲是为了强化吏治，防范各级官吏以权谋私和滥用权利，是为了实现社会的长治久安，但这个目标却没有实现。几乎每一个朝代都是在认真总结前朝之失的基础上建立的，都在澄清吏治、惩治贪污中开场，而又几乎都在民变蜂起中落幕。尽管每朝每代的覆灭，总是各有许多具体的条件和情况，而其中一个根本性的因素是「腐败」。

中国古代的历史学家和政治哲学家，往往将官员的腐败和王朝的衰败归结为君主或臣子的道德堕落。但是，历史上很多的事例并不能印证这样的判断。如果追根溯源，还是应归结为体制上的原因：腐败的根源是专制主义中央集权下的等级授职制。等级授职制必然产生诸如裙带风、卖官等各种人事腐败，必然出现官官相护的情况，必然出现贪腐现象滋生不息的怪圈，必然成为贪官污吏的温床。统治阶层垄断政治权力和经济利益，打压民间社会，掠夺民间财富，这种制度格局决定了中国古代治乱兴衰循环的现象。从这个角度上我们可以深刻地认识到循吏政治的历史局限性，它是典型的政治自律文化类型，行政约束主要依靠官员道德自律，政治体制上的监督机制不健全，政治体制之外的监督机制严重缺失。一套制度如果只适用于道德自律的人，就不是一个好的制度。西方学者曾说，制度应该按最坏的情况去设计，这是因为，如果对最坏的人不做惩罚，就会打击自觉遵守制度的人，时间一长，就会最终瓦解制度。

历史并不仅仅是古人的故事，或有关这些故事的解释，历史也是一种深深参与到我们当下的生活，并经常以显性或隐性的方式对现实施加决定性影响的事物。古代社会中曾经出现的官民矛盾、腐败滋生、贫富差距，至今还在困扰着我们，当今社会还出现了一些新的问题，如人的精神世界的紧张、孤独和异化，人与社会的冲突，人与自然的冲突，如果没有更高层面的价值观念的关注，这些新旧问题有毁掉已有成果的危险。我们似乎又处在一个困局之中，如何突围，知识界和社会都做出了各种各样的回答，有的甚至进行了各种各样的政治实践。对现实和未来清醒的判断必须建立在全面深刻认识历史的基础上，我们对历史不仅要有温情与敬意，也要有反思与批判，只有这样我们才能把历史的财富和挫折转化为现实智慧。

《中国古代循吏传》将散见于史书的循吏传汇集在一起，提供了一个全新的认识角度和工具，使我们能在历史发展的大势中对地方政治与治乱兴衰的关系有更深刻的了解和认识，具有重要的现实意义。

责任编辑　杜晓宇

二〇一四年三月